华 章 图 书

一本打开的书，一扇开启的门，

通向科学殿堂的阶梯，托起一流人才的基石。

INTELLIGENT RISK CONTROL

Python Financial Risk Management and Scorecard Modeling

Python金融风险管理与评分卡建模

梅子行 毛鑫宇 著

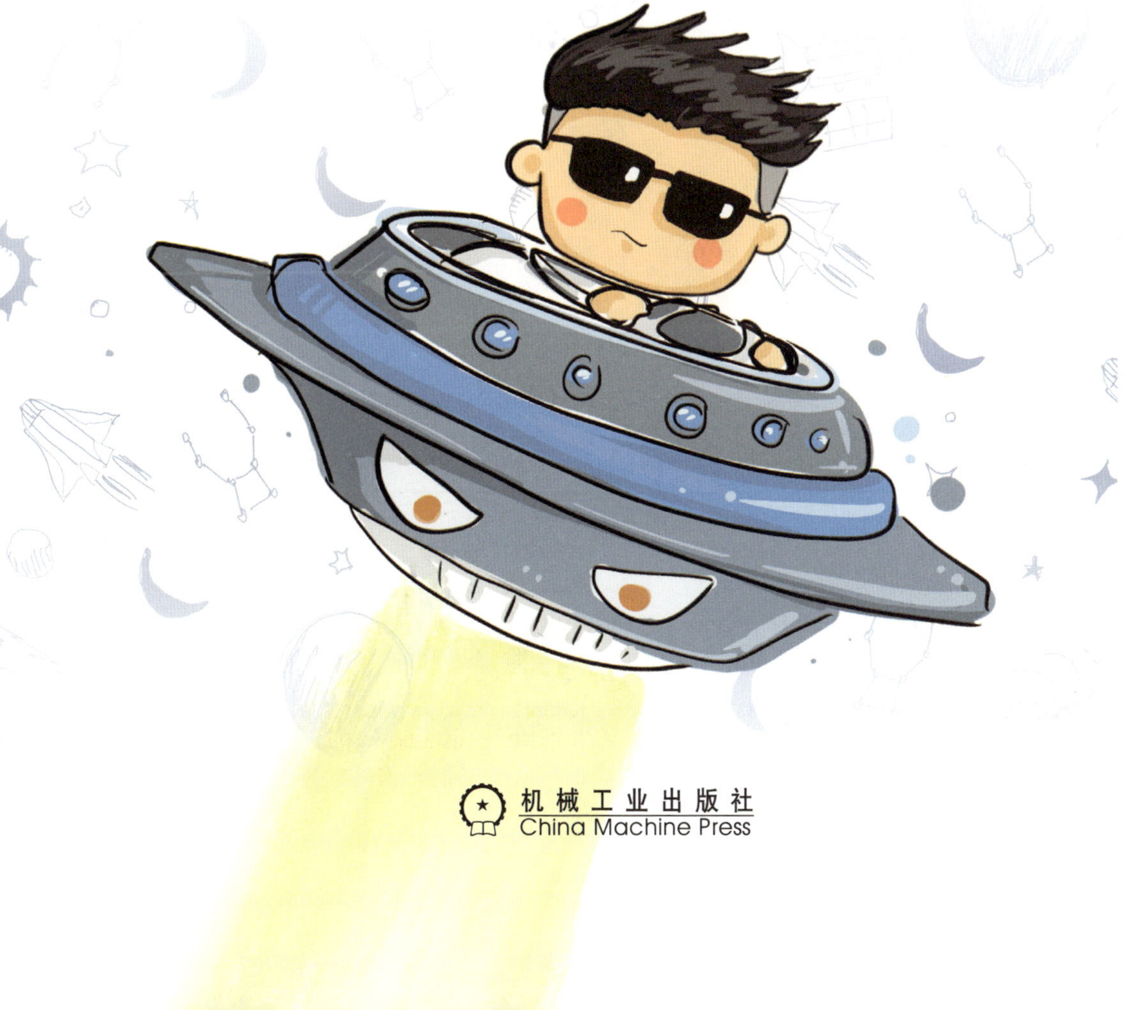

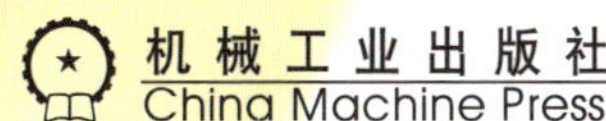

图书在版编目（CIP）数据

智能风控：Python 金融风险管理与评分卡建模 / 梅子行，毛鑫宇著．—北京：机械工业出版社，2020.4（2021.10 重印）
（金融科技）

ISBN 978-7-111-65375-2

I. 智… II. ①梅… ②毛… III. 金融风险 – 风险管理 IV. F830.9

中国版本图书馆 CIP 数据核字（2020）第 062631 号

智能风控：Python 金融风险管理与评分卡建模

出版发行：机械工业出版社（北京市西城区百万庄大街 22 号 邮政编码：100037）
责任编辑：朱 巍
责任校对：李秋荣
印 刷：中国电影出版社印刷厂
版 次：2021 年 10 月第 1 版第 5 次印刷
开 本：186mm×240mm 1/16
印 张：15.5
书 号：ISBN 978-7-111-65375-2
定 价：89.00 元

客服电话：（010）88361066 88379833 68326294
投稿热线：（010）88379604
华章网站：www.hzbook.com
读者信箱：hzjsj@hzbook.com

推荐序

风控作为金融的核心，从传统金融到互联网金融一直没有改变，改变的是金融科技的进步以及传统风控到智能风控变革。

本书采用热门、主流的 Python 汇编语言，从 0 到 1 系统地、全面地介绍了风控模型的设计、开发、评估和校验、部署、监控、迭代。将理论和实例相结合，详细地解读了风控模型全生命周期的管理，同时引入信用风险和信用风险管理基础知识的介绍，不仅能够提升风控建模从业者对于智能风控专业知识的深入认识，而且能够帮助转行风控行业的新手从业者自助学习，有很好的可读性。

——郑江　资深金融产品经理

在智能金融风控中，数据、模型、策略是几个关键环节。梅子行的这本新书，详尽、清晰、生动地介绍了金融风险管理中的主要风险之一——信用风险管理里面的一些常用模型的全生命周期管理，包括问题分析、指标加工、模型训练、效果监控和模型迭代等。本书不仅对常见术语做了明确的定义，也结合具体的业务场景演示了如何解决问题，并辅以简洁的 Python 演示代码，深入浅出地勾勒出评分卡应用全貌。这本书非常适合数据分析师用于了解金融数据分析，也对所有希望了解信用风险管理模型原理的人士大有帮助。

——黄山　京东数字科技风险管理中心架构师

有幸与子行认识缘于上一本介绍智能风控的书以及我们共同的朋友斯文老师的引荐。本书的三大显著特色是系统全面、注重实践、生动活泼，全面完整地介绍了评分卡建模流程，基于最有活力的 Python 语言提供可实践的代码实例和丰富案例，语言生动活泼并配合插图让本书更具有可读性。

我在 FICO 任职多年，同时又在金融科技公司负责智能风控解决方案和风险建模技术创新研究，深切体会到，子行在继承 FICO 传统评分卡建模核心技术和对风险本质深刻理解基础上，又能在人工智能背景下创新智能风控技术，对于一位风控从业者而言，可谓双剑合璧。借此机会向广大风控从业者推荐本书，促进业界交流，让风控决策更有效和高效。

——张伟（笔名：上善若愚），CraiditX 氪信科技技术合伙人，解决方案专家及高级风控总监，前 FICO 风险评分建模和风控业务策略解决方案专家

本书关注信贷风控模型，对信用评分全流程各个环节进行了详尽的介绍，辅以 Python 代码实现，是初学者不可多得的入门教程。

——李志勇　西南财经大学信用管理教授，《信用评分工具》《信用评分应用》等书译者

银行是经营风险的行业，即使是大银行，资产净利润率也是很低的，远不如其净利润的绝对值看起来那么“壮观”，风险的波动有可能将其当年甚至以前年度的净利润快速消耗殆尽。在如今这个网络和计算高度发达的时代，业务信息量大、办理速度快，风控已经不再是人力可为的，必须依靠技术手段进行管理。梅子行老师推出的这本书，是一本理论与实际相结合，生动介绍业务规则、技术实现的工具书，结合简单易学的 Python 语言，带领读者轻松走进“智能风控”的大门。

——付晓岩　建信金融科技有限责任公司风险合规法律部风险合规团队副总经理

本书从信用管理的基本概念入手，全面且系统地介绍了如何利用 Python 进行数据化信用风控管理。全书文字简单易于理解、框架逻辑性强、插图生动有趣。如果你对数据分

析、建模和算法有兴趣，这是一本很好的入门教材；如果你是传统风控人员，这也会是一本很好的转型宝典。

——翟锟　华亿嘉科技风控总监

“消费”作为国民经济发展的三驾马车之一在经济发展过程中扮演着重要角色，我国的消费信贷业务目前已进入快速增长阶段，而消费信贷业务中最关键的就是风险控制。本书结合 Python 语言，从传统信用评分的基础开始，配上生动有趣的插图，深入浅出地介绍了评分卡建模的完整体系。对于风险控制的从业者来讲，是一本非常值得阅读的书。

——李建宏　阿里云智能高级解决方案架构师

本书从基础概念到建模全流程、模型校准决策、模型迭代，写得十分详细，实用性非常强，有很好的学习参考价值。

——周立烽　历任阿里系禧云、腾讯系微盟风控总监

本书既为风控领域的初学者们提供了一个信贷业务的全局视图，也生动幽默地介绍了该领域必备的建模技术以及可供初学者快速上手的代码示例，是帮助初入职场的学生们衔接理论技术与业务实践的一本实操手册。值得推荐。

——周凡吟　西南财经大学统计学院副教授，大数据金融风险管理专家

前言

为何写作本书

互联网金融与金融科技是数据从业者较为关注的方向之一。风险控制是金融的核心。信贷场景下的风险，很大程度上取决于贷款人的信用风险。因此，如何对贷款用户的信用风险进行合理度量，是信贷平台关注的首要问题。

信贷风控的建模方法由来已久，笔者在另一本著作《智能风控：原理、算法与工程实践》中重点介绍了互联网金融场景下机器学习在金融科技中的应用方法与技术实现。市面上大多数信用评分建模的指导书籍都是基于SAS开发或不涉及工程实现的。因此，为推广传统信用评分方法，我们决定撰写本书。

本书完整地介绍了如何基于Python语言从0到1建立信用评分模型，并系统介绍了建立模型之后，如何通过拒绝推断及校准来修正模型与真实场景的偏差。此外，本书还介绍了如何上线部署，以及后续的监控与迭代中的注意事项。希望读者阅读本书后，可以学习到规范、完整的评分卡建模体系，可以使用Python独立地建立标准评分卡模型，并通过模型与策略相组合的方法实现对贷款用户的信用管理。

本书主要内容

第 1 章主要介绍了信用管理的基础知识。风控场景对业务知识的储备有较高要求，而市面上也缺少相关名词的规范化材料，因此本章对相关术语进行了解释，并给出了统一的定义。此外，本章还详细地介绍了现阶段企业的风险控制架构。了解整个风控框架，有助于读者理解场景中的具体问题的成因，从而精准定义问题，理解每一项技术的原理。

第 2 章主要介绍评分卡的相关概念，规范了评分卡模型的建模流程。从适用客群和用途两个角度揭示了从业者定义评分卡的思路，并且对整个建模流程中最重要的步骤——模型设计，进行了详细的梳理。此外，本章还对常用于评分卡建模的数据进行了解读。

第 3 章主要讲解了评分卡建模中常用的机器学习算法。从机器学习基础出发，由简单的线性回归，逐步进阶到具有良好解释性的逻辑回归模型。除直接用于评分卡建模的逻辑回归模型外，本章还介绍了几种常用的辅助建模模型。最后，还介绍了一些模型之间相互取长补短的合并方法，它们在实践和数据挖掘竞赛中也有较好的效果。

第 4 章主要介绍了几种常用的用户分群方法，同时系统地介绍了决策树模型和高斯混合聚类模型的原理，并给出了一种基于决策树模型和卡方分箱实现自动生成策略组合的分析方法。虽然用户分群并非评分卡建模的必备流程，但在大多数情况下，它可以为业务带来实际收益。

第 5 章主要介绍了探索性数据分析、特征衍生、特征变换的基本方法。由于评分卡中常用的广义线性模型只使用了特征的简单加权求和信息，缺乏对特征的深度挖掘能力，因此评分卡模型对人工特征工程的要求远高于其他场景。这一章介绍的特征衍生与特征变换操作是评分卡建模过程中非常重要的环节，该过程耗费的时间通常会占整个开发流程的 60% ~70%。

第 6 章主要介绍了特征筛选和模型训练方法。评分卡模型对稳定性的要求通常要高于准确性，因此需要对建模使用的特征进行精细化调优与筛选。特征变换调优过程在第 5 章中有相关介绍，特征筛选方法则主要集中在第 6 章。这一章的末尾为读者展示了一个建立评分卡模型的案例。希望读者可以通过该案例理解前 6 章所介绍的技术是如何应用的。

第7章主要介绍了如何对建立好的评分卡模型进行拒绝推断。信用评分模型本身是一种拥有拒绝属性的模型，幸存者偏差问题会导致每次迭代的模型逐渐偏离真实环境下的数据分布，因此需要通过数据验证、标签分裂、数据推断等方法对现有模型进行修正。

第8章主要介绍了评分卡模型建立之后的应用逻辑和校准方法。模型只是一种嵌入在策略体系中的技术手段，其本质是为策略服务的。在实际应用中，模型分数也常常作为一条单独的规则进行配置。由于一些难以避免的原因，评分卡模型通常需要进行校准，因此这一章对常用的校准方法及其使用场景进行了梳理。

第9章主要介绍了模型开发后的记录工作。由于在实际工作中常常需要多人进行交互，且经常需要回溯很久之前开发过的模型详情，因此保证每一个模型都拥有详细的记录是非常重要的。这一章给出了一个完整的评分卡模型开发文档，以便于读者参考，从而完善现有的模型记录文档。

本书的第3.5.1、8.2.3、8.3.2节由冯海杰撰写，冯海杰授权本书使用。本书的第2.3.2、7.1、7.2、7.3、7.4、8.1、8.2.2节为共同创作。

本书内容特色

与市面上其他建模或机器学习相关的技术书籍相比，本书主要使用Python语言编写，详细介绍了传统信用管理中所涉及的基础知识、技术与工程实现。从统计学、机器学习的角度出发，系统、全面地介绍了风险数据分析中的基础概念与建模技术。本书作为“智能风控”系列的第二本书，对《智能风控：原理、算法与工程实践》一书的基础内容进行了补充。读者选择本书为入门读物，将《智能风控：原理、算法与工程实践》一书作为进阶读物，则可以由浅入深地掌握信贷领域的分析建模技术。

此外，市面上类似的介绍数据建模、算法理论的书很容易陷入平铺直叙的窘境，条理性和严谨性有余而生动性不足，特别是对于广大初学者而言，一本容易阅读的书更为有价值。因此，笔者特邀请知名插画师毛鑫宇为本书手绘漫画与插图，使本书内容表达形式生动、有趣，贴近生活，希望读者在阅读本书的过程中不会感到枯燥乏味。

本书读者对象

本书主要面向希望从事风险控制工作的分析师、建模师、算法工程师，也适合有一定统计基础的在校学生和对使用 Python 实现自动化信用管理感兴趣的读者。

资源和勘误

本书力求完美，但由于作者水平有限，错误和疏漏之处在所难免。在此，诚恳地期望得到各领域的专家和广大读者的批评与指正。

获取更多相关资料以及提出反馈意见，请关注公众号“大数据风控与机器学习”，后台添加作者微信，加入读者交流群，与更多从业者一起共同学习。书中相关代码可从“华章计算机”公众号获取，回复“智能风控”即可。

致谢

首先，我必须要感谢本书的另外一位作者，同时也是本书封面、插画设计者——毛鑫宇老师。毛老师是我十多年的好朋友，也是一位非常谦虚、低调、有才华的设计师。在过去的一年里，他在完美地完成本职工作的同时，陪着我一同创作了“智能风控”系列书，并在我遇到困难、多次想要放弃的时候，坚定地站在了我的身后。毫不夸张地说，这本书至少有一半功劳属于毛老师。毛老师在百般推辞后才接受在本书封面署名。

其次，我要感谢李志勇教授、黄莹（知乎 ID：黄姐姐 Hjj）、赵越（知乎 ID：微调）、冯海杰（知乎 ID：求是汪在路上）、梁辰龙（公众号/知乎“金科应用研院”负责人）等数十位好友在日常交流和工作中对本人的指导。上述各位的书籍、专栏、公众号为包括我在内的广大风控从业者提供了极大的帮助，同时也是许多从业者入门与进阶的指南。本书对各位专家的作品也有所借鉴，在此感谢亦师亦友的各位对本书的大力支持。

感谢toad库开发者、前厚本金融数科团队的周伟鹏、周夕钰、董少乾等多位好友。他们开发的toad库稳健、快速、功能强大，几乎囊括了评分卡开发应用过程中所需的全部功能，为本书的写作带来了极大便利。相信在未来的发展与优化中，toad库会成为广大风控从业者必备的开发工具。

感谢机械工业出版社的杨福川老师和栾传龙老师。两位老师为本书花费了大量的个人时间，并在本书的创作过程中提出了宝贵的修改建议。

特别感谢林超颖、陈国栋、张斌斌等领导、同事的支持和理解。满帮集团是一家学习氛围非常浓厚的公司，我在满帮集团工作的日子非常快乐。此外，还要感谢因篇幅限制而没有提及名字的各位同事，非常感谢各位对我工作上的指导，以及思想和生活上的帮助。

最后感谢购买本书的读者，希望本书能为您带来一些收获。

梅子行

2020年3月

目录

推荐序

前言

第1章　信用管理基础　/1

1.1　信用与管理　/2
1.2　风控术语解读　/3
　1.2.1　信贷基础指标　/4
　1.2.2　信贷风险指标　/5
1.3　企业信贷风控架构　/7
1.4　本章小结　/10

第2章　评分卡　/11

2.1　评分卡概念　/12
　2.1.1　适用客群　/13
　2.1.2　用途　/14
2.2　建模流程　/15
2.3　模型设计　/16
　2.3.1　业务问题转化　/17
　2.3.2　账龄分析与时间窗口设计　/17
　2.3.3　数据集切分　/19
　2.3.4　样本选择　/20
　2.3.5　采样与加权　/21
2.4　数据与变量解读　/25
2.5　本章小结　/26

第3章　机器学习　/27

3.1　基本概念　/28
　3.1.1　空间表征　/29
　3.1.2　模型学习　/31
　3.1.3　模型评价　/32
3.2　广义线性模型　/33
　3.2.1　多元线性回归模型　/34
　3.2.2　经验风险与结构风险　/35
　3.2.3　极大似然估计　/38
3.3　逻辑回归　/39
　3.3.1　sigmoid函数　/40
　3.3.2　最大似然估计　/41
　3.3.3　多项逻辑回归学习　/41
　3.3.4　标准化　/42
3.4　性能度量　/44

3.4.1　误差　/45
3.4.2　混淆矩阵与衍生指标　/45
3.4.3　不均衡模型评价　/48
3.4.4　业务评价　/52
3.5　上线部署与监控　/55
3.5.1　上线部署　/55
3.5.2　前端监控　/57
3.5.3　后端监控　/59
3.6　迭代与重构　/61
3.6.1　模型迭代　/61
3.6.2　模型重构　/62
3.7　辅助模型　/62
3.7.1　XGBoost　/63
3.7.2　模型解释性　/74
3.7.3　因子分解机　/81
3.8　模型合并　/82
3.9　本章小结　/86

第 4 章　用户分群　/87

4.1　辛普森悖论　/88
4.2　监督分群　/90
4.2.1　决策树原理　/90
4.2.2　决策树分群　/92
4.2.3　生成拒绝规则　/95
4.3　无监督分群　/105
4.3.1　GMM 原理　/106
4.3.2　GMM 分群　/107
4.4　用户画像与聚类分析　/108
4.4.1　数据分布可视化　/109
4.4.2　K 均值聚类　/110
4.4.3　均值漂移聚类　/111
4.4.4　层次聚类　/113
4.4.5　t-SNE 聚类　/114
4.4.6　DBSCAN 聚类　/115
4.4.7　方差分析　/117
4.5　本章小结　/119

第 5 章　数据探索与特征工程　/120

5.1　探索性数据分析　/121
5.1.1　连续型变量　/122
5.1.2　离散型变量　/123
5.1.3　代码实现　/123
5.2　特征生成　/126
5.2.1　特征聚合　/127
5.2.2　特征组合　/145
5.3　特征变换　/147
5.3.1　卡方分箱　/148
5.3.2　聚类分箱　/150
5.3.3　分箱对比　/151
5.3.4　箱的调整　/154
5.3.5　两种特殊的调整方法　/156
5.3.6　WOE 映射　/158
5.4　本章小结　/158

第 6 章　特征筛选与建模　/159

6.1　初步筛选　/160
6.1.1　缺失率　/160
6.1.2　信息量　/161

6.1.3 相关性 /162
6.1.4 代码实现 /163
6.2 逐步回归 /164
6.2.1 *F* 检验 /165
6.2.2 常见逐步回归策略 /165
6.2.3 检验标准 /166
6.2.4 代码实现 /167
6.3 稳定性 /167
6.4 负样本分布图 /169
6.5 评分卡案例 /171
6.6 本章小结 /189

第7章 拒绝推断 /190

7.1 偏差产生的原因 /191
7.2 数据验证 /193
7.3 标签分裂 /193
7.4 数据推断 /195
7.4.1 硬截断法 /195
7.4.2 模糊展开法 /198
7.4.3 重新加权法 /199
7.4.4 外推法 /200
7.4.5 迭代再分类法 /202
7.5 本章小结 /204

第8章 模型校准与决策 /205

8.1 模型校准的意义 /206
8.2 校准方法 /207
8.2.1 通用校准 /208
8.2.2 多模型校准 /210
8.2.3 错误分配 /214
8.2.4 权重还原 /215
8.3 决策与应用 /215
8.3.1 最优评分切分 /216
8.3.2 交换集分析 /216
8.3.3 人工干预 /218
8.4 本章小结 /219

第9章 模型文档 /220

9.1 模型背景 /221
9.2 模型设计 /222
9.2.1 模型样本 /222
9.2.2 坏客户定义 /222
9.3 数据准备 /223
9.3.1 数据提取 /223
9.3.2 历史趋势聚合 /224
9.3.3 缺失值与极值处理 /224
9.3.4 WOE 处理 /225
9.4 变量筛选 /225
9.4.1 根据 IV 值进行初筛 /226
9.4.2 逐步回归分析 /226
9.4.3 模型调优 /226
9.5 最终模型 /227
9.5.1 模型变量 /227
9.5.2 模型表现 /228
9.5.3 模型分制转换 /228
9.6 表现追踪 /228
9.7 附件 /229
9.8 本章小结 /231

梅老师，最近在拜读您的大作《智能风控：原理、算法与工程实践》，但是由于之前没有相关的经验，很多内容都不理解，您能帮我解答一些问题吗？

看在你友情客串我上一本书的份上，我就从基础开始给你好好讲一讲吧。

第1章　信用管理基础

1.1 信用与管理

信贷业务又称信贷资产或贷款业务，是商业银行和互联网金融公司最重要的资产业务和主要赢利手段，通过放款收回本金和利息，扣除成本后获得利润。对有贷款需求的用户，贷款平台首先要对其未来的还款表现进行预测，然后将本金借贷给还款概率大的用户。

信用管理主要包含两个概念——信用和管理。信用意味着先买后付，即使用信用值来预支金钱以购买相应服务。管理即通过用户信息对用户的信用度进行评估，并根据信用情况定制风险规避策略。所谓风险控制（简称风控），即对用户风险进行管理和规避的过程。

要知道，在信贷管理领域，有一个非常重要的概念叫作风险数据分析，它用于对用户的信用风险进行管理与规避。对于预测信用较差的人，贷款机构一般是不会向其放款的，即便放款，为了抵御风险，也会给予其较高的利息与较小的贷款金额。风险数据分析中最重要的技术手段就是风控建模。

数学家雅克布·伯努利曾说过：“数学公式不能让我们预见未来，认为数学公式可以预见未来就好比相信巫术。”所谓的数据分析，是对已发生现象的归纳和总结，其所有的预测能力皆源于对现有数据进行整理、归纳、抽取。对历史数据的信息使用相应的数学公式进行组合学习，即可得到模型，只不过最终可以利用模型输出未来事件的期望轨迹。

这种对历史数据使用统计分析方法提取信息并组建模型的过程被称为“建模”。该模型又叫作统计模型。在信贷风控领域，建立统计模型的过程被称为“风险建模”。风险建模属于风险数据分析领域的分支之一，此外还有归因分析、策略挖掘等分析方法。

信用好的人，也可以继续分级。信用越好的人，可以赊账的时间就越久，利率也越低；信用相对较差的人，利率通常较高。量化人的信用，从而实现风险管理。这就是信用评估模型的实际意义。

传统的风险建模是基于广义线性模型建立的，其理论主要围绕统计学展开，使用的工具包括 SAS、R、Python 等。本书中的实践内容使用 Python 编写，主要围绕基于广义线性模型建立的评分卡（Score Card）模型展开。此外，部分章节涉及一些其他的建模方法，如在第 4 章和第 5 章中讲解了使用机器学习模型对建模过程进行优化。对使用机器学习方法进行风险控制感兴趣的读者，可以阅读本系列的另一本书——《智能风控：原理、算法与工程实践》。

1.2 风控术语解读

庄子曰：“且夫水之积也不厚，则其负大舟也无力。”对于风控领域中的基础概念，行业中没有统一文献进行规范，因此初次接触风控的读者难免会有疑惑。为此，我们首先介绍一些主要的风控名词及其含义。

1.2.1 信贷基础指标

本节首先介绍风控相关的基本指标的含义。有一定基础的读者可以跳过本节，或待后续有疑问时再回来查找相关字段的解释。

- 年度百分率（Annual Percentage Rate，APR）：复利计息，通常是按一年一次来计算的利率。借款人借款 1000 元，借期一年，利率为 8%。如果在一年期满后，该借款人支付了 1000 元再加 80 元的利息，那么 APR 与利率是一样的：80/1000 = 8%。但是，如果贷款人此前收取了 25 元的服务费，借款人实际只借到了 975 元，而不是 1000 元，支付 105 元而不是 80 元，那么 APR 计算如下：105/975 = 10.77%。
- 应收账款（Accounts Receivable，AR）：截至观察时间点，用户当前所在账期的应收账款。
- 账龄（Month Of Book，MOB）：资产放款月份。MOB0 表示放款日至当月月底，MOB1 表示放款后第一个完整的月份，MOB2 表示放款后第二个完整的月份。其最大值取决于当前产品的周期，如 12 期产品最多存在 MOB12。
- 逾期天数（Days Past Due，DPD）：已逾契约书约定缴款日的延滞天数。贷放型产品自到期当天开始计算，如 DPD0 为到期当日，DPD1 为逾期一日，DPD7 为逾期一周。

- 逾期期数（Bucket）：逾期的月份数。逾期 1 个月记为 M1，逾期 2 个月为 M2，逾期 3 个月以上可以记作 M3 + 。
- 逾期阶段（Stage）：分为前期、中期、后期和转呆账。一般将 M1(1 ~ 29) 列为前期，M2 ~ M3(30 ~ 89) 列为中期，M4(90 +) 以上列为后期，已转呆账者则列入转呆账。
- 即期指标（Coincidental）：计算延滞率时常用的两种方法之一，以当期各逾期期数对应的延滞金额/应收账款（AR）。
- 递延指标（Lagged）：计算延滞率时常用的两种方法之一，为延滞金额/上月应收账款。若单纯想了解各月资产质量结构，可使用即期指标，但若想精准追溯到逾放源头，建议采用递延指标。
- 留存率（Retained Rate）：实际分为人头留存率（用户复贷占比）和余额留存率（复贷金额占比）。
- 提现率（Withdrawal Rate）：使用提现功能的客户占比。
- 额度使用率（Credit Utilization Rate）：用户使用额度占总额度的百分比。
- 复借率（Reloan Rate）：用户还款后再次贷款的概率。主要用于循环贷产品。

1.2.2 信贷风险指标

除信贷基础指标外，还需要掌握风险相关的指标。资产质量通常用来指代金融平台的逾期情况和总收益状况。本节介绍的指标则会直接或间接地反映当前金融平台的资产质量。

- 延滞率（Delinquent Rate）：计算可分为即期和递延两种方式，除了各逾期期数，也会观察特定 Bucket 以上的延滞率。如 M2 + 的 Lagged 和 M4 + 的 Lagged 等指标。如 M2 + 的 Lagged，分母为两个月前应收账款，分子为本月 M2（含以上）尚未转呆账的逾期金额。M1 落入 M2 以上可确认为无意还款或蓄意拖欠。
- 不良率（Bad Rate）：当月不良资产数/总资产数。用于描述平台。定义除了逾期户外，可能还包含各式债务协议及高风险控管户等。
- 转呆账率（Write-Off，WO）：当月转呆账金额/逾期开始月的应收账款。经过年化换算之后，月转呆账率转换为年损失率。

- 净损失率（Net Credit Loss，NCL）：当期转呆账金额 - 当期呆账回收即为净损。通常 NCL 与 WO 一并列示。NCL 的计算方式为净损金额/逾期开始月的应收账款，通常也以年化形态为主。
- 累计转呆账率：主要目的是观察期满客户的累计损失率，计算样本为已届满总期数后的 N 期客户，计算公式为：分母案件第 1 ~（$K+N$）期的转呆账总金额/已满（$K+N$）期案件的初贷总金额。K 表示总期数，N 表示转呆账所需期数。最后 1 期应缴金额若延滞，经过 N 个月后才会转为呆账。转换为年化后才较容易解读，可精确计算该产品整个生命周期结束后的实际损失率，但在中长期贷放产品中较少使用。
- 负债比（Debit Burden Ratio，DBR）：测试客户还款压力的常用指标，计算公式为：总无担保债务归户后的总余额（包括信用卡、现金卡及信用贷款）/月收入。不宜超过 22 倍。
- 月负比：另一种衡量还款压力的指标，计算公式为：（推估每月各项贷款月付额 + 最低生活费）/月收入。
- 平均额度：主要用于观察不同产品及群组间额度的差异。
- 风险等级（Risk Grade）：用来进行客户分群的方法。越来越多的银行采用信用评分来进行划分。
- 命中率（Hit Rate）：指控管后一定时间内客户发生延滞的几率，用于信用卡的中途授信及早期预警报表。命中率过低可能表示风险判断方向有误。
- 可用余额（Open To Buy，OTB）：常与命中率指标一同出现，计算方式为先找出证实控管命中的客户，再汇总这些客户遭控管时的信用卡可用余额。该数字可视为银行因控管而减少的损失。
- 迁徙率（Flow Rate）：观察前期逾期金额经过催收后，仍未缴款而继续落入下一期的几率。
- 首次还款逾期（First Payment Deliquency）：其描述的是一种客户占比。用户授信通过后，首笔需要还款的账单，在最后还款日后 7 天内未还款且未办理延期的客户比例即为 FPD7，分子为观察周期里下单且已发生 7 日以上逾期的用户数，分母为当期所有首笔下单且满足还款日后 7 天，在观察周期里的用户数。常用的 FPD 指标还有 FPD30。

- **预期损失**（Expected Loss，EL）：根据历史数据，预估策略或模型变动后的损失。
- **收入负载**（Debt To Income，DTI）：每月应偿还债务与每月税前收入的比例。

1.3　企业信贷风控架构

风险的管控并非由一个模型或一条策略就能完成，通常需要多方人员配合，通过多环节把控，才能有效控制风险并最大化收益。常见的准入模型、额度管理模型、营销模型、流失预警模型、催收模型等，仅仅作为相应板块的风险管控手段，嵌入在该板块的策略系统中使用。例如，流失预警模型分数处于不同阈值之间时，会使用不同的营销手段对用户进行挽留。又如，催收评分卡模型分数处于不同阈值之间时，会使用不同的催收手段，如简单的到期短信提醒或通过人工拨打电话来进一步提醒。

现阶段企业的信贷风控架构如图 1-1 所示。

互联网金融的申请过程，通常由用户从移动端（如手机 App、网页等）发起，首次贷款用户会经历申请、四要素验证、授信与额度利率定价、多层审批、用户提款等多个环节。不符合申请资质要求的用户，在其中的多个环节都有可能被拒绝。而对于还款后再次贷款的复贷客户，平台通常会给予更好的信用评估结果，并根据历史还款表现对其进行额度管理。

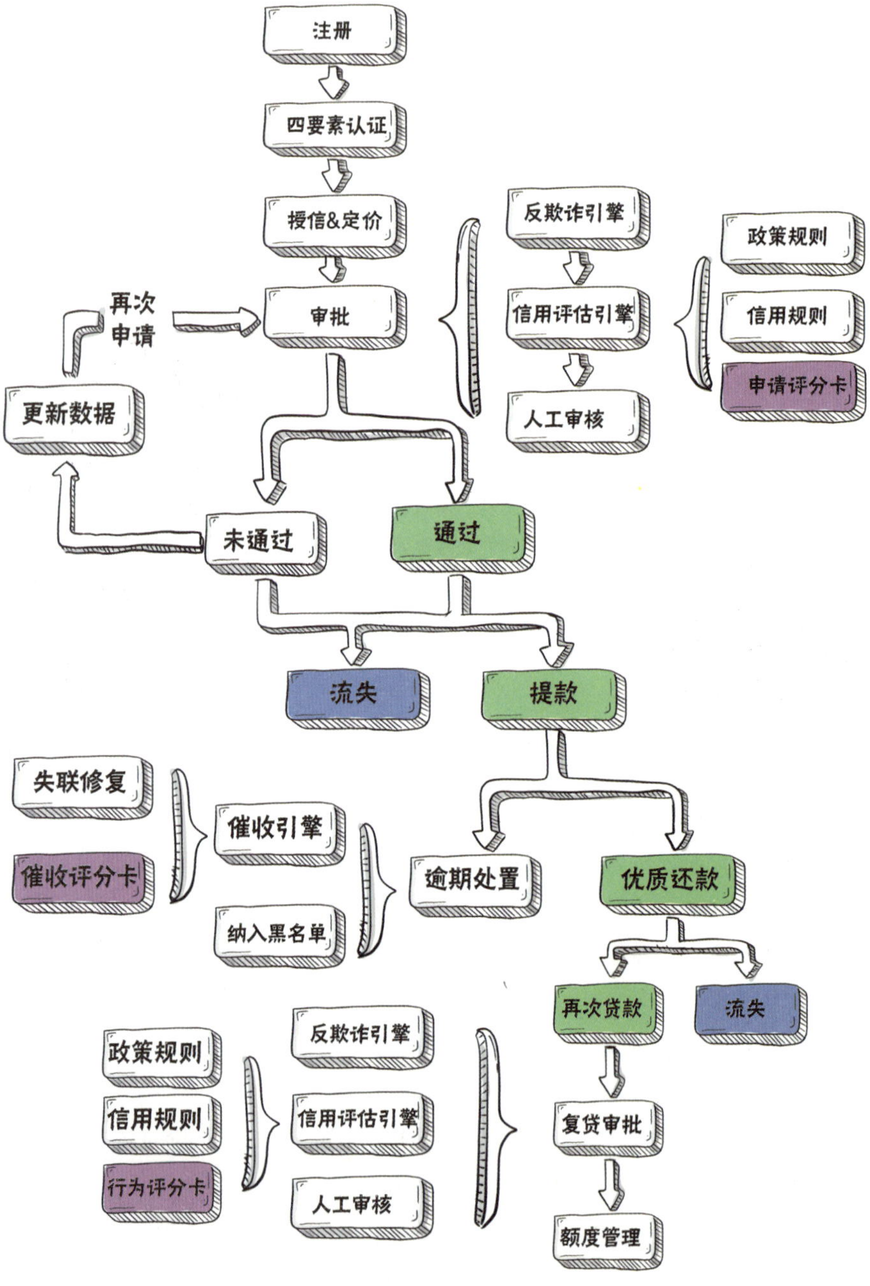

注册
四要素认证
授信&定价
审批
反欺诈引擎
信用评估引擎
人工审核
政策规则
信用规则
申请评分卡
再次申请
更新数据
未通过
通过
流失
提款
逾期处置
优质还款
失联修复
催收评分卡
催收引擎
纳入黑名单
再次贷款
流失
复贷审批
额度管理
政策规则
信用规则
行为评分卡
反欺诈引擎
信用评估引擎
人工审核

图 1-1　信贷风控架构

用户四要素包括身份证号、姓名、手机号、银行卡号。平台设置四要素验证，根据申请用户填写的信息，同时联系相关机构校验用户是否为信息所有人。平台根据信用评分可以有效估计申请人的信用，并据此使用差异化定价手段为用户授信不同的额度。通常，用户的信用评估结果越好，平台授予用户的可贷款额度就越高，且贷款利率越低。为降低用户信用风险为平台带来的损失，通常平台会给予信用评分较低的用户更低的额度，且在监管与法律规定内，使用相对较高的贷款利率来弥补风险损失。

首次贷款用户需要依次通过反欺诈引擎、信用评估引擎、人工审核的审批。信用评估引擎主要包括政策规则筛选、信用规则筛选、申请评分卡评分等步骤。政策规则包含用户年龄、身份是否满足法定贷款要求；信用规则通常由风险分析方法得到相应的策略规则；申请评分卡是用户授信的主要依据，建模人员根据用户的征信数据以及统计模型，对用户未来的还款情况进行预估。在部分书籍中，申请评分卡属于信用规则的子集，因为信用评分最终是用于构成部分策略的组件，并与其余策略共同部署在决策引擎之上。本书为突出不同评分卡模型在贷款流程中的使用节点，将其独立于规则引擎外进行展示。有关于模型应用的内容将在第 8 章中介绍。

审批通过的客户中，部分客户由于未提款而导致流失，这部分客户是流失召回系统的主要客群之一。当用户提款成功后，如未在约定时间内还款，即产生逾期，通常会通过催收人员实施相应的处置手段。失联客户通常需要根据关系网络寻找多度联系人，但部分平台由于不具有相关的社交数据，因此会选择使用第三方提供的失联补全服务。逾期时间较长或拒绝还款的用户将被列入黑名单，无法再次借款。催收评分卡通过预测用户的催收处置难度，将用户划分为平台催收和外部第三方催收。通常，平台自有催收系统的催回率较高，而第三方催收的催回率较低，且需要支付相应的服务费。

首次还款周期结束且未列入黑名单的客户，平台允许其再次贷款。由于用户历史还款行为较好，因此该类客户属于优质客户。如果用户未再次贷款，则属于优质客户流失。因此，在流失召回的过程中，需要对此类客户加以关注。当用户再次申请贷款时，通常使用信用评分卡对用户进行额度管理。如果历史表现较好，即使申请评分卡得分较低导致其额度较低，仍会通过行为评分卡进行升额调控，反之亦然。

外部征信数据是申请评分卡中用户的主要数据。由于复贷客户具有历史平台表现，因此行为评分卡通常不会再次查询客户的外部数据，而是只使用历史平台表现作为主要数据开发模型，以节约成本。而催收评分卡同样不会再次查询客户的外部征信数据，而是主要

使用历史贷款过程中，催收人员记录的用户表现作为主要数据。

1.4 本章小结

本章主要介绍了信用管理的基本方法及风控的相关术语，简单解析了信贷机构的风险架构，以及现阶段大数据风控模型的架构。从第 2 章开始将正式介绍风险数据分析的方法与工程实现。

第2章 评 分 卡

您的可用额度为：500元
双11买了好多东西，可是花呗的额度还是很少。这是为什么啊？

因为你的芝麻信用分低。这里面的计算逻辑，其实就是信用评分卡。来，我给你解读一下所谓的评分卡究竟是什么。

基于统计手段的信用评分卡起源于20世纪的银行与信用卡中心。在最开始的审批过程中，用户的信用等级由专家进行主观评判。随着数据分析工具的发展、量化手段的进步，各大银行机构逐渐使用统计模型将专家的评判标准量化为评分卡模型。如今，风险量化手段早已不局限于银行等传统借贷机构，持牌互联网公司的金融部门、持牌消费金融公司等都具有成体系的风险量化手段。本书主要介绍如何通过统计手段实现贷款人群的额度的风险刻画。

2.1 评分卡概念

顾名思义，评分卡是一张有分数刻度和相应阈值的表。对于任何一个用户，总能根据其信息找到对应的分数。将不同类别的分数进行汇总，就可以得到用户的总分数。信用评分卡，即专门用来评估用户信用的一张刻度表，其标准形式应如表2-1所示。

表2-1 评分卡示例

评分特征	变量名	描述	范围	评分
基础分	Intercept	用户的基础分	无	600
年龄	Age	取整数（周岁）	Age≥30	+17
年龄	Age	取整数（周岁）	Age<30	-23
年收入	Income	取整数（人民币税前）	Income>55万	+53
年收入	Income	取整数（人民币税前）	19万≤Income≤55万	+16
年收入	Income	取整数（人民币税前）	Income<19万	-12
…	…	…	…	…

表 2-1 中第一列代表当前评分特征的中文变量名，第二列表示当前评分特征在数据系统中的指代名。由于常用的数据系统以及编程环境对中文的支持度较差，因此通常使用英文指代名作为开发脚本中的指代名称。第三列描述了当前特征的详细信息。第四列确定了特征的分组阈值。最后一列表示当前特征在固定范围内时，评分卡上增加的分数，其结果有正值和负值，表示除了在基础分上增加分数外，部分特征的取值会为用户的信用带来负面影响。例如，表 2-1 中年收入少于 19 万的用户会在整体分数上扣掉 12 分。

从 20 世纪发展至今，评分卡的种类已非常多。根据其针对客群、使用方法的不同，冠以不同的名称。本章从适用客群和用途这两个角度对评分卡的类别进行定义。

2.1.1 适用客群

适用客群即评分卡所适用的贷款群体。从适用客群的角度来定义，常见的评分卡可以被划分为如下 3 种。

- **通用评分卡**（Generic Score Card）：基于全行业数据，利用数据分析或经验判断开发的评分卡，如 Fair Isaac 公司开发的 FICO 系列评分卡。征信机构的信用评分均属于通用评分卡。通用评分卡不区分具体场景，反映用户自身的信用质量，通常应用于市场营销、申请审批、账户管理、催收回收、欺诈验证等场景。
- **定制评分卡**（Customized Score Card）：又称信用局部评分卡，通常是由具体机构根据自身数据及场景需求定制的评分卡。由于目标明确且针对性强，在样本量充分的情况下，相比于通用评分卡具有更好的表现。如支付宝平台上的芝麻信用分，它根据用户在其生态体系中的行为表现来刻画用户的信用水平，从而给出用户的信用刻度，对用户在支付宝平台上的借贷行为有极高的参考价值。
- **子评分卡**（Children Score Card）：由于各机构不只有一个产品，且单一产品中可能呈现出不同的样本分布，通常会在定制评分卡后的细分方向上建立子评分卡。如使用定制评分卡得分作为平台全部客户的审批准入分数，再在不同场景下设立单独的子评分卡对用户进行二次建模。

以上 3 种针对不同客群而建立的评分卡是现有评分卡的主要划分方法。然而，在单一平台中往往会根据评分卡具体的用途进行划分，这样可以划分得更细致，也更易于业务人员理解。

2.1.2 用途

用途即评分卡的使用目的。常见的评分卡有如下 6 种定义方式。

- 申请评分卡（Application Card）：申请评分卡通常用于贷前客户的进件审批。在没有历史平台表现的客群中，外部征信数据及用户的资产质量数据通常是影响客户申请评分的主要因素。
- 行为评分卡（Behavior Card）：行为评分卡用于贷中客户的升降额度管理，主要目的是预测客户的动态风险。由于客户在平台上已有历史数据，通常客户在该平台的历史表现对行为评分卡的影响最大。
- 催收评分卡（Collection Card）：催收评分卡一般用于贷后管理，主要使用催收记录作为数据进行建模。通过催收评分对用户制定不同的贷后管理策略，从而实现催收人员的合理配置。
- 流失预警评分模型：预测平台现有存量客户在未来某时间节点后流失的概率。覆盖审批通过后未提款客群、还款成功后不再复贷客群等。
- 营销评分模型：目标客群收到平台营销后，申请贷款服务的概率。在主动授信过程中，通常将营销评分模型的高分群体和申请信用评分模型的高分群体进行交叉，对预估信用较好且有强烈激活倾向的客户执行营销动作。
- 欺诈评分模型：一种用来预测用户的借款目的不正当程度的评分模型。信用模型用于衡量用户的还款能力及还款意愿，而欺诈评分模型用于衡量用户的借款目的是否正当。

当然，除了上述评分卡模型外，还有一些未曾涉及的模型，但由于本书主要聚焦于信用评分模型，因此不再展开。需要注意的是，虽然上述模型建模的目的不同，但建模方法大同小异，因此对其中一类模型有深刻的理解后，自然能够触类旁通，举一反三。

2.2 建模流程

本节对评分卡的整个建模流程进行介绍，其完整的生命周期如图 2-1 所示。

模型的本质是对现有业务问题的抽象理解。图 2-1 描述了评分卡模型的完整开发流程。其中，抽象问题、标签定义、数据收集属于模型设计范畴（将在 2.3 节中详细介绍）。有一个事实是，凡是工业界所建立的模型，其背后都有实际的需求。因此，需要先提出问题，然后由建模人员将其抽象为可量化的数学模型。

2.1 节从两个角度对评分卡模型进行了分类，本质都是一种由实际问题展开的建模思路，即包含了问题提出和问题抽象两部分。申请评分卡为解决首次贷款的用户的信用评估问题而建立。建立行为评分卡则是为了根据贷款期间产生的数据动态调整用户的额度。建立催收评分卡是为了根据用户的催回难度，合理配置资产处置资源。

特征构造、特征变换、特征筛选、模型评估为模型开发的主要过程。其中，模型评估由于与模型相关，因而将在第 3 章中与模型细节一同介绍，其余三部分会在后续章节单独解析。

在模型部署后，后期将通过多维度的指标监控保持对线上模型的持续追踪，以确保模型的效果和稳定性。当模型的某方面性能出现问题时，会通过模型迭代（Refit）或模型重构（Rebuild）对模型进行更新，具体操作将在 3.6 节进行介绍。

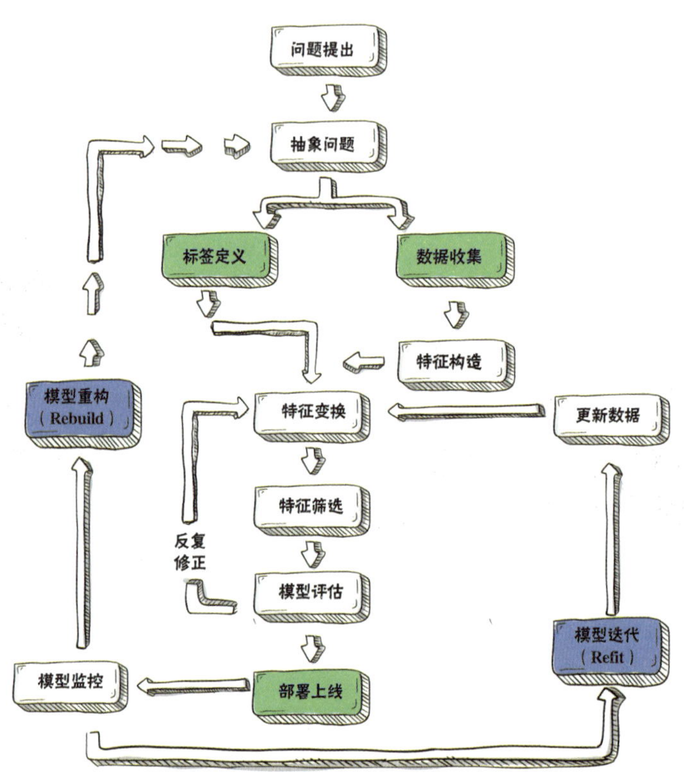

图 2-1　模型生命周期

2.3　模型设计

出去旅游不做计划，错过车，酒店离景点远，玩得不开心。

为什么不做个计划呢？有条不紊地执行计划，才不会手忙脚乱哦。开发模型也是一样的，要先设计好整个建模计划，才可以正式建模！

在正式建立评分卡模型前，通常要对模型进行初步设计，并在后续建模中根据实际表现进行调整。常见的模型设计包括4个步骤：1）业务问题模式化；2）因变量设计；3）数据集及时间段设计；4）样本选取。

在模型设计确定后，即可开始正式的评分卡模型开发。本节将为读者介绍模型设计相关的具体内容，相关案例可以参考9.2节。

2.3.1 业务问题转化

风险控制相关的业务问题转化，通常指将业务问题抽象为二分类问题，即由于用户不还款会直接造成业务上的损失，因此建立模型预测用户是否会还款。而因变量设计，是指将不可解问题转化为近似可解问题。

是否还款，本身是一种难以定性的问题。随着表现期的增长，用户可能由未还款转化为还款。因此，通常使用某个时间窗口内的用户表现近似为真实表现。逾期天数超过某一阈值则标记为负样本，如逾期超过3个月（M3+）或逾期超过7天（PD7）。而具体的阈值确定，则依赖于滚动率分析（Roll Rate Analysis）和账龄分析（Vintage Analysis）。滚动率就是从某个观察点之前一段时间（观察期）的最坏状态，向观察点之后一段时间（表现期）的最坏状态的发展变化情况。其功能与账龄分析相似度较高，因此本书只介绍账龄分析，对滚动率分析感兴趣的读者可以自行查阅资料。

2.3.2 账龄分析与时间窗口设计

时间窗口分为表现窗口和观测窗口，表现窗口中的时间称为表现期，观察窗口中的时间称为观察期。如果定义用户为负样本的依据是到期后的3个月内发生逾期，则称表现期为3个月。在用户贷款前12个月的数据切片中，抽取用户的历史行为表现作为变量，用于后续建模，则称观察期为12个月，如图2-2所示。

通常，时间窗口的确定，需要考虑当前数据集的数据是否充足。如果表现窗口设计过小，则用户的风险暴露不充分，但观察窗口可以变长，因此有更丰富的变量信息用于建模。如果表现窗口过大，则观察窗口可能过小，以至于变量的效果显著下降。为了更好地

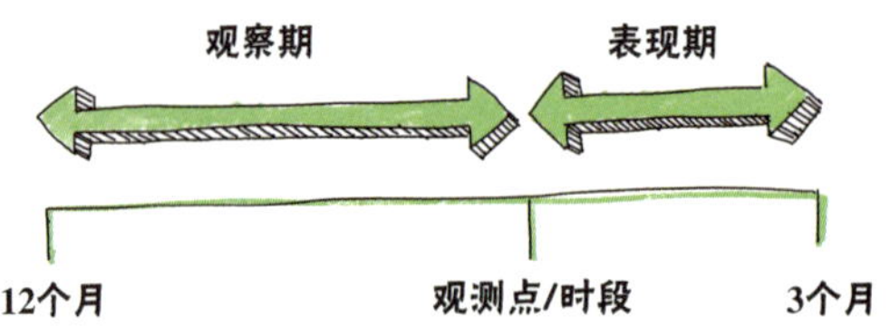

图 2-2　观察期与表现期

确定时间窗口，通常使用账龄分析来分析账户成熟期，进而给出表现期与观察期的合理划分。

账龄（Vintage）一词最初来源于葡萄酒业，意思是葡萄酒的酿造年份。葡萄成长期缺水、采收期日照不足或者降雨过多等情况都会影响该年葡萄酒的产量与品质，但随着窖藏年份增加，酒的品质最终将逐渐趋于稳定。因此，葡萄酒厂家通过绘制不同酿造年份的品质曲线，观察其随酿造时间的变换规律，进而给出葡萄酒的成熟期、确定最终品质、分析品质影响因素等。

信贷产品中的账龄分析与葡萄酒行业中的酿造年份分析非常类似。信贷 Vintage 曲线主要用途包括以下几点。

- 确定资产质量：曲线平缓后可以观察得到该月份放款客群对应的最终逾期占比。
- 分析变化规律：如果前几期逾期率上升很快，随后风险暴露进入平稳期，说明短期风险捕捉能力较差，客群欺诈风险可能较高，需要优化欺诈检测系统。如果曲线一直在上升，说明信用风险识别能力较差，需要对策略和信用评估模型进行优化。
- 确定账户成熟期：确定用户风险暴露所需周期，从而定义建模样本的表现期。
- 分析影响因素：放款月的不同会导致很多的因素不同，如风控策略收紧或放松、客群变化、市场环境、政策法规等都会影响资产质量。因此分析影响因素可以用来指导风控策略的调整，在未来市场环境或政策变动时有更好的应对方法。

常见的信贷 Vintage 图如图 2-3 所示，展示了 11 个季度的 Vintage 曲线。其中 2017Q1 代表 2017 年第一季度，2019Q2 代表 2019 年第二季度，以此类推。

图 2-3 中的横轴表示账龄，纵轴表示该部分客群的逾期占比，每一条曲线表示一个放款季度的客户。由于用户可以在平台进行复贷，因此用户的历史最大逾期会逐步增长，即用户的真实风险会随着时间推移逐渐暴露。而当大多数曲线趋于平稳的月份取值都接近某特殊值的时候，即可使用该月份维度作为表现期。

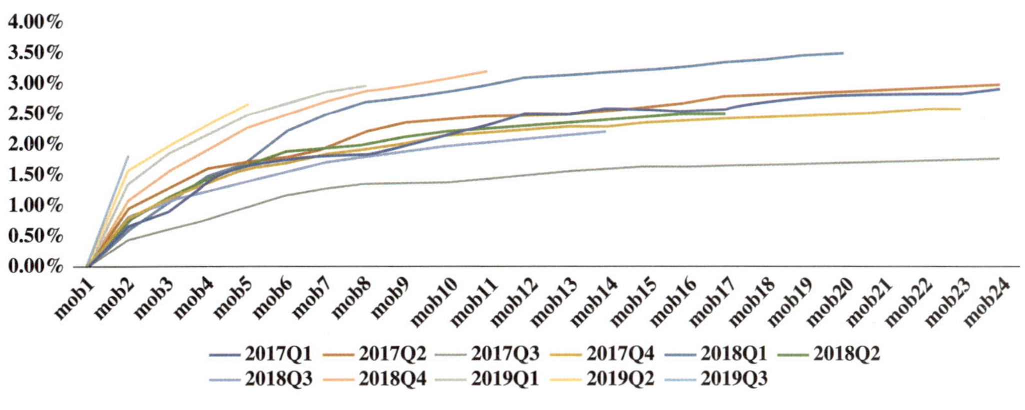

图 2-3 Vintage 图示

2.3.3 数据集切分

在时间窗口确定之后，数据集也随之固定下来。数据集在建模前需要划分为 3 个子集：开发样本（Develop）、验证样本（Valuation）、时间外样本（Out Of Time，OOT）。其中开发样本与验证样本使用分层抽样进行划分，以保证两个数据集中的负样本占比相同。通常开发样本与验证样本的比值为6:4。而时间外验证样本通常使用整个建模样本中时间切片最后的一段样本。开发样本对应于机器学习训练过程中的训练样本集（Train），而验证样本与时间外样本充当测试样本集（Test）的角色，用于检验模型的拟合程度、泛化能力及稳定性。有关机器学习的知识将在第 3 章介绍。

预测模型的本质是使用历史数据对未来的数据做预测，因此在实际应用中，应该更关注模型对未来样本的预测能力，以及模型的跨时间稳定性。在保证样本充足的前提下，通常使用观测点前的最后 1 个月的样本作为时间外验证样本。因为模型检测指标需要大量数据，以使得统计结果满足基本统计学假设，所以通常以每月度数据的整体进行统计和呈现。建模人员期望的模型预估表现应与模型上线后的第一次报表呈现有最大的相似度，因此使用与其时间距离最近的一整个月份的数据进行评测。

当然，时间外样本的选择也不是固定的。部分从业者认为，当贷款平台的样本随时间变化较快时，应选择较早的时间切片作为时间外样本。这是因为，较新的样本更符合模型上线后所应用的客群分布，应该将较新的样本放入开发样本中。

事实上，最终模型上线前，通常需要将开发样本、验证样本、时间外样本三者合并重新训练，对模型的参数进一步调整。具体原因可参考3.1.3节中有关于模型评价的介绍。

2.3.4 样本选择

样本选择对模型的结果影响非常大。为得到较好的模型表现，建模样本通常需要满足以下原则。

- 代表性（Representativeness）：样本必须能充分代表总体。只有这样，从样本中提炼的数理关系才能有效预测未来真实场景的数理关系。例如，消费金融场景客群可能与小额现金贷场景下的客群有所差异，因此不能直接使用不同客群作为样本来建模。
- 充分性（Adequacy）：样本集的数量必须满足一定数量要求。当样本量较小时，无法满足统计的显著性（Statistical Significance）要求，即置信度（Confidence Level）较低。评分卡建模通常要求正负样本的数量都不少于1500个。随着样本量增加，模型的效果也会有显著提升。而神经网络等多参数模型通常要求样本量在50万个以上，否则很难保证模型的稳定性。
- 时效性（Timeliness）：在满足样本量充足的前提下，通常要求样本的观测期与实际应用时间节点越接近越好。银行等客群稳定的场景，观察期可长达一年半至两年，然而在许多平台，很难保证样本都处在稳定的较近期的时间点上。此时可以通过迁移学习（Transfer Learning）等方法对样本进行挑选或对变量进行映射，使得早期样本与近期样本有相似的数据分布。
- 排除性（Exclusions）：虽然建模样本需要具有代表整体的能力，但某些法律规定不满足特定场景贷款需求的用户不应该作为样本。例如，针对行为评分卡用户，无还款表现用户或欺诈用户等都不应放入当前样本集。

样本的选择通常会严格遵循上述标准。业务开展早期，通常很难满足上述所有要求。当有少量样本积累时，时效性和排除性通常较容易满足。而充分性和代表性则需要大量的数据支持，并使用拒绝推断等方法，才可以近似地得到保障。

2.3.5 采样与加权

上一节中我们介绍过，评分卡建模通常要求正负样本的数量都不少于1500个。但样本量也并非越大越好，当总样本量超过50 000个时，模型的效果将不再随着样本量的增加而有显著变化了，而且数据处理与模型训练过程也较为耗时。如果样本量过大，会给训练过程增加不必要的负担。因而样本量较大时，需要对样本做欠采样（Subsampling）处理。

由于负样本通常较少，因此只对正样本进行欠采样处理。常见的欠采样方法包括如下几种。

- 随机欠采样（Random Subsampling）：直接将正样本随机欠采样至预期比例。通常将正样本欠采样至正负样本比例相等，即正样本量与负样本量的比值为1:1。等比例抽样属于特殊的随机欠采样。
- 分层抽样（Stratified Sampling）：保证抽样后，开发样本、验证样本、时间外验证样本中的正负样本比例相同。分层抽样是最常见的一种抽样方法，它可以保证在不同的数据集中，正负样本的分布大致相同，这样可以避免在模型评价过程中因分布差异而导致的偏差。当模型表现差异较大时，我们更有把握认为这是模型过拟合所致，而非其他因素。这种思想与做实验时相同，即需要控制其他因素不变，单独研究某个因素对实验结果的影响。
- 算法采样：通过使用聚类（Clustering）算法，将样本点聚类得到符合预期个数的簇，再使用簇中样本的平均值代表整个簇。也可以使用分类算法，根据标签挑选更适合保留的样本实现欠采样。这种方法可以最大化地保障原始样本集的特性，代价是解释性的下降。

需要注意的是，欠采样后需要为正样本添加权重。如正样本采样为原来的1/4，则采样后的正样本权重设置为负样本权重的4倍，例如正样本权重为4，负样本权重保持为1。这是因为在后续计算模型检验指标及预期坏账时，需要将权重带入计算逻辑才可以还原真实情况下的指标估计值，否则预期结果与实际部署后的结果会有明显偏差。

在sklearn库中调用逻辑回归模型可以使用参数class_weight指定每个类别的权重。传入字典{0:4，1:1}代表类别0权重为4，类别1权重为1。

```python
from sklearn.linear_model import LogisticRegression
lr_model = LogisticRegression(class_weight = {0:4, 1:1})
lr_model.fit(x,y)
```

当负样本较少的时候，需要使用代价敏感学习（cost-sensitive learning）或过采样（Upsampling）处理。参数 class_weight 支持一种自动平衡正负样本类别的代价敏感加权方案，其可以对少数类样本进行加权处理，使得模型进行均衡训练。

指定参数 class_weight = "balanced" 调整正负样本的权重，使得正负样本总权重相同。类权重计算方法如下：

$$\text{weight} = \frac{\text{n\_samples}}{\text{n\_classes} \times \text{np.bincount}(y)}$$

其中，n_samples 为样本数，n_classes 为类别数量，np.bincount(y) 会输出每个类的样本数，例如 $y=[1, 0, 0, 1, 1]$ 时，则 np.bincount(y) $=[2, 3]$。

代码实现如下。

```python
from sklearn.linear_model import LogisticRegression
lr_model = LogisticRegression(class_weight = "balanced")
lr_model.fit(x,y)
```

代价敏感加权对不均衡问题有一定帮助。如果想达到更好的效果，仍需为模型引入更多的负样本。使用朴素随机过采样的方法将现有样本复制，训练得到的模型泛化能力通常较差，因此在部分场景下需要使用过采样算法对模型的样本不均衡问题进行修正。常见的过采样算法有少数类别过采样技术（Synthetic Minority Oversampling Technique，SMOTE）和 ADASYN（Adaptive Synthetic）算法等。实际应用中，在使用过采样算法前需要经过严格的数据清洗来保证效果稳定。

SMOTE 算法是一种用于合成少数类样本的过采样技术，其基本思想是对少数类样本进行分析，然后在现有少数类样本之间进行插值，人工合成新样本，并将新样本添加到数据集中进行训练。其基本逻辑如图 2-4 所示。

图 2-4 中的左图表示，对于这个不平衡数据，首先找到一个样本点 x_i，再确定它的近

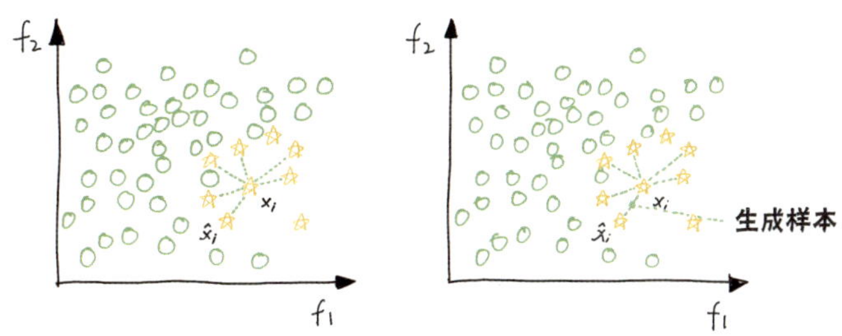

图 2-4　SMOTE 算法示意

邻（图中的6个$\hat{x}_i$），根据某个特定的公式，可以将需要创造的数据定位下来。图2-4右图中的小方形即表示添加的数据。相关细节可以参考本系列的另一本书——《智能风控：原理、算法与工程实践》。

新生成的样本是由现有样本的每一维度特征分别加权求和得到的。需要注意的是，每一维度特征进行插值时是相互独立的。此外，还可以先对原始数据集进行聚类再进行插值，或使用模型对原数据集进行筛选后再进行插值，从而得到新样本。

通过第三方库 imblearn 可以快速实现过采样与欠采样，代码如下：

```
#生成数据集
from sklearn.datasets import make_classification
from collections import Counter
X, y = make_classification(n_samples=5000, n_features=2,
                           n_informative=2, n_redundant=0,
                           n_repeated=0, n_classes=3,
                           n_clusters_per_class=1,
                           weights=[0.01, 0.05, 0.94],
                           class_sep=0.8, random_state=0)
#随机过采样
from imblearn.over_sampling import RandomOverSampler
X_resampled, y_resampled = RandomOverSampler().fit_sample(X, y)
#SMOTE过采样及其变体
from imblearn.over_sampling import SMOTE
X_resampled_smote, y_resampled_smote = SMOTE().fit_sample(X, y)
X_resampled, y_resampled = SMOTE(kind='borderline1').fit_sample(X, y)
X_resampled, y_resampled = SMOTE(kind='borderline2').fit_sample(X, y)
#ADASYN过采样
from imblearn.over_sampling import ADASYN
X_resampled_adasyn, y_resampled_adasyn = ADASYN().fit_sample(X, y)
```

```
#随机欠采样
from imblearn.under_sampling import RandomUnderSampler
X_resampled, y_resampled = RandomUnderSampler().fit_sample(X, y)
#基于 k-means 聚类的欠采样
from imblearn.under_sampling import ClusterCentroids
X_resampled, y_resampled = ClusterCentroids().fit_sample(X, y)
#基于最近邻算法的欠采样
from imblearn.under_sampling import RepeatedEditedNearestNeighbours
X_resampled, y_resampled =
    RepeatedEditedNearestNeighbours().fit_sample(X, y)
#在数据上运用一种分类器
#然后将概率低于阈值的样本剔除掉
#从而实现欠采样
from sklearn.linear_model import LogisticRegression
from imblearn.under_sampling import InstanceHardnessThreshold
lr_underS = InstanceHardnessThreshold(random_state=0,
                                      estimator=LogisticRegression())
X_resampled, y_resampled = lr_underS.fit_sample(X, y)
```

如果想要进行分层抽样，可以考虑使用 sklearn. model_selection 中的 train_test_split 函数。通过 stratify 参数可以指定分层对应的变量，代码示例如下，其中 test_size 指定抽样比例。

```
from sklearn.model_selection import train_test_split

train_set, test_set = train_test_split(df, test_size=0.4,
                      stratify=df['label'], random_state=414)
```

如果不指定 stratify 参数，train_ test_ split 函数则退化为普通的随机抽样。

```
from sklearn.model_selection import train_test_split

train_set, test_set = train_test_split(df,
                      test_size=0.4, random_state=414)
```

2.4 数据与变量解读

首先，信用评分卡的本质是统计模型，因此需要有一定的数据用于分析和发现规律。其次，数据是刻画风险的基础，只有对借款人有全方位的理解，才能真正做好风控。因此，平台会付出一定的成本来收集用户的数据用于评分卡的训练。通常，衡量一个用户的偿还能力和还款意愿，主要会从以下几个角度出发。

- 资质类数据：个人基本信息是每个贷款客户一定具备的，比较典型的有年龄、性别、家庭情况、通讯录、学历、家庭住址等。此外，还包括反映其经济状况的金融信息，如收入、资产等。
- 信贷类数据：外部数据包括多头和征信数据。多头是指用户在多家借款平台贷款，用户借款平台较多会被怀疑有负债严重的倾向，偿还能力较差。而征信数据是指，征信机构通过用户在各家的贷款表现建立的评分卡模型所输出的分数。这些数据对揭示用户的还款能力和还款意愿有较大帮助。
- 授权信息：通常在用户授权后，由贷款平台或第三方数据源采集得到，比如设备指纹、运营商数据、电商数据、出行数据、外卖数据、点评数据等。其中运营商数据通常用于资产处置，电商数据反映了用户某历史时段内的消费水平。此外，还可以将各种平台的消费数据与用户收入进行对比，从而得到用户当前的负债情况。其余数据均可通过数据挖掘手段分析并得到其与当前分析目标之间的关系，从而用于业务决策之中。

- **平台表现**：用户在借款平台的行为评分卡和催收评分卡中，可能会有一些历史的还款表现，这些可以直接体现用户的还款意愿。
- **埋点数据**：贷款平台从 App 中抓取用户的贷款行为。记录用户点击 App 上每一个按钮的具体时间和频次，如注册、点击、申请等动作，以此对用户进行分析。

贷款平台通常围绕上述 5 种信息进行数据收集。数据的质量与丰富程度很大程度上决定了评分模型的效果，因此在数据收集过程中要尽可能多地增加高质量的数据源，但成本也会相应上升。所以，在新接入数据源进行测试前，需要综合考虑数据的质量、作用、成本。通常情况下，用户的资质类数据和金融属性较强的数据更能刻画出用户的风险水平。当然，获得这些数据的成本也更高。

2.5 本章小结

本章对评分卡的基本概念及建模框架进行了简单的介绍，还对建模中的样本选择方法和变量构造思路进行了解读。希望读者通过阅读本章，可以对评分卡建模有初步的认识。第 3 章将重点介绍评分卡建模过程中用到的模型算法。

第3章　机器学习

工欲善其事，必先利其器。为了更好地完成风险建模，一定要好好理解其主要工具——机器学习模型。

机器学习（Machine Learning）是当前银行、消费金融机构主要使用的风险量化手段。所谓“工欲善其事，必先利其器”，本章着重介绍信用风险量化过程中使用的机器学习模型与其使用技巧。

机器学习的定义在学界尚未统一。卡内基梅隆大学的 Tom Mitchell 教授提出：“对于某类任务 T 和性能度量 P，如果一个计算机程序在 T 上以 P 衡量的性能随着经验 E 而自我完善，则称这个计算机程序在从经验 E 中学习。”

而另一个定义来自 Goodfellow、Bengio 和 Courville 合著的经典《深度学习》：机器学习本质上属于应用统计学，更多地关注如何用计算机通过统计方法估计复杂函数，不太关注为这些函数提供置信区间。

《深度学习》一书中对机器学习的定义要规范得多，它指出在机器学习中，计算机的计算能力得到了利用，而传统的统计概念置信区间则不再强调。本书不讨论机器学习与统计学的差异，只聚焦于如何将两者进行有机结合，解决风控业务中的实际问题。

3.1 基本概念

本节主要介绍一些风险分析涉及的机器学习基础，包括名词解释、基础模型的算法原理及具体的建模过程。

3.1.1 空间表征

在学习深奥的机器学习理论之前，首先来介绍一些机器学习中最基本的概念。

- 特征（Feature）：一个具体事物的属性描述，由属性向量表示。

  第j个记录$\boldsymbol{x}_j$的属性向量可以表示为：

  $$\boldsymbol{x}_j=(x_j^{(1)},x_j^{(2)},\cdots,x_j^{(i)},\cdots,x_j^{(n)})^{\top},\quad j=1,2,\cdots,N,\quad \boldsymbol{x}_j\in\mathcal{X}$$

  其中每个$x_j^{(i)}$为一个特征维度上的取值。

- 标记（Label）：又称样本标签，用于描述事物某个特性的事项。
- 标记值：标记的取值。在二分类问题中，取值通常为0和1。
- 标记空间（输出空间）：所有标记的集合，记为$\mathcal{Y}$。
- 样例（Sample）：又称样本。拥有了对应标记的记录，由（记录，标记）对表示。

  例如，第j个样例可以表示为：

  $$(\boldsymbol{x}_j,y_j),\quad j=1,2,\cdots,N,\quad \boldsymbol{x}_j\in\mathcal{X},y_j\in\mathcal{Y}$$

假设空间$\mathcal{F}$通常是由一个参数向量决定的函数族：

$$\mathcal{F}=\{f\mid Y=f_w(\boldsymbol{X}),\boldsymbol{w}\in\mathbb{R}^n\}$$

其中，参数向量$\boldsymbol{w}$取值于n维向量空间$\mathbb{R}^n$，称为参数空间。假设空间$\mathcal{F}$也可定义为条件概率的集合（概率模型）：

$$\mathcal{F}=\{P\mid P(Y\mid\boldsymbol{X})\}$$

其中，$\boldsymbol{X}$是定义在输入空间$\mathcal{X}$上的随机变量，Y是定义在输出空间$\mathcal{Y}$上的随机变量。

上述公式理解起来可能较为抽象，接下来我们通过一个实际的例子来理解相关概念。

首先，在建立模型前，一定会有一个由多个样例组成的样本集，比如：

（用户A，{年龄：29，身高：185，年收入：70，婚姻状况：未婚，状态：逾期}）

（用户B，{年龄：24，身高：167，年收入：31，婚姻状况：已婚，状态：未逾期}）

（用户C，{年龄：46，身高：177，年收入：50，婚姻状况：离异，状态：未逾期}）

…

其中每一个用户及其属性对称为一个样本（或观测）。这样的一系列用户及其自身的属性构成了样本集，其中用户“A”“B”“C”构成了样本空间，“特征年龄”“身高”“年收入”“婚姻状况”构成了特征空间。此外还有一个空间叫作参数空间，即由组成预测函数的参数的所有取值所组成的空间。“状态”这个字段则代表着样本的标签，也就是需要模型来判别的结果。这个例子中特征空间有 4 个取值：年龄、身高、年收入、婚姻状况。这 4 个取值就代表着特征空间中的 4 个维度，或者说这个特征空间的维度是 4。在良好的假设条件下，模型期望每个特征之间互不干扰，然而在实际情况下，通常每个特征之间都有可能存在关系。

比如我们可以将其中两个维度（年龄和身高）画出来。当处于低龄时（即 0 ~ 8 岁），我们可以明显地观察到身高的取值随着年龄增长也在不断地变大，如图 3-1 所示。

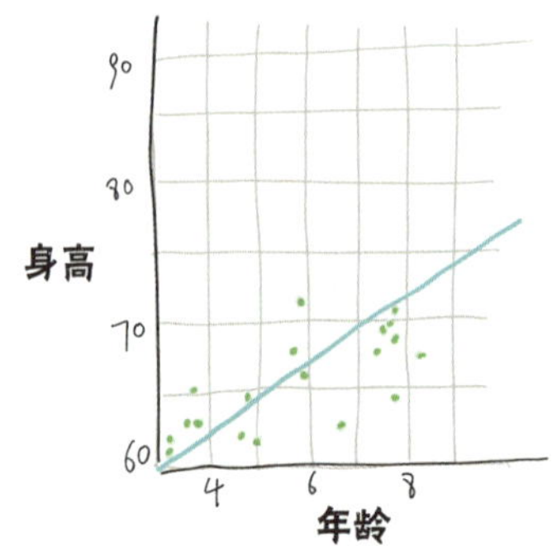

图 3-1　变量相关性示例

婚姻状况这个特征可能取值为｛未婚、已婚、离异｝，那么这 3 个取值就限制住了特征空间在婚姻状况这个维度上的取值。如果数据中只有｛未婚、离异｝这 2 种取值的样本，则称这个数据集不能完整表征它所在的样本空间，即在它的某一特征维度上，有一些值没有被观测到，不能很好地观察到这个维度特征的真实分布。通过已观察的样本点，只能表征出阴影部分的空间，如图 3-2 所示。

图 3-2　空间表征示例

3.1.2 模型学习

模型的训练（又叫学习或者拟合），是指通过将数据传入模型，从而使模型学习到数据的潜在规律（如数据的分布）的过程。而建立模型的本质，可以理解为从数据分布中抽象出一个决策函数。

决策函数（非概率模型）的定义为从输入空间 $\mathcal{X}$ 到输出空间 $\mathcal{Y}$ 的映射 $f:\mathcal{X}\rightarrow\mathcal{Y}$。

假设空间 $\mathcal{F}$ 定义为决策函数的集合，其形式如下：

$$\mathcal{F} = \{f \mid Y = f(X)\}$$

其中，X 是定义在输入空间 $\mathcal{X}$ 上的变量，$X \in \mathcal{X}$；Y 是定义在输出空间 $\mathcal{Y}$ 上的变量。

当想要预测的是离散值时，比如一个人是男或是女，或者一个用户还钱与否，这样的任务称为分类（Classification）。与之相对应的，如果想预测一个人的年龄是多少岁，或者一个用户具体会在未来的哪一天还款，这样的任务称为回归（Regression）。

当一个任务只有两个取值时称之为二分类任务。评分卡模型就是一种典型的二分类任务，即预测一个用户是否会产生逾期。而当任务涉及多个类别的时候，称之为多分类任务。一个典型的例子是在做欺诈检测时预测一个用户是否进行欺诈，这看似是一个二分类任务（预测是否欺诈），但其实用户的欺诈手段各不相同，每一个欺诈方法都是一个单独的类别，因此它本质上是一个多分类任务。

从数据是否带有标签的角度来看，又可以将模型划分成三大类：监督学习（Supervised Learning，SL）、半监督学习（Semi-Supervised Learning，SSL）和无监督学习（Unsupervised Learning，UL）。监督学习是指在一个申请评分卡建模中，已经明确知道样本集中每个用户的标签，即随便取一个人出来，都可以知道他的逾期状态。无监督学习是指在建模时，完全没有当前样本集的任何标签信息，即完全不知道哪些人是逾期的。而半监督学习介于两者之间，对于当前的样本集，知道其中一部分样本的标签，另一部分则不知道其是否已逾期。

通常情况下，模型的效果排序如下：

$$\text{监督学习} > \text{半监督学习} > \text{无监督学习}$$

在绝大多数情况下，应该尽可能利用标签信息，这样得到的模型效果会更好。但是很多时候，是否能拥有标签并不是由个体决定的。例如，很多平台是没有欺诈用户的标签的，此时训练一个监督模型就很困难，而半监督及无监督学习可以起到一定的作用。

3.1.3 模型评价

对于模型学习的结果，主要关心两件事：欠拟合（underfit）和过拟合（overfit）。欠拟合是指模型拟合程度不高，数据距离拟合曲线较远，或指模型没有很好地捕捉到数据特征，不能很好地拟合数据。换言之，模型在学习的过程中没有很好地掌握它该掌握的知识，模型学习的偏差较大。过拟合是指为了得到一致假设而使假设变得过度严格，即模型学习得太过详细，把一些个例的特点作为共性，使得模型的泛化能力较低。

图 3-3 很好地解释了过拟合与欠拟合的含义，a 图表示欠拟合，b 图表示一个良好的拟合，c 图则表示过拟合。通俗理解，过拟合就是模型学得过于细致，欠拟合就是学得过于粗糙。

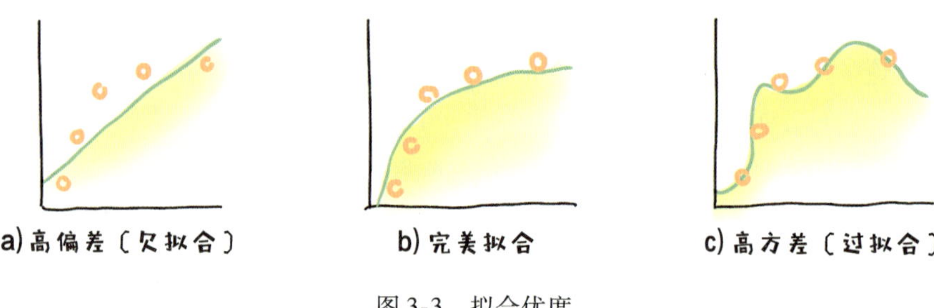

图 3-3　拟合优度

模型结构越复杂，通常越倾向于过拟合。而样本量越大，数据分布得到越充分的曝光，模型越不容易过拟合。为了更好地表示过拟合和欠拟合，通常建模的时候会将样本集划分为训练集（Train）和测试集（Test）。训练集就是用来带入模型训练的集合，而测试集主要是待模型训练好之后，对模型做测试，以检验模型的效果。一般认为，训练集上表现好但在测试集上表现不好的模型，有过拟合的风险；而模型在训练集上效果明显差于测试集，则有欠拟合的风险。

在训练一个模型的时候，我们不只希望模型在训练集上的表现足够好，还希望模型在其他数据集上的表现也很好。训练集上的表现与测试集上的表现的差值称为泛化误差，而泛化误差由 3 部分组成：偏差（bias）、方差（variance）、噪声（noise）。

偏差度量了模型的期望预测与真实结果的偏离程度，也就是模型本身的拟合能力。方差度量了同样大小的训练集的变动所导致的学习能力的变化，也就是数据扰动所造成的影响。而噪声则刻画了问题本身的拟合难度。图 3-4 所示为训练程度与误差的关系。

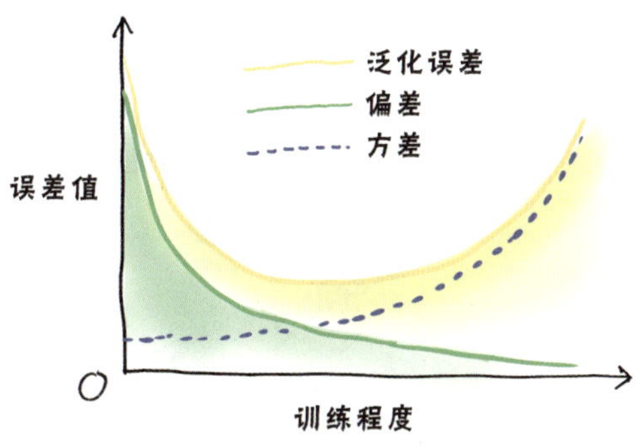

图 3-4 训练程度与误差

通常离线模型训练完成后，在最终模型上线前，会将测试集和训练集整合，重新对模型的系数做拟合，进而得到最终的模型。这是因为数据集越大，对样本空间的表征可能越充分。某些曝光不充分的特征值所对应的标签分布，在数据量增加时，可能有更高的曝光率。比如之前例子中的数据集如下所示：

（用户 A，{年龄：29，身高：185，年收入：70，婚姻状况：未婚，状态：逾期}）

（用户 B，{年龄：24，身高：167，年收入：31，婚姻状况：已婚，状态：未逾期}）

（用户 C，{年龄：46，身高：177，年收入：50，婚姻状况：离异，状态：未逾期}）

…

如果训练集中婚姻状况有一个值没有取到，只存在于测试集中，那么将测试集和训练集合并得到最终模型时，对未来的用户进行预测时偏差就会更小。然而部分模型，如极端梯度提升机（eXtreme Gradient Boosting，XGBoost）需要利用测试样本集实现训练过程的提前停止，因此需要额外选择部分样本不参与训练，比如从原始训练集中选择少部分样本作为提前停止的依据。

3.2 广义线性模型

广义线性模型（Generalize Linear Model，GLM）是线性模型（Linear Model）的扩展，通过联结函数建立响应变量的数学期望值，与线性模型相结合来预测变量之间的关系。其特点是不强行改变数据的自然度量，数据可以具有非线性和非恒定方差结构。广义线性模型是线性模型在研究响应值的非正态分布及非线性模型简洁直接的线性转化时的一种发展。

3.2.1 多元线性回归模型

线性回归模型是机器学习模型中最基础的模型，其解释性强、思路简单、泛化能力强，且稳定性仅和入模变量自身的稳定性直接相关，常用于解决实际问题。由于其对非线性问题的拟合能力较差，而大多数问题都因多种实际因素影响，并不表现为严格意义上的线性问题，因此线性回归模型一般不会直接应用于实际生产环境。但线性回归模型囊括了机器学习的大部分思想，所以我们先通过线性回归模型来梳理一下机器学习算法的内核。

首先给定训练数据集：

$$D=\{(\boldsymbol{x}_1,y_1),(\boldsymbol{x}_2,y_2),\cdots,(\boldsymbol{x}_i,y_i),\cdots,(\boldsymbol{x}_N,y_N)\}$$

其中，$\boldsymbol{x}_i\in\mathcal{X}\subseteq\mathbb{R}^n$，$y_i\in\mathcal{Y}\subseteq\mathbb{R}$。

线性回归模型应具有如下表达式：

$$f(\boldsymbol{x})=w_1x_1+w_2x_2+\cdots+w_dx_d+b$$

其向量的形式可以表示为：

$$f(\boldsymbol{x})=\boldsymbol{w}\cdot\boldsymbol{x}+b=\sum_{i=1}^{n}w^{(i)}\cdot x^{(i)}+b$$

其中，$\boldsymbol{x}\in\mathcal{X}\subseteq\mathbb{R}^n$ 是输入，$\boldsymbol{w}=(w^{(1)},w^{(2)},\cdots,w^{(n)})^{\top}\in\mathbb{R}^n$ 和 $b\in\mathbb{R}$ 是参数，w 称为权重向量，b 称为偏置，$\boldsymbol{w}\cdot\boldsymbol{x}$ 为 w 和 x 的内积。

令

$$\hat{\boldsymbol{w}}=(\boldsymbol{w},b)^{\top}$$

$$\hat{\boldsymbol{x}}=(\boldsymbol{x},1)^{\top}$$

则多元线性回归模型可以简化为：

$$f(\hat{\boldsymbol{x}})=\hat{\boldsymbol{w}}\cdot\hat{\boldsymbol{x}}$$

其中，$\hat{\boldsymbol{x}}$ 为增广特征向量，$\hat{\boldsymbol{w}}$ 为增广权重。于是就得到了线性回归的一个朴素表示形式。在信用评分建模中，$\hat{\boldsymbol{x}}$ 即代表用户个人信息中抽取出的向量，$\hat{\boldsymbol{w}}$ 代表模型通过学习得到的组合权重，将权重与用户个人信息量化出的数值加权求和，即可得到用户的信用分值 $f(\hat{\boldsymbol{x}})$。

3.2.2 经验风险与结构风险

有了评分模型的形式化表示，接下来我们看看如何确定该模型中每种信息的权重。线性回归所希望学到的映射关系 $f(x_i)$ 可表示为：

$$f(x_i)=wx_i+b$$

使得该映射结果与原始标签近似等价：

$$f(x_i)\simeq y_i$$

如果想要确定合适的参数 w 和 b，就要引入一个概念——**损失函数**（loss function）。顾名思义，损失函数代表的是一种损失，函数值自然是越小越好。每一个机器学习算法都会有它对应的损失函数。确定损失函数后，程序会通过一些迭代求解的方法使损失函数找到其最小值，从而解出最优参数。

线性回归的损失函数叫作平方损失函数（又叫作均方误差），其形式可以表示为：

$$(w^*,b^*)=\underset{(w,b)}{\operatorname{argmin}}\sum_{i=1}^{m}(f(x_i)-y_i)^2=\underset{(w,b)}{\operatorname{argmin}}\sum_{i=1}^{m}(y_i-wx_i-b)^2$$

即表示为模型预测结果与样本标签差值的平方和。均方误差有非常好的几何意义，它期望每一个点到直线的欧式距离之和最短，其形式如图3-5所示。基于均方误差最小化来求解参数又叫作**最小二乘法**（Least Squares Fit）。

将上述平方损失函数写成一般形式：

$$L(y,f(\boldsymbol{x}))=(y-f(\boldsymbol{x}))^2$$

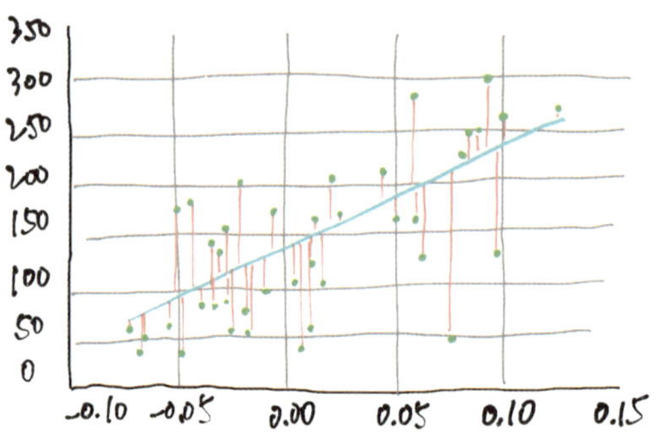

图 3-5　最小二乘法示意

据此，我们可以定义一种对模型错误程度的量化指标，叫作经验风险（Empirical Risk），其形式如下：

$$R_{\mathrm{emp}}(f) = \frac{1}{N}\sum_{i=1}^{N} L(y_i, f(\boldsymbol{x}_i))$$

即对线性模型输出与样本真实标签的平方求均值。显然经验风险越小，代表模型预测的结果越准确。因此通过最小化经验风险，可以求得使得模型效果最优的参数组合。

将线性回归的公式带入可得到：

$$\hat{\boldsymbol{w}}^* = \underset{\hat{\boldsymbol{w}}}{\operatorname{argmin}} \sum_{i=1}^{N} (y_i - f(\hat{\boldsymbol{x}}_i))^2$$

暂时忽略偏置项。等价地，得到模型参数最优解的矩阵表示形式：

$$\hat{\boldsymbol{w}}^* = \underset{\hat{\boldsymbol{w}}}{\operatorname{argmin}} (\boldsymbol{y} - \boldsymbol{X}\hat{\boldsymbol{w}})^\top (\boldsymbol{y} - \boldsymbol{X}\hat{\boldsymbol{w}})$$

其中，

$$\boldsymbol{X} = \begin{pmatrix} \boldsymbol{x}_1^\top & 1 \\ \boldsymbol{x}_2^\top & 1 \\ \vdots & \vdots \\ \boldsymbol{x}_N^\top & 1 \end{pmatrix}$$

$$\boldsymbol{y} = (y_1, y_2, \cdots, y_N)^\top$$

令 $E_{\hat{\boldsymbol{w}}} = (\boldsymbol{y} - \boldsymbol{X}\hat{\boldsymbol{w}})^\top (\boldsymbol{y} - \boldsymbol{X}\hat{\boldsymbol{w}})$，对 $\hat{\boldsymbol{w}}$ 求偏导可得：

$$\frac{\partial E_{\hat{\boldsymbol{w}}}}{\partial \hat{\boldsymbol{w}}} = 2\boldsymbol{X}^\top (\boldsymbol{X}\hat{\boldsymbol{w}} - \boldsymbol{y})$$

当 $\boldsymbol{X}^\top \boldsymbol{X}$ 为满秩矩阵或正定矩阵时，令上式为零可得最优闭式解：

$$\hat{\boldsymbol{w}}^{*}=(\boldsymbol{X}^{\top}\boldsymbol{X})^{-1}\boldsymbol{X}^{\top}\boldsymbol{y}$$

通俗地讲，我们可以将$\hat{\boldsymbol{w}}$视为一个世界观算子。模型通过这个矩阵描述了整个样本空间。当选取的特征之间不是完全正交时（即$\boldsymbol{X}^{\top}\boldsymbol{X}$不为满秩矩阵或正定矩阵时），相当于三维世界中只有二维的空间被该模型所覆盖。第三维度的特征看似有用，其实是和前两个维度高度重叠的。这时当前世界就无法被现有样本集完美表征了，自然无法应对真实问题的考验。这也是线性模型建模前需要去除变量共线性的主要原因之一。具体的建模细节在本书第5、6章中会进行介绍。

当上述条件不满足时，可先使用主成分分析（Principal Component Analysis，PCA）等方法消除特征间的线性相关性，再使用最小二乘法求解。或者通过梯度下降法（Gradient Descent）进行迭代。初始化$\hat{\boldsymbol{w}}_0=\boldsymbol{0}$，梯度下降法的形式可以表示为：

$$\hat{\boldsymbol{w}}\leftarrow\hat{\boldsymbol{w}}+\alpha\boldsymbol{X}^{\top}(\boldsymbol{X}\hat{\boldsymbol{w}}-\boldsymbol{y})$$

其中，α是学习率。由于线性回归模型的损失函数是一个凸函数，因此通过向负梯度方向移动的方法，理论上可以达到全局最优解。

以上的操作可以解决经验风险问题。然而对于一个模型来说，通常我们不只希望其在训练集上有很好的表现，还希望它能够在未曾见过的样本（测试集）上有较好的鲁棒性（即泛化能力较好），为此我们定义了另一种风险，称为结构风险（Structural Risk）。为应对这种由于模型结构太复杂而导致的过拟合问题，要为损失函数添加一个正则项（Regular Coefficient），用来惩罚模型的复杂程度，以使模型的结构足够简单，从而避免过拟合的问题。

常用的正则方法有两种。

1）Lasso 正则项：

$$\alpha\|\boldsymbol{w}\|,\alpha\geqslant 0$$

2）Ridge 正则项：

$$\alpha\|\boldsymbol{w}\|^{2},\alpha\geqslant 0$$

使用Lasso正则项的线性回归模型称为Lasso回归，其正则项又称L1范数约束。使用Ridge正则项的线性回归模型称为Ridge回归，其正则项又称L2范数约束。在实际的使用中，Ridge回归的模型效果会略好于Lasso回归。L1范数假设样本服从拉普拉斯分布（Laplace Distribution），部分自变量的系数可能通过Lasso正则项被规约为0，因而Lasso正则项也用于基于模型的特征筛选。本书在第6章中重点介绍特征筛选的内容。

3.2.3 极大似然估计

前面定义了模型的具体形式，又通过两种风险定义给出了求解的方向。接下来为实现参数求解，我们再引入一个概念——似然函数，其形式可以表示为：

$$\mathcal{L}(w \mid x) = P(x \mid w)$$

其中，$P(x \mid w)$ 指当模型的参数为 w 时，观察到数据 x 的概率。而 $\mathcal{L}(w \mid x)$ 则定义在观察到一组数据 x 后，模型参数取值为 w 的概率，这个概率又称似然度。

设标记 y 服从均值为 $f(\hat{\boldsymbol{x}}) = \hat{\boldsymbol{w}} \cdot \hat{\boldsymbol{x}}$、方差为 σ^2 的高斯分布：

$$p(y \mid \hat{\boldsymbol{x}}, \hat{\boldsymbol{w}}, \boldsymbol{\sigma}) = \mathcal{N}(y \mid \hat{\boldsymbol{w}} \cdot \hat{\boldsymbol{x}}, \boldsymbol{\sigma}^2) = \frac{1}{\sqrt{2\boldsymbol{\pi}\boldsymbol{\sigma}}}\exp\left(-\frac{(y - \hat{\boldsymbol{w}} \cdot \hat{\boldsymbol{x}})^2}{2\boldsymbol{\sigma}^2}\right)$$

参数 $\hat{\boldsymbol{w}}$ 在训练集 D 上的似然函数（Likelihood）为：

$$p(\boldsymbol{y} \mid X, \hat{\boldsymbol{w}}, \sigma) = \prod_{i=1}^{N} p(y_i \mid \boldsymbol{x}_i, \hat{\boldsymbol{w}}, \sigma) = \prod_{i=1}^{N} \mathcal{N}(y_i \mid \hat{\boldsymbol{w}} \cdot \hat{\boldsymbol{x}}_i, \sigma^2)$$

由于计算机内部运算的一些特殊原因，需要将似然函数取对数，将乘法转换为加法，因此我们得到参数 $\hat{\boldsymbol{w}}$ 在训练集 D 上的对数似然函数为：

$$\log p(\boldsymbol{y} \mid X, \hat{\boldsymbol{w}}, \sigma) = \sum_{i=1}^{N} \log \mathcal{N}(y_i \mid \hat{\boldsymbol{w}} \cdot \hat{\boldsymbol{x}}_i, \sigma^2)$$

而最大似然估计就是指通过最大化似然函数求解参数的过程。通俗地讲，它的本质就是让当前场景出现的值，在理论上出现的概率得到最大化。等价如下形式：

$$\hat{\boldsymbol{w}}^* = \underset{\hat{\boldsymbol{w}}}{\operatorname{argmin}} - \log p(\boldsymbol{y} \mid X, \hat{\boldsymbol{w}}, \sigma)$$

函数在导数为 0 的时候取得极值，令 $\frac{\partial \log \boldsymbol{p}(\boldsymbol{y} \mid \boldsymbol{X}, \widehat{\boldsymbol{w}, \boldsymbol{\sigma}})}{\partial \hat{\boldsymbol{w}}} = 0$ 就可以得到最优参数：

$$\boldsymbol{w}^{ML} = (\boldsymbol{X}^\top \boldsymbol{X})^{-1} \boldsymbol{X}^\top \boldsymbol{y}$$

在 Python 中训练线性回归的方法非常简单，利用 sklearn 库即可轻松实现上述过程。

```
from sklearn.linear_model import LinearRegression, Lasso, Ridge
#简单线性回归
model = LinearRegression()
model.fit(x, y)
#Lasso 回归
model = Lasso()
```

```
model.fit(x, y)
#Ridge 回归
model = Ridge()
model.fit(x, y)
```

3.3 逻辑回归

前面提到，业务人员期望评分卡模型拥有较强的解释性。线性回归的解释能力很强，且模型的输出有很好的排序能力，显然适用于信用评分建模。但是其值域为（$-\infty$，$+\infty$），如果直接将结果输出给非技术人员，他们并不容易使用这种概念进行信贷管理。我们希望模型的输出有某种实际意义，而不是单纯地反映排序信息。信用评分模型大多是二分类问题，而线性回归是用来处理回归问题的一种方法，为将模型用于分类问题，需要寻找一个链接函数来将线性回归的输出规约在［0，1］之间，从而将模型的结果视为用户逾期概率的某种表示。

在风控领域最常用的广义线性模型是逻辑回归（Logistic Regression，LR），其使用的链接函数是 sigmoid 函数。sigmoid 函数可以将模型的输出规约在［0，1］之间，因此我们可以将逻辑回归模型的输出结果视为样本属于某一类标签的概率值，从而用于分类问题。

其示意图如图 3-6 所示。

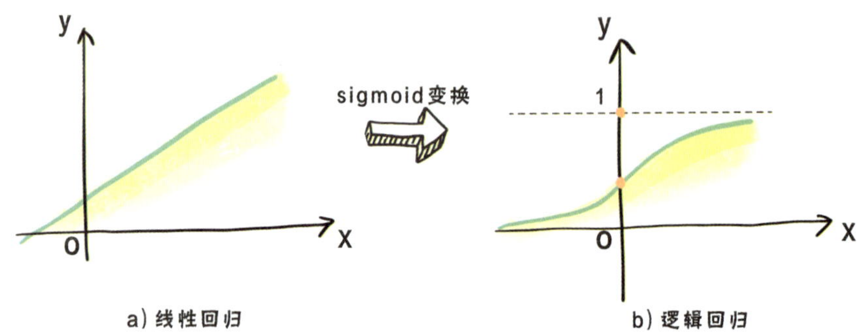

图 3-6　逻辑回归示意图

3.3.1 sigmoid 函数

sigmoid 函数可以表示为：

$$\mathrm{sigmoid}(z)=\sigma(z)=\frac{1}{1+\mathrm{e}^{-z}}$$

其中，$z\in\mathbb{R}$，$\mathrm{sigmoid}(z)\in(0,1)$。

sigmoid 函数的导数表示为：

$$\sigma'(z)=\sigma(z)(1-\sigma(z))$$

二项逻辑回归可以表示为如下的条件概率分布：

$$P(y=1\mid\boldsymbol{x})=\sigma(\boldsymbol{w}\cdot\boldsymbol{x}+b)=\frac{1}{1+\exp(-(\boldsymbol{w}\cdot\boldsymbol{x}+b))}=\frac{\exp(\boldsymbol{w}\cdot\boldsymbol{x}+b)}{1+\exp(\boldsymbol{w}\cdot\boldsymbol{x}+b)}$$

$$P(y=0\mid\boldsymbol{x})=1-\sigma(\boldsymbol{w}\cdot\boldsymbol{x}+b)=\frac{1}{1+\exp(\boldsymbol{w}\cdot\boldsymbol{x}+b)}$$

其中，$\boldsymbol{x}\in\mathbb{R}^n$，$y\in\{0,1\}$，$\boldsymbol{w}\in\mathbb{R}^n$ 是权值向量，$b\in\mathbb{R}$ 是偏置，$\boldsymbol{w}\cdot\boldsymbol{x}$ 为向量内积。

可对权值向量和特征向量加以扩充，即增广权值向量 $\hat{\boldsymbol{w}}=(w^{(1)},w^{(2)},\cdots,w^{(n)},b)^{\top}$，增广特征向量 $\hat{\boldsymbol{x}}=(x^{(1)},x^{(2)},\cdots,x^{(n)},1)^{\top}$。

则逻辑回归模型可以分别表示为：

$$P(y=1\mid\hat{\boldsymbol{x}})=\frac{\exp(\hat{\boldsymbol{w}}\cdot\hat{\boldsymbol{x}})}{1+\exp(\hat{\boldsymbol{w}}\cdot\hat{\boldsymbol{x}})}$$

$$P(y=0\mid\hat{\boldsymbol{x}})=\frac{1}{1+\exp(\hat{\boldsymbol{w}}\cdot\hat{\boldsymbol{x}})}$$

3.3.2 最大似然估计

逻辑回归的参数求解方法为最大似然估计（Maximum Likelihood Estimation，MLE）。由MLE得到的参数服从以参数的真实值为均值的正态分布（Normal Distribution），且该正态分布的方差与Fisher信息及样本数目成反比，即样本数量越多，Fisher信息越大，MLE得到的结果越准确。

给定训练数据集D，表示为：

$$D=\{(\hat{\boldsymbol{x}}_1,y_1),(\hat{\boldsymbol{x}}_2,y_2),\cdots,(\hat{\boldsymbol{x}}_N,y_N)\}$$

其中，$\hat{\boldsymbol{x}}_i\in\mathbb{R}^{n+1},y_i\in\{0,1\},i=1,2,\cdots,N$。

设

$$P(y=1\mid\hat{\boldsymbol{x}})=\sigma(\hat{\boldsymbol{w}}\cdot\hat{\boldsymbol{x}}),\quad P(y=0\mid\hat{\boldsymbol{x}})=1-\sigma(\hat{\boldsymbol{w}}\cdot\hat{\boldsymbol{x}})$$

常用的似然函数定义为：

$$L(\hat{\boldsymbol{w}})=\prod_{i=1}^{N}P(y_i\mid\hat{\boldsymbol{x}}_i)=\prod_{i=1}^{N}[\sigma(\hat{\boldsymbol{w}}\cdot\hat{\boldsymbol{x}}_i)]^{y_i}[1-\sigma(\hat{\boldsymbol{w}}\cdot\hat{\boldsymbol{x}}_i)]^{1-y_i}$$

为减少乘法运算的开销，在上述似然函数两边同时取对数，得到新的似然函数：

$$l(\hat{\boldsymbol{w}})=\log L(\hat{\boldsymbol{w}})=\sum_{i=1}^{N}[y_i\log\sigma(\hat{\boldsymbol{w}}\cdot\hat{\boldsymbol{x}}_i)+(1-y_i)\log(1-\sigma(\hat{\boldsymbol{w}}\cdot\hat{\boldsymbol{x}}_i))]$$

令$\hat{y}_i=\sigma(\hat{\boldsymbol{w}}\cdot\hat{\boldsymbol{x}}_i)$，则对数似然函数$l(\hat{\boldsymbol{w}})$关于$\hat{\boldsymbol{w}}$的偏导数可以表示为：

$$\begin{aligned}\frac{\partial l(\hat{\boldsymbol{w}})}{\partial\hat{\boldsymbol{w}}}&=\sum_{i=1}^{N}\left(y_i\frac{\hat{y}_i(1-\hat{y}_i)}{\hat{y}_i}\hat{\boldsymbol{x}}_i+(1-y_i)\frac{\hat{y}_i(1-\hat{y}_i)}{1-\hat{y}_i}\hat{\boldsymbol{x}}_i\right)\\&=\sum_{i=1}^{N}(y_i(1-\hat{y}_i)\hat{\boldsymbol{x}}_i+(1-y_i)\hat{y}_i\hat{\boldsymbol{x}}_i)\\&=\sum_{i=1}^{N}\hat{\boldsymbol{x}}_i(y_i-\hat{y}_i)\end{aligned}$$

3.3.3 多项逻辑回归学习

给定训练数据集D，表示为：

$$D=\{(\hat{\boldsymbol{x}}_1,y_1),(\hat{\boldsymbol{x}}_2,y_2),\cdots,(\hat{\boldsymbol{x}}_N,y_N)\}$$

其中，$\hat{\boldsymbol{x}}_i\in\mathbb{R}^{n+1},y_i\in\{1,2\cdots,K\},i=1,2,\cdots,N$。

对标签 y 使用 K 维的独热编码（one-hot）向量 $\boldsymbol{y}\in\{0,1\}^K$ 进行表示。对于类别 c，其向量表示为：

$$\boldsymbol{y}=[I(k=1),I(k=2),\cdots,I(k=K)]^{\top}$$

其中，$I(\cdot)$ 是指示函数。

使用交叉熵损失函数（Cross Entropy），softmax 回归模型的风险函数表示为：

$$\mathcal{L}(W)=-\frac{1}{N}\sum_{i=1}^{N}\boldsymbol{y}_i\cdot\log\hat{\boldsymbol{y}}_i=-\frac{1}{N}\sum_{i=1}^{N}\sum_{k=1}^{K}\boldsymbol{y}_{ik}\log\hat{\boldsymbol{y}}_{ik}$$

其中，$\boldsymbol{y}_{ik}$是第 i 个标签 one-hot 向量表示的第 k 个维度元素值。

风险函数 $\mathcal{L}(W)$ 关于权值矩阵 W 的梯度为：

$$\frac{\partial\mathcal{L}(W)}{\partial W}=-\frac{1}{N}\sum_{i=1}^{N}\hat{\boldsymbol{x}}_i(\boldsymbol{y}_i-\hat{\boldsymbol{y}}_i)^{\top}$$

采用梯度下降法，初始化 $\boldsymbol{W}=0$，进行迭代，形式如下：

$$\boldsymbol{W}_{t+1}\leftarrow\boldsymbol{W}_t+\alpha\left(\frac{1}{N}\sum_{i=1}^{N}\hat{\boldsymbol{x}}_i(y_i-\hat{y}_i^{\boldsymbol{W}_t})^{\top}\right)$$

其中，α 是学习率，$\hat{y}_i^{\boldsymbol{W}_t}$ 是当参数为 $\boldsymbol{W}_t$ 时模型的输出。

如此迭代下去，就可以得到最终模型的最优参数。我们通常在逻辑回归模型中使用对数损失函数，这是因为在使用 sigmoid 函数作为正样本的概率时，如果同时将平方损失作为损失函数，则构造出来的损失函数是非凸的。通过梯度下降法来寻找极值点的时候，较容易陷入局部最优解，不利于模型学习。

调用 sklearn 库实现逻辑回归模型的训练：

```python
from sklearn.linear_model import LogisticRegression
lr_model = LogisticRegression()
lr_model.fit(x, y)
```

3.3.4 标准化

逻辑回归模型在建模前需要对所有的变量进行标准化（normalization）处理，从而将不同变量的尺度规约到同一量纲，否则会对模型造成较大影响。其背后的逻辑很简单，对于取值范围为 10 000 ~ 100 000 的变量，其对模型的影响显然会远远大于取值范围为 0.01

~0.1 的变量。标准化可以将变量整体转化为 0~1 之间的小数，显著提升模型的收敛速度，并提升模型的精度。因此我们应尽可能在训练逻辑回归模型前，对变量进行标准化处理。

离差标准化（Min-max Normalization）是根据变量的最大值与最小值，对原始数据进行线性变换，将变量整体取值约束为 0~1 之间。其转换函数如下：

$$x^* = \frac{x - \min}{\max - \min}$$

min 为样本集在该变量上取得的最小值，max 为样本集在该变量上取得的最大值。代码实现如下：

```
from sklearn.preprocessing import MinMaxScaler
mm_scaler = MinMaxScaler()
x_new = mm_scaler.fit_transform(x)
```

某些情况下，我们期望将正态分布数据同时转化为标准正态分布，此时可以使用标准差标准化（Zero-mean Normalization）对数据进行处理。这种方法是基于原始数据的均值（Mean）和标准差（Standard Deviation）进行数据的标准化。其转换函数如下：

$$x^* = \frac{x - \mu}{\sigma}$$

其中，μ 表示样本集在当前变量取值下的均值，σ 表示样本集在当前变量取值下的标准差。代码实现如下：

```
from sklearn.preprocessing import StandardScaler
std_scaler = StandardScaler()
x_new = std_scaler.fit_transform(x)
```

上述两种标准化方法适用于大多数情况。当数据中存在异常的极值点时，上述两种方法转换后的分布较为不均匀，此时需要使用分位数标准化（Quantile Normalization）。它会根据中位数或者四分位数去中心化数据。代码实现如下：

```
from sklearn.preprocessing import robust_scale
```

```
x_new = robust_scale(x)
```

对于非正态分布，我们可以通过 box-cox 变换将其转化为正态分布。其转化公式为：

$$x^{(\lambda)} = \begin{cases} \dfrac{x^{\lambda} - 1}{\lambda}, & \lambda \neq 0 \\ \ln x, & \lambda = 0 \end{cases}$$

这里的 λ 是待定的参数，对于不同的 λ，变换结果也不尽相同。当 λ 为 0.5 时，box-cox 变换又称平方根变换；当 λ 为 0 时，box-cox 变换可表示为对数变换；当 λ 为 -1 时，box-cox 变换为倒数变换。

在变换的过程中，需要确定变换参数 λ，使得变换后的 $x^{(\lambda)}$ 满足：

$$x^{(\lambda)} = x\beta + e$$

即要求通过因变量的变换，使得变换过的向量 $x^{(\lambda)}$ 与回归自变量具有线性相依关系，且误差 e 服从正态分布。通过极大似然估计可以进行求解，本书不进行详细介绍，感兴趣的读者可以自行学习。代码实现如下：

```
from scipy.stats import boxcox
x_new, _ = boxcox(x)
```

3.4 性能度量

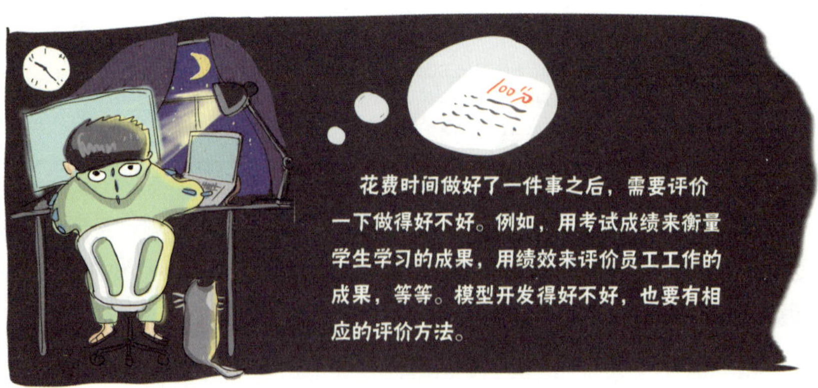

训练模型的过程中需要有一个指标去评价模型的好坏，而针对不同问题也有着不同的衡量方法。首先来看看机器学习领域常用的一些模型评价方法。

3.4.1 误差

定义训练误差为模型 $Y=\hat{f}(X)$ 关于训练数据集的平均损失：

$$R_{\mathrm{emp}}(\hat{f}) = \frac{1}{N}\sum_{i=1}^{N} L(y_i,\hat{f}(\boldsymbol{x}_i))$$

其中，N 是训练样本容量。

定义测试误差为模型 $Y=\hat{f}(X)$ 关于测试数据集的平均损失：

$$e_{\mathrm{test}} = \frac{1}{N'}\sum_{i=1}^{N'} L(y_i,\hat{f}(\boldsymbol{x}_i))$$

其中，N'是测试样本容量。

当损失函数是0~1损失时，测试误差即测试集上的误差率：

$$e_{\mathrm{test}} = \frac{1}{N'}\sum_{i=1}^{N'} I(y_i \neq \hat{f}(\boldsymbol{x}_i))$$

其中，I 是指示函数，即 $y\neq\hat{f}(\boldsymbol{x})$ 时为1，否则为0。

而测试集上的准确率可表示为：

$$r_{\mathrm{test}} = \frac{1}{N'}\sum_{i=1}^{N'} I(y_i = \hat{f}(\boldsymbol{x}_i))$$

则有，$r_{\mathrm{test}}+e_{\mathrm{test}}=1$。

3.4.2 混淆矩阵与衍生指标

分类任务中，模型的预测结果可分为如下几类。

- 真正类（True Positive，TP）：将正类预测为正类。
- 假负类（False Negative，FN）：将正类预测为负类。
- 假正类（False Positive，FP）：将负类预测为正类。
- 真负类（True Negative，TN）：将负类预测为负类。

由以上四个指标可以衍生出精确率（查准率）的概念，定义为：

$$P = \frac{TP}{TP + FP}$$

同样，也可以衍生出召回率（查全率）的概念，定义为：

$$R = \frac{TP}{TP + FN}$$

精确率和召回率是一对矛盾的度量，通常精确率高时召回率较低，而召回率高时精确率会较低，原因如下。

- 精确率越高，代表预测为正类的比例越高，而要做到这点，通常是因为只选择了有把握的样本。最简单的做法就是只挑选最有把握的一个样本，此时 FP = 0，P = 1，但 FN 必然非常大（没把握的都判定为负类），因此召回率就非常低了。
- 召回率高需要找到所有正类。要做到这点，最简单的做法就是所有类别都判定为正类，那么 FN = 0，但 FP 也很大，所以精确率就很低了。

对于不同的问题侧重的评价指标也不同，详解如下。

- 对于信用评估场景，侧重的是精确率，也就是说我们希望推荐的结果都是用户感兴趣的结果，即用户感兴趣的信息比例要更高。因为通常能给用户展示的窗口有限，一般为 5 个或 10 个，所以更要求能将用户真正感兴趣的信息推荐给用户。
- 对于反欺诈场景，侧重的是召回率，即我们希望不漏检任何欺诈用户。如果发生一笔欺诈订单，就可能造成平台的巨大损失。

二分类的情况下，精确率和召回率的代码简单实现如下：

```python
def precision(y_true, y_pred):
    true_positive = sum(y and y_p for y, y_p in zip(y_true, y_pred))
    predicted_positive = sum(y_pred)
    return true_positive / predicted_positive
def recall(y_true, y_pred):
    true_positive = sum(y and y_p for y, y_p in zip(y_true, y_pred))
    real_positive = sum(y_true)
    return true_positive / real_positive
```

此外，还可以定义 P-R 曲线：根据模型的预测结果对记录进行排序，按此顺序逐个将记录作为正样本进行预测，计算出当前召回率、精确率。在以召回率为横坐标，精确率为纵坐标的坐标系中，绘制各点并连接成线，如图 3-7 所示。

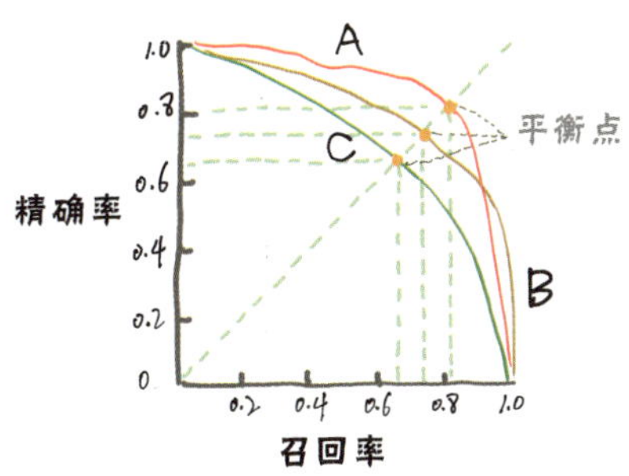

图 3-7 P-R 曲线

P-R 曲线从左上角（0，1）到右下角（1，0）的走势，正好反映了精确率和召回率是一对矛盾的度量，具有一个高则另一个低的特点。

开始是精确率高，因为设置的阈值很高，只有第一个样本（分类器最有把握是正类）被预测为正类，其他都是负类，所以精确率高，几乎是1。而召回率几乎是0，仅仅找到1个正类。

到右下角的时候则是召回率很高，精确率很低，此时设置的阈值是0，所有类别都被预测为正类，所有正类都被找到了，召回率很高。而精确率非常低，因为大量负类被预测为正类。

P-R 曲线可以非常直观地显示出分类器在样本总体上的精确率和召回率，所以我们可以通过对比两个分类器在同一个测试集上的 P-R 曲线来比较它们的分类能力：如果分类器 B 的 P-R 曲线被分类器 A 的曲线完全包住，如图 3-8a 所示，则可以说，A 的性能优于 B；如果是图 3-8 的 b 图，两者的曲线有交叉，则很难直接判断两个分类器的优劣，只能根据具体的精确率和召回率进行比较。

一个合理的依据是比较 P-R 曲线下方的面积大小，它在一定程度上表征了分类器在精确率和召回率上取得“双高”的比例，但这个数值不容易计算。

另一种比较方式就是比较**平衡点**（Break-Event Point，BEP），它是精确率等于召回率时的取值，如图 3-8b 所示，而且可以判定，平衡点较远的曲线更好。

由此可以定义 F_1 值用来表示精确率和召回率的调和均值，形式如下：

$$\frac{2}{F_1} = \frac{1}{P} + \frac{1}{R}$$

$$F_1 = \frac{2TP}{2TP + FP + FN}$$

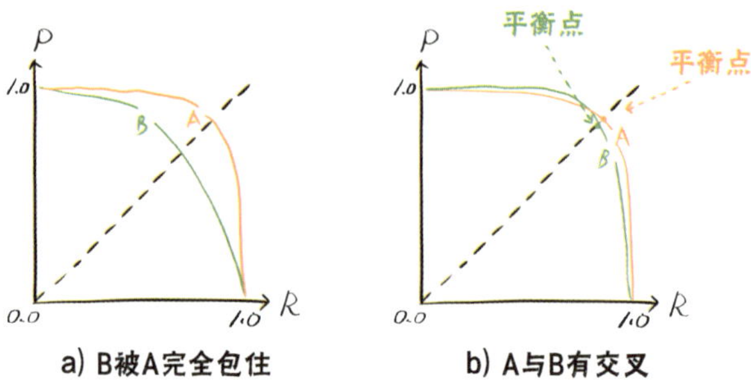

a) B被A完全包住　　b) A与B有交叉

图 3-8　两种 P-R 曲线

3.4.3 不均衡模型评价

风控场景有着自己的特点，其中一个就是样本非常不均衡，负样本的占比永远都远小于正样本。使用全量样本上的准确率等指标作为评价标准对负样本有失公平，并且风控模型对负样本的识别能力的要求明显要高于对正样本的识别能力，因为一个呆账客户为平台带来的损失，通常需要多个成功还款的客户所带来的收益进行弥补。因此我们需要能更准确地度量模型效果的评价指标。

接收者操作曲线（Receiver Operating Characteristic，ROC）的横坐标是假正例率（False Positive Rate，FPR），纵坐标是真正例率（True Positive Rate，TPR）。

TPR 定义为：

$$TPR = \frac{TP}{TP + FN}$$

表示正类中被分类器预测为正类的概率，刚好就等于正类的召回率。

FPR 定义为：

$$FPR = \frac{FP}{TN + FP}$$

表示负类中被分类器预测为正类的概率，它等于 1 减去负类的召回率。负类的召回率称为真负例率（True Negative Rate，TNR），也被称为特异性，表示负类被正确分类的比例。

根据模型的预测结果对记录进行排序，按此顺序逐个将记录作为正样本进行预测，计算出当前的真正例率、假正例率。在以假正例率为横坐标，真正例率为纵坐标的坐标系中，绘制各点并连接成线，如图 3-9 所示。

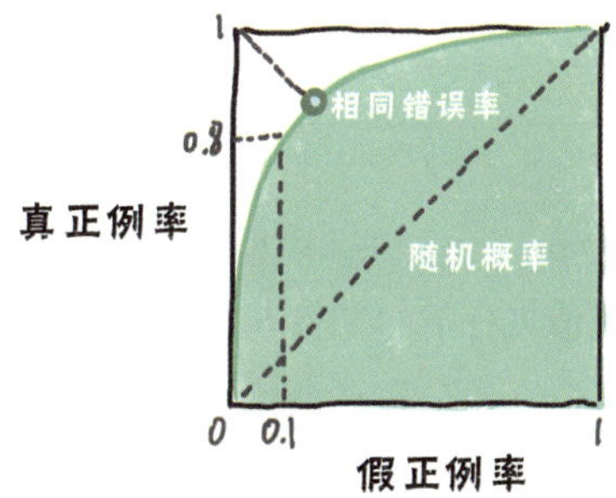

图 3-9 ROC 曲线图示

代码实现如下：

```
def true_negative_rate(y_true, y_pred):
    true_negative = sum(1 - (yi or yi_hat)
                        for yi, yi_hat in zip(y_true, y_pred))
    actual_negative = len(y_true) - sum(y_true)
    return true_negative / actual_negative
def roc(y, y_hat_prob):
    thresholds = sorted(set(y_hat_prob), reverse=True)
    ret = [[0, 0]]
    for threshold in thresholds:
        y_hat = [int(yi_hat_prob >= threshold)
                 for yi_hat_prob in y_hat_prob]
        ret.append([recall(y, y_hat),
                    1 - true_negative_rate(y, y_hat)])
    return ret
y_true = [1, 1, 1, 0, 1]
y_hat_prob = [0.9, 0.95, 0.8, 0.5, 0.65]
roc_list = roc(y_true, y_hat_prob)
```

曲线下面积（Area Under Curve，AUC）定义为，坐标系中 ROC 曲线下的覆盖面积。当模型 ROC 曲线有交叉时，AUC 大的模型性能优于 AUC 小的模型。

代码实现如下：

```
from sklearn.metrics import roc_auc_score
y_true = [1, 0, 1, 0, 1]
```

```
y_hat_prob = [0.9, 0.85, 0.8, 0.7, 0.6]
roc_auc_score(y_true,y_hat_prob)
```

KS 曲线（Kolmogorov-Smirnov Curve）与 ROC 曲线很相似，其横坐标为阈值降序排列（从 1 至 0），纵坐标为在不同阈值划分下的 TPR 与 FPR 的差值。KS 值（Kolmogorov-Smirnov Value）则定义为 KS 曲线（图 3-10 中的绿色曲线）的最大值。

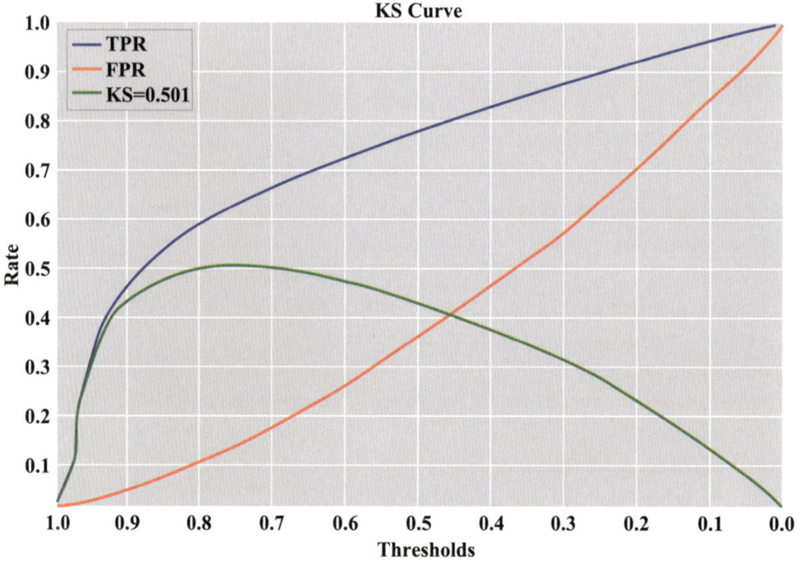

图 3-10 KS 曲线

在实际应用中，通常只绘制 ROC 曲线，并利用一个训练完成的模型计算 KS 值，同时画出 ROC 曲线。代码实现如下：

```
from sklearn.metrics import roc_auc_score, roc_curve, auc
y_pred = model.predict_proba(x)[:,1]
fpr_lgb_train, tpr_lgb_train, _ = roc_curve(y, y_pred)
train_ks = abs(fpr_lgb_train - tpr_lgb_train).max()
print('train_ks : ', train_ks)

y_pred = model.predict_proba(evl_x)[:,1]
fpr_lgb, tpr_lgb, _ = roc_curve(evl_y, y_pred)
```

```
evl_ks = abs(fpr_lgb - tpr_lgb).max()
print('evl_ks : ', evl_ks)

from matplotlib import pyplot as plt
plt.plot(fpr_lgb_train, tpr_lgb_train, label = 'train')
plt.plot(fpr_lgb, tpr_lgb, label = 'evl')
plt.plot([0,1], [0,1], 'k--')
plt.xlabel('False positive rate')
plt.ylabel('True positive rate')
plt.title('ROC Curve')
plt.legend(loc = 'best')
plt.show()
```

计算得到的 KS 值为：

```
train_ks :  0.47937497021243125
evl_ks :  0.44169808909056046
```

ROC 曲线结果如图 3-11 所示。

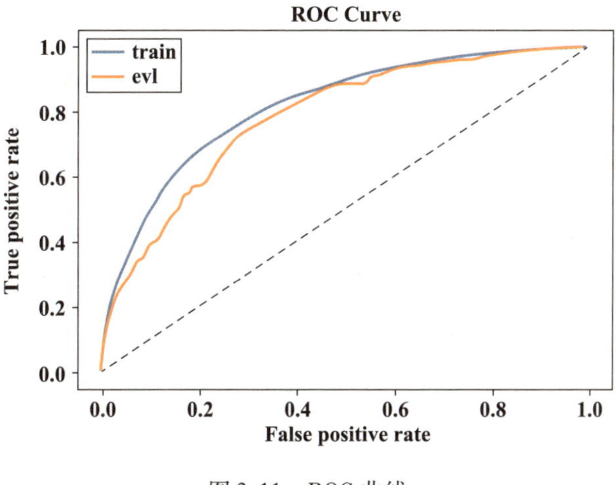

图 3-11　ROC 曲线

实际上，只判断模型的预测能力是不够的，业务期望模型预测能力强，且跨时间表现稳定，所以还需要考量模型的泛化能力及跨时间稳定性。通常考量模型的泛化能力有以下两种做法：

- **留出法**：将数据集 D 划分为两个互斥的集合，其中一个集合作为训练集，另一个作为测试集。在训练集上训练模型，在测试集上测试误差，作为对泛化能力的评估。信用评分模型常用的时间外样本集，就是一种留出法。

- k折交叉验证：将数据集 D 划分为 k 个大小相似的互斥子集，即 $D=D_1\cup D_2\cup\cdots\cup D_k$，$D_i\cap D_j=\varnothing(i\neq j)$。每次用 $k-1$ 个子集的并集作为训练集，余下的子集作为测试集，可得到 k 组训练集和测试集，最终返回的是 k 个测试结果的均值。这种方法在3.7.1节中有相关的代码实现。

模型在训练集和测试集上的性能越接近，说明模型的泛化能力越好。因此风控领域对于模型的泛化能力有一个最基本的要求，即训练集和测试集上的KS值相差不超过5%。

此外，为了考量模型的跨时间稳定性，通常还会留出一部分在时间轴上处于最新时间段的样本，将其作为时间外验证样本。因此，期望在3个数据集上的AUC和KS值尽可能接近，且测试集和时间外样本上的AUC和KS值尽可能大。

3.4.4 业务评价

从业务角度分析，评分卡模型需要具有以下4种性质。

1. 稳定性

群体稳定性指标（Population Stability Index，PSI）是一种用于衡量不同数据集上分布差异的指标。其具体概念我们将在6.3节中介绍。PSI值分为模型PSI值和变量PSI值。二者计算公式完全一致，唯一的不同点在于衡量的具体变量。模型PSI值用于衡量模型预测分数在不同月份或数据集上的差异，而变量PSI值用于衡量每个变量取值，以及在不同月份或数据集上的差异。PSI示例见3.5.2节。

模型PSI值可以直接反映当前月份模型预测分布与初始月份模型预测分布的差异。通常认为当模型PSI值大于0.2时，模型较为不稳定，需要对模型进行调整。

单变量PSI是在特征筛选时使用的指标之一，专门用来衡量每一个特征的稳定性。因为当一个简单的线性模型PSI值有波动时，主要原因是特征分布出现了波动，这时候就可以通过特征的PSI值精准地定位到具体是哪一个特征的稳定性较差。通常当单变量PSI值大于0.02时，我们应当考虑对该特征做一些调整，或者直接删除该特征。

2. 有效性

通常我们使用 KS 值和 ROC 曲线判断模型的有效性。KS 值只反映当前模型的最大区分能力，而风控模型通常需要拒绝部分低分客户，并对高于准入阈值的客户使用差异化定价来抵抗信用风险。因此需要模型尽量前置对正负样本区分度最大的阈值，这样可以有更好的业务表现。如图 3-12 所示，通常 a 图的模型会比 b 图带来更大的收益。

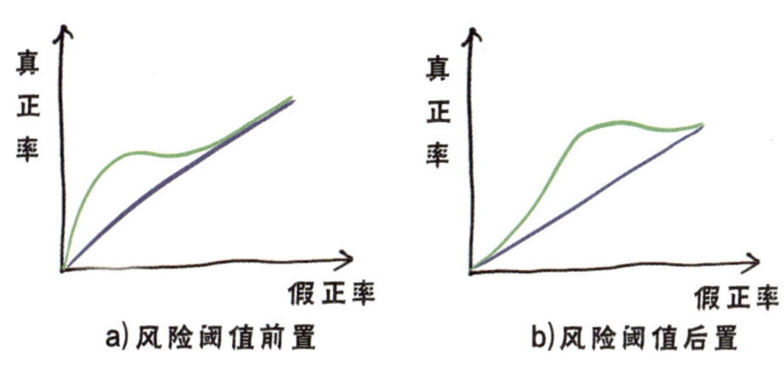

图 3-12 风险阈值示意

3. 负样本抓取能力

捕获率（Capture Rate）指的是在分数较低的几个客群上，可以捕捉到当前样本集中的负样本的百分比。如图 3-13 所示是一个典型的评分模型的报告。将时间外验证样本按照预测评分从小到大升序排列后，等频切分为 20 箱。随着分箱编号从 0 到 19 逐渐增大，每一箱的负样本占比逐渐降低，负样本累计个数越来越多，并且捕获率越来越高。

可以看到，捕获率这一列其实等于负样本累计个数与样本集总的负样本个数的比值。因为从业务角度来看，评分卡模型拒绝的低分客群中应尽可能包含更多的负样本。最理想的情况下，模型可以在最初的几个低分群组中将负样本完全拒绝掉。这就需要一个模型的捕获率足够高。

4. 排序能力

波动点（Bump Point），即模型具体从第几箱开始逾期客户占比不再是呈现完美的下降趋势。图 3-14 是图 3-13 中分组 KS 值和负样本占比的曲线图。

	KS	负样本个数	正样本个数	负样本累计个数	正样本累计个数	捕获率	负样本占比
0	0.217	86	713	86	713	0.262	0.108
1	0.299	43	756	129	1469	0.393	0.054
2	0.339	29	770	158	2239	0.482	0.036
3	0.381	30	769	188	3008	0.573	0.038
4	0.398	22	777	210	3785	0.640	0.028
5	0.403	18	781	228	4566	0.695	0.023
6	0.408	18	781	246	5347	0.750	0.023
7	0.398	13	786	259	6133	0.790	0.016
8	0.396	16	783	275	6916	0.838	0.020
9	0.361	5	794	280	7710	0.854	0.006
10	0.332	7	792	287	8502	0.875	0.009
11	0.287	2	797	289	9299	0.881	0.003
12	0.258	7	792	296	10091	0.902	0.009
13	0.225	6	793	302	10884	0.921	0.008
14	0.208	11	788	313	11672	0.954	0.014
15	0.182	8	791	321	12463	0.979	0.010
16	0.137	2	797	323	13260	0.985	0.003
17	0.092	2	797	325	14057	0.991	0.003
18	0.045	1	798	326	14855	0.994	0.001
19	0.000	2	792	328	15647	1.000	0.003

图 3-13　评分模型报告

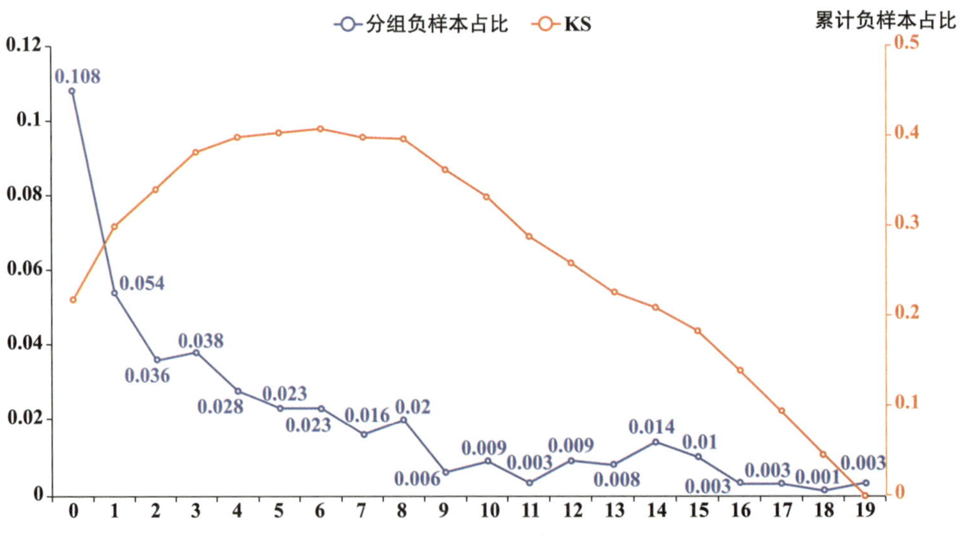

图 3-14　KS 值和负样本占比

从图3-14中我们可以看出，从第4箱开始，分组后的样本逾期率反超了第3箱样本的逾期率，所以本模型的排序波动点为第4箱。然而模型的分组KS最大值取自第7箱，可见KS值不能直接反映模型的排序能力。因此我们有必要使用排序波动点对模型进行辅助评价。通常认为，当模型的波动点后置时，模型的排序能力较强。

3.5 上线部署与监控

刚做好的小鱼干特别好吃，放置一段时间后吃了会拉肚子。

食物都有保质期，上线部署后的模型也一样。刚做完的模型效果不错，但我们不知道保质期是多久，需要定期监控模型的性能，如果发现模型不好用了，就要及时更新啦。

模型训练结束后，接下来就是上线部署的环节。上线部署过程中如果出现问题，就会引起决策失误，模型设计及训练过程都会沦为无用功，整个建模项目前功尽弃。因此模型监控也非常重要，它可以帮助使用者了解模型的实际效果，且决定何时对模型进行修正和更新。

3.5.1 上线部署

现阶段，常见的模型部署方法有以下三种。

- 逻辑判断。逻辑回归评分模型的本质就是，用户的变量取值在不同区间时增减不同的分数，故其为一种逻辑判断。风控系统大多基于 Java 环境，因此可以通过简单的 if-else 语句实现评分模型功能。由开发人员手工构造的逻辑判断语句较容易出错，所以当变量较多时，这种开发逻辑会有较大的困难，但在变量较少时，逻辑回归评分模型可以通过这种方式快速部署上线。

- PKL 文件。PKL 是 Python 独有的文件格式，通常基于 Python 训练的模型都会保存为该格式，从而实现快速读取和使用。使用 PKL 保存与加载模型的 Python 实现如下所示：

```
#保存模型至路径 path
import pickle
with open(path, 'wb') as f:
    pickle.dump(model, f, protocol =2)
f.close()

#从路径 path 加载模型
from sklearn.externals import joblib
model = joblib.load(path)
```

- 利用预测模型标记语言（Predictive Model Markup Language，PMML）实现跨平台的机器学习模型部署。PMML 是一套基于 XML 的标准，通过 XML Schema 定义了使用的元素和属性，可以直接被 Java 等语言调用。因此，可以利用 Python 将离线训练得到的模型保存为 PMML 模型文件，再利用 Java 将 PMML 模型文件载入在线预测环境进行预测。使用 PMML 加载和保存模型的 Python 实现如下所示：

```
#保存模型
from sklearn2pmml import sklearn2pmml, PMMLPipeline
from sklearn_pandas import DataFrameMapper
mapper = DataFrameMapper([([i], None) for i in feat_list])
pipeline = PMMLPipeline([('mapper', mapper), ("classifier", model)])
sklearn2pmml(pipeline, pmml = path)

#加载模型
from pypmml import Model
model = Model.fromFile(path)
```

模型的部署重点并不在于如何上线。实际上，线上环境存在着各种扰动，如数据源API接口调用失败、入模变量被误操作覆盖、客群变化等，这些因素都会导致风控模型发生异常，偏离离线预估的结果，甚至完全失效。因此如何保证模型部署后的表现符合预期，才是当前环节中最重要的问题。

为确保线下、线上模型的一致性，我们通常从三个角度来进行比对。

- 基础数据表一致。首先必须核对线上实时风控系统调用的数据，与离线建模所使用的数据（字段名、格式、取值等）定义是否一致。若不一致，需要根据线上环境抽取相应的表给离线建模使用。通常该过程发生在模型设计阶段，提前确定基础表数据是否一致，避免因基础数据问题多次重复建模过程。
- 入模变量逻辑一致。由于离线建模过程涉及特征工程，需要在基础数据表上进行加工处理。线上环境复现该部分的逻辑，是整个上线部署流程中最容易出错的环节，因此需要由建模人员提供一部分样本。通过线上逻辑计算后和离线结果比对，以确保变量处理逻辑的正确性。
- 模型预测结果一致。线上模型部署后，需要使用相同的样本分别根据线上模型和离线模型打分，再对打分结果进行比较。当前基础数据表与变量处理逻辑一致时，通常模型预测结果不应有偏差。极少数情况下，由于模型的实现略有差异，可能会存在分数误差。

基础数据表通常在模型设计阶段核对完成，模型预测分数主要由变量逻辑决定，因此整个模型上线过程中最重要的步骤就是核对变量的处理逻辑。有关变量的处理的内容将在第5章介绍，接下来我们介绍模型监控。

3.5.2 前端监控

模型监控的大致思路与模型评价类似。监控的本质是持续观察模型的表现是否下降，因此同样需要在监控中对模型评价指标进行统计。模型监控需要考虑到时效性与准确性，因此通常将不需要贷后表现的监控指标与需要贷后表现的监控指标分别进行统计。前端监控（FrontEnd）指不需要任何贷后信息即可统计到的指标，可更新为最新月度切片。比如时间节点位于2019年6月1日时，按照月度统计相关监控指标，可将报表更新为2019年

5月月报。前端监控包含以下几个方面。

1. PSI值

为描述模型在上线后不同月份相比于初始月份的波动，需要对模型PSI值进行持续监控。如表3-1中2019年4月模型监控月报显示，该模型的PSI值超过阈值0.2，因此需要分析模型不稳定的原因。

表3-1 模型PSI

模型稳定性	2019年1月（上线月份）	2019年2月	2019年3月	2019年4月
模型PSI值	0.018	0.052	0.126	0.21

同样的，也需要对单变量的PSI值进行监控。如表3-2中2019年4月模型监控月报显示，特征Feature1和Feature4超过阈值0.02，因此需要对该特征进行调整。

表3-2 变量PSI

单变量稳定性	2019年1月（上线月份）	2019年2月	2019年3月	2019年4月
Feature1	0.003	0.005	0.011	0.031
Feature2	0.002	0.012	0.009	0.014
Feature3	0.003	0.014	0.011	0.013
Feature4	0.012	0.008	0.019	0.054

2. 分数分布

通常情况下，平台会通过信用评分将客群划分为不同的群组。比如客群的分数设置为[500, 800]，即最大值是800分，最小值是500分。这样就可以根据客群的预期逾期率将客群划分为如下几个等级。

- A等级：模型分数>740。
- B等级：模型分数>620分且模型分数≤740分。
- C等级：模型分数>560分且模型分数≤620分。
- D等级：模型分数>500分且模型分数≤560分。

其中每个等级的阈值确定，取决于业务对四个等级群组中的人数占比期望。表3-3给出了一个分数分布的监控表示例，上线当月四组人数占比为：A组，10.0%；B组，45.0%；C组，35.0%；D组，10.0%。

表3-3 分数分布

等级分布	2019年1月（上线月份）	2019年2月	2019年3月	2019年4月
A	10.0%	12.5%	8.8%	7.4%
B	45.0%	42.3%	39.1%	40.5%
C	35.0%	30.2%	40.9%	36.4%
D	10.0%	15.0%	11.2%	15.7%

每个月或者每周统计｛A，B，C，D｝类别内的客户数量，就可以得到客群分数的分布。我们可以通过分布快速观察到模型打分是否有明显的改变。模型失效的一个前兆就是模型输出的分数分布下移，当这种情况出现的时候需要引起注意，此时可能需要使用最新样本进行迭代。

3. 线上、线下分数对比

由于模型上线部署的过程涉及建模人员与开发人员的交互，即使上线初期通过数据比对，也不能保证特征逻辑完全无误，因此需要在后续的监控中比对每个月份线上、线下客户的分数是否相同，如表3-4所示。

表3-4 线上、线下分数对比

线上、线下分数比对	2019年1月（上线月份）	2019年2月	2019年3月	2019年4月
分数相同	99.8%	99.9%	99.9%	99.7%
分数不同	0.2%	0.1%	0.1%	0.3%

由于各平台的数据存储系统不同，增量更新表的线下统计需要遍历多个时间切片。该操作非常耗时且占用资源，因此通常需要使用月末时间切片以得到近似的结果，这样在进行线上、线下分数比对时，可能出现极少部分样本的分数对应不上的情况。在这种情况下，我们只需要保证绝大多数样本的分值相同即可。

3.5.3 后端监控

后端监控（BackEnd）是指需要一定表现周期才能观察到的信息，通常需要统计样本具有的贷后标签。仍以处于时间节点2019年6月1日时为例，若当前贷款产品需要为期1个月的贷后表现期，则需要按照月度统计相关监控指标，将报表更新为2019年4月月报，否则部分订单截至当前，其风险无法充分暴露。后端监控包含以下几个方面。

1. 模型显著性

直接反映模型显著性的指标有前文提到的 KS 值和 AUC 值。从策略角度分析，模型预测的低分人群，通常会被拒绝因而没有真实的贷后表现，而拒绝人群中负样本占比明显高于通过人群。因此只以模型通过样本计算当前模型的 KS 值或 AUC 值，并以此来评价模型的实际效果显然是不合理的。随着模型拒绝率的提高，线上新样本计算的 KS 值或 AUC 值会比真实的取值相差更多。通常当模型 KS 值低于某一阈值时，需要对模型进行调整。模型显著性示例见表 3-5。

表 3-5　模型显著性

模型 KS 值	2019 年 1 月（上线月份）	2019 年 2 月	2019 年 3 月	2019 年 4 月
KS 值	45.7%	46.2%	43.7%	40.1%

2. 低分原因

在一个评分卡模型建立完成之后，通过变量的加分与减分我们可以很清楚地知道具体哪一个变量的哪一个取值是减分项。因此要想找到一些用户的低分原因，可以对拥有减分项的特征分布做一些监控。这样可以观察到每个月或者每周的低分客群的主要减分原因，便于排查一些特殊的问题，比如当拒绝率过高时，我们可以较容易地定位到是哪一些特征的客群质量下降。

如表 3-6 所示，模型只有 2 个变量包含减分项，因此只需要监控 2 个变量的样本分布即可。

表 3-6　低分原因

低分原因	2019 年 1 月（上线月份）	2019 年 2 月	2019 年 3 月	2019 年 4 月
D 类客群中 Feature2 减分命中率	98.4%	97.6%	99.2%	99.3%
D 类客群中 Feature3 减分命中率	1.6%	2.4%	0.8%	0.7%

3. 捕获率

与 3.4.4 节中捕获率的定义相同，分别统计不同月份不同百分比分数所抓取的负样本占比。示例见表 3-7。

表 3-7 捕获率

低分样本百分比	2019 年 1 月（上线月份）	2019 年 2 月	2019 年 3 月	2019 年 4 月
5%	39.5%	39.2%	37.3%	36.8%
10%	58.6%	57.7%	54.6%	53.1%
20%	72.3%	71.5%	69.3%	68.9%

比对模型上线后续月份的捕获率与初始月份（2019 年 1 月）的差异，即可得知当前模型的排序能力处在何种水平，并从侧面了解模型的稳定性与正负样本的区分能力。

3.6 迭代与重构

小鱼干坏了需要重新做，模型效果不好了也需要重新做。整个模型开发周期很长，如何找出模型出现的问题，同时知道应该从哪个步骤开始重新做，这也是一门学问。

前文介绍了许多评价模型的方法，并反复提到需要对表现较差的模型进行调整。本节重点介绍在不同的模型表现下，如何调整模型才能使业务得以更顺利地开展。

3.6.1 模型迭代

模型迭代（Refit）是指在原有模型的基础上，对变量重新进行系数拟合或变量调整。该方法周期较短，可以快速完成并更新线上模型，从而迅速解决由模型引起的问题。通常

需要引入最新的数据对模型重新训练，并对变量分布差异较大的特征分箱（Binning）结果进行调整。关于分箱的具体含义在5.3节进行详细介绍。

通常模型需要进行模型迭代，有两点原因。

- 模型区分度下降明显但变量相对比较稳定，重新拟合系数以提高区分度。
- 客群发生变化，变量变得不稳定。理论上变量PSI值>0.05时，变量已完全不可用。应考虑删除并重新拟合变量系数。

常见的模型迭代步骤如下：1）准备最新的数据集；2）观察变量具体分布；3）通过分箱操作，修改变量在最新数据集上的负样本分布趋势；4）重新训练，拟合模型系数；5）模型再次上线部署；6）监控新版本模型。

3.6.2 模型重构

模型重构（Rebuild）是指当前的模型对好坏客户的区分能力明显下降，且无法通过拟合系数或调整变量来提高模型的区分度时，需开发新模型。此时需要重复之前的建模流程，因此周期较长。通常在模型迭代、策略优化均无法有效解决问题时，才将模型重构作为最后的解决方案。

常见的模型重构步骤如下：1）准备最新的数据集；2）基础变量构造与特征衍生；3）通过分箱操作，调整具体变量中的负样本分布；4）模型训练，拟合模型系数；5）模型上线部署；6）监控新版本模型。

3.7 辅助模型

传统的评分模型主要使用逻辑回归模型进行开发，但这不代表在整个建模过程及风控体系中只使用逻辑回归一种算法。在实际建模中，通常会使用多个具有不同性质的模型作为辅助模型，与逻辑回归模型同步建模，扮演“陪跑”的角色。建模人员会根据辅助模型的性质，有选择地发现逻辑回归模型存在的问题。本节为读者介绍几种常用的辅助模型，并简单介绍其使用方法。

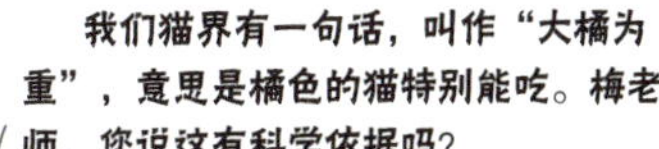

3.7.1 XGBoost

关于 XGBoost 模型，前文已简单提过。XGBoost 是一种基于前向分布算法实现的加法模型。通过损失函数的二阶泰勒展开近似模型的负梯度，并将其作为前一个模型的残差进行学习，从而实现多个模型的串行迭代，使偏差逐渐修正直至损失满足收敛条件。XGBoost 模型在逻辑回归评分模型中也有应用。常用的 XGBoost 模型的元模型是基于树模型的形式。树模型可以实现特征之间的交叉组合，通过 XGBoost 的串行结果，则可以更进一步实现特征之间的高阶交叉。XGBoost 相比于人工特征工程有着天然的学习优势，因此常使用它作为辅助校验模型，用来判断逻辑回归模型的人工特征工程是否有继续交叉的必要。有关特征交叉的内容在第 5 章进行介绍。

XGBoost 的使用方法分为两种。第一种使用 XGBoost 自带的数据集格式及 XGBoost 自带的建模方式，把数据读取成 xgb. DMatrix 格式（libsvm/dataframe. values，需要给定 X 和 Y），然后准备好 watch_list（观测和评估的数据集）。

```
import numpy as np
import pickle
import xgboost as xgb
# 基本例子,从 libsvm 文件中读取数据,做二分类
# 数据是 libsvm 的格式
#1 3:1 10:1 11:1 21:1 30:1 34:1 36:1 40:1 41:1 53:1 58:1
#0 3:1 10:1 20:1 21:1 23:1 34:1 36:1 39:1 41:1 53:1 56:1
```

```
#0 1:1 10:1 19:1 21:1 24:1 34:1 36:1 39:1 42:1 53:1 56:1
dtrain = xgb.DMatrix('./data/agaricus.txt.train')
dtest = xgb.DMatrix('./data/agaricus.txt.test')
#超参数设定
param = {'max_depth':2, 'eta':1, 'silent':1, 'objective':'binary:logistic'}
# 设定 watchlist 用于查看模型状态
watchlist = [(dtest, 'eval'), (dtrain, 'train')]
num_round = 2
bst = xgb.train(param, dtrain, num_round, watchlist)
# 使用模型预测
preds = bst.predict(dtest)
# 判断准确率
labels = dtest.get_label()
print ('错误类为% f' % \
       (sum(1 for i in range(len(preds)) if
        int(preds[i] >0.5) ! = labels[i]) / float(len(preds))))
# 模型存储
bst.save_model('./model/0001.model')
```

运行结果为：

```
[0]eval - error:0.042831   train - error:0.046522
[1]eval - error:0.021726   train - error:0.022263
错误类为 0.021726
```

该方法还可以配合 pandas DataFrame 格式数据建模：

```
import pandas as pd
import numpy as np
import pickle
import xgboost as xgb
from sklearn.model_selection import train_test_split
# 基本例子,从 csv 文件中读取数据,做二分类
# 用 pandas 读入数据
data = pd.read_csv('./data/Pima - Indians - Diabetes.csv')
# 做数据切分
train, test = train_test_split(data)
# 转换成 DMatrix 格式
feature_columns = ['Pregnancies', 'Glucose', 'BloodPressure',
                   'SkinThickness', 'Insulin', 'BMI',
                   'DiabetesPedigreeFunction', 'Age']
target_column = 'Outcome'
xgtrain = xgb.DMatrix(train[feature_columns].values,
                      train[target_column].values)
```

```
xgtest = xgb.DMatrix(test[feature_columns].values,
                     test[target_column].values)
# 参数设定
param = {'max_depth':5, 'eta':0.1, 'silent':1,
         'subsample':0.7, 'colsample_bytree':0.7,
         'objective':'binary:logistic'}
# 设定 watchlist 用于查看模型状态
watchlist = [(xgtest, 'eval'), (xgtrain, 'train')]
num_round = 10
bst = xgb.train(param, xgtrain, num_round, watchlist)
# 使用模型预测
preds = bst.predict(xgtest)
# 判断准确率
labels = xgtest.get_label()
print('错误类为% f' % \
      (sum(1 for i in range(len(preds))
        if int(preds[i] > 0.5) ! = labels[i]) / float(len(preds))))
# 模型存储
bst.save_model('./model/0002.model')
```

运行结果为：

```
[0]eval-error:0.322917   train-error:0.21875
[1]eval-error:0.244792   train-error:0.168403
[2]eval-error:0.255208   train-error:0.182292
[3]eval-error:0.270833   train-error:0.170139
[4]eval-error:0.244792   train-error:0.144097
[5]eval-error:0.25   train-error:0.145833
[6]eval-error:0.229167   train-error:0.144097
[7]eval-error:0.25   train-error:0.145833
[8]eval-error:0.239583   train-error:0.147569
[9]eval-error:0.234375   train-error:0.140625
错误类为 0.234375
```

第二种方法是使用 pandas 的 DataFrame 格式及 XGBoost 的 sklearn 接口：

```
import warnings
warnings.filterwarnings("ignore")
import numpy as np
import pandas as pd
import pickle
import xgboost as xgb
from sklearn.model_selection import train_test_split
```

```
from sklearn.externals import joblib
# 基本例子,从 csv 文件中读取数据,做二分类
# 用 pandas 读入数据
data = pd.read_csv('./data/Pima-Indians-Diabetes.csv')
# 做数据切分
train, test = train_test_split(data)
# 取出特征 X 和目标 y 的部分
feature_columns = ['Pregnancies', 'Glucose', 'BloodPressure',
                   'SkinThickness', 'Insulin', 'BMI',
                   'DiabetesPedigreeFunction', 'Age']
target_column = 'Outcome'
train_X = train[feature_columns].values
train_y = train[target_column].values
test_X = test[feature_columns].values
test_y = test[target_column].values
# 初始化模型
xgb_classifier = xgb.XGBClassifier(n_estimators=20,
                                   max_depth=4,
                                   learning_rate=0.1,
                                   subsample=0.7,
                                   colsample_bytree=0.7)
# 拟合模型
xgb_classifier.fit(train_X, train_y)
# 使用模型预测
preds = xgb_classifier.predict(test_X)
# 判断准确率
print('错误类为%f' % ((preds != test_y).sum()/float(test_y.shape[0])))
# 模型存储
joblib.dump(xgb_classifier, './model/0003.model')
```

运行结果为：

```
错误类为 0.276042
['./model/0003.model']
```

XGBoost 模型还支持交叉验证。在样本量较小或业务变动较快的环境下，交叉验证相比于时间外样本等留出法更能体现出模型的泛化能力。

```
xgb.cv(param, dtrain, num_round, nfold=5, metrics={'error'}, seed=0)
```

运行结果如图 3-15 所示。

	train-error-mean	train-error-std	test-error-mean	test-error-std
0	0.006832	0.001012	0.006756	0.001407
1	0.002994	0.002806	0.002303	0.002524
2	0.001382	0.000352	0.001382	0.001228
3	0.001190	0.000658	0.001382	0.001228
4	0.001382	0.000282	0.001075	0.000921
5	0.000921	0.000506	0.001228	0.001041
6	0.000921	0.000506	0.001228	0.001041
7	0.000921	0.000506	0.001228	0.001041
8	0.000921	0.000506	0.001228	0.001041
9	0.000921	0.000506	0.001228	0.001041

图 3-15　交叉验证结果

此外，XGBoost 模型的交叉验证还支持预处理。

```
# 计算正负样本比,调整样本权重
def fpreproc(dtrain, dtest, param):
    label = dtrain.get_label()
    ratio = float(np.sum(label == 0)) / np.sum(label == 1)
    param['scale_pos_weight'] = ratio
    return (dtrain, dtest, param)
# 先做预处理,计算样本权重,再做交叉验证
xgb.cv(param, dtrain, num_round, nfold = 5,
       metrics = {'auc'}, seed = 0, fpreproc = fpreproc)
```

运行结果如图 3-16 所示。

	train-auc-mean	train-auc-std	test-auc-mean	test-auc-std
0	0.999772	0.000126	0.999731	0.000191
1	0.999942	0.000044	0.999909	0.000085
2	0.999964	0.000035	0.999926	0.000084
3	0.999979	0.000036	0.999950	0.000089
4	0.999976	0.000043	0.999946	0.000098
5	0.999994	0.000010	0.999988	0.000020
6	0.999993	0.000012	0.999988	0.000020
7	0.999993	0.000012	0.999988	0.000020
8	0.999993	0.000012	0.999988	0.000020
9	0.999993	0.000012	0.999988	0.000020

图 3-16　预处理后的交叉验证结果

XGBoost模型还支持自定义评价函数和损失函数。只要保证损失函数二阶可导，通过评价函数的最大化，即可对模型参数进行求解。在实际使用中，可以考虑根据业务目标对这两者进行调整。

举个例子，假设现在有一个提额模型，用处是给予分数最高的20%客户更高的额度，也就是期望分数最高的20%的客群正样本捕获率最大化。其可以在保证上述前提的情况下，保证模型对正负样本有一定的区分能力。所以我们可以改写一个既能保证模型区分度，又能优化局部正样本捕获率的评价函数。

```
# 自定义对数损失函数
def loglikelood(preds, dtrain):
    labels = dtrain.get_label()
    preds = 1.0 / (1.0 + np.exp(-preds))
    grad = preds - labels
    hess = preds * (1.0 -preds)
    return grad, hess
# 评价函数:前20% 正样本占比最大化
def binary_error(preds, train_data):
    labels = train_data.get_label()
    dct = pd.DataFrame({'pred':preds, 'percent':preds, 'labels':labels})
    # 取百分位点对应的阈值
    key = dct['percent'].quantile(0.2)
    # 按照阈值处理成二分类任务
    dct['percent'] = dct['percent'].map(lambda x :1 if x <= key else 0)
    # 计算评价函数,权重默认0.5,可以根据情况调整
    result = np.mean(dct[dct.percent == 1]['labels'] == 1)* 0.5 \
            + np.mean((dct.labels - dct.pred)* * 2)* 0.5
    return 'error', result
watchlist = [(dtest,'eval'), (dtrain,'train')]
param = {'max_depth':3, 'eta':0.1, 'silent':1}
num_round = 100
# 自定义损失函数训练
bst = xgb.train(param, dtrain, num_round, watchlist,
                loglikelood, binary_err)
```

XGBoost模型还支持只用部分的树结果进行预测。我们此时可以直接观察到，随着树的深度增加，模型的精度呈现何种变化趋势。

```
import numpy as np
import pandas as pd
import pickle
import xgboost as xgb
from sklearn.model_selection import train_test_split
# 基本例子,从csv文件中读取数据,做二分类
# 用pandas读入数据
data = pd.read_csv('./data/Pima-Indians-Diabetes.csv')
# 做数据切分
train, test = train_test_split(data)
# 转换成Dmatrix格式
feature_columns = ['Pregnancies', 'Glucose', 'BloodPressure',
                   'SkinThickness', 'Insulin', 'BMI',
                   'DiabetesPedigreeFunction', 'Age']
target_column = 'Outcome'
xgtrain = xgb.DMatrix(train[feature_columns].values,
                      train[target_column].values)
xgtest = xgb.DMatrix(test[feature_columns].values,
                     test[target_column].values)
# 参数设定
param = {'max_depth':5, 'eta':0.1, 'silent':1,
         'subsample':0.7, 'colsample_bytree':0.7,
         'objective':'binary:logistic' }
# 设定watchlist用于查看模型状态
watchlist = [(xgtest,'eval'), (xgtrain,'train')]
num_round = 10
bst = xgb.train(param, xgtrain, num_round, watchlist)
# 只用第1棵树预测
ypred1 = bst.predict(xgtest, ntree_limit=1)
# 用前9棵树预测
ypred2 = bst.predict(xgtest, ntree_limit=9)
label = xgtest.get_label()
print ('用前1棵树预测的错误率为%f' % \
       (np.sum((ypred1>0.5)!=label) / float(len(label))))
print ('用前9棵树预测的错误率为%f' % \
       (np.sum((ypred2>0.5)!=label) / float(len(label))))
```

运行结果为:

```
[0]eval-error:0.28125  train-error:0.203125
[1]eval-error:0.182292  train-error:0.1875
[2]eval-error:0.21875  train-error:0.184028
[3]eval-error:0.213542  train-error:0.175347
```

```
[4]eval-error:0.223958  train-error:0.164931
[5]eval-error:0.223958  train-error:0.164931
[6]eval-error:0.208333  train-error:0.164931
[7]eval-error:0.192708  train-error:0.15625
[8]eval-error:0.21875  train-error:0.15625
[9]eval-error:0.208333  train-error:0.147569
用前 1 棵树预测的错误率为 0.281250
用前 9 棵树预测的错误率为 0.21875
```

和逻辑回归模型相同，我们可以将 sklearn 库与 XGBoost 模型配合使用，比如使用 XGBoost 库建模，再使用 sklearn 库进行评估。

```
import pickle
import xgboost as xgb
import numpy as np
from sklearn.model_selection import KFold, train_test_split, GridSearchCV
from sklearn.metrics import confusion_matrix, mean_squared_error
from sklearn.datasets import load_iris, load_digits, load_boston
rng = np.random.RandomState(31337)
#二分类:混淆矩阵
print("数字 0 和 1 的二分类问题")
digits = load_digits(2)
y = digits['target']
X = digits['data']
kf = KFold(n_splits=2, shuffle=True, random_state=rng)
print("在 2 折数据上的交叉验证")
for train_index, test_index in kf.split(X):
    xgb_model = xgb.XGBClassifier().fit(X[train_index], y[train_index])
    predictions = xgb_model.predict(X[test_index])
    actuals = y[test_index]
    print("混淆矩阵:")
    print(confusion_matrix(actuals, predictions))
#多分类:混淆矩阵
print("\nIris: 多分类")
iris = load_iris()
y = iris['target']
X = iris['data']
kf = KFold(n_splits=2, shuffle=True, random_state=rng)
print("在 2 折数据上的交叉验证")
for train_index, test_index in kf.split(X):
    xgb_model = xgb.XGBClassifier().fit(X[train_index],y[train_index])
    predictions = xgb_model.predict(X[test_index])
    actuals = y[test_index]
```

```
    print("混淆矩阵:")
    print(confusion_matrix(actuals, predictions))
# 回归问题:MSE
print("\n 波士顿房价回归预测问题")
boston = load_boston()
y = boston['target']
X = boston['data']
kf = KFold(n_splits=2, shuffle=True, random_state=rng)
print("在 2 折数据上的交叉验证")
for train_index, test_index in kf.split(X):
    xgb_model = xgb.XGBRegressor().fit(X[train_index], y[train_index])
    predictions = xgb_model.predict(X[test_index])
    actuals = y[test_index]
    print("MSE:",mean_squared_error(actuals, predictions))
```

运行结果为:

```
数字 0 和 1 的二分类问题
在 2 折数据上的交叉验证
混淆矩阵:
[[87   0]
 [ 1  92]]
混淆矩阵:
[[91   0]
 [ 3  86]]

Iris:多分类
在 2 折数据上的交叉验证
混淆矩阵:
[[19   0   0]
 [ 0  31   3]
 [ 0   1  21]]
混淆矩阵:
[[31   0   0]
 [ 0  16   0]
 [ 0   3  25]]

波士顿房价回归预测问题
在 2 折数据上的交叉验证
MSE: 9.860776812557337
MSE: 15.942418468446029
```

由于 XGBoost 模型的参数较多，手工调整比较困难，较为常见的一种调参方式为网格搜索。

```
# 第 2 种训练方法的调参方法:使用 sklearn 接口的 regressor + GridSearchCV
print("参数最优化:")
y = boston['target']
X = boston['data']
xgb_model = xgb.XGBRegressor()
param_dict = {'max_depth': [2,4,6],
              'n_estimators': [50,100,200]}
clf = GridSearchCV(xgb_model, param_dict, verbose=1)
clf.fit(X,y)
print(clf.best_score_)
print(clf.best_params_)
```

运行结果为：

```
{'max_depth': 4, 'n_estimators': 100}
```

前文提到过，XGBoost 模型在训练的过程中，通常需要一个测试集以提前结束训练，即早停（Early-stopping）。

```
# 第 1/2 种训练方法的调参方法:early stopping
# 在训练集上学习模型,一棵棵地添加树,在验证集上看效果
# 当验证集效果不再提升,停止树的添加与生长
X = digits['data']
y = digits['target']
X_train, X_val, y_train, y_val = train_test_split(X, y, random_state=0)
clf = xgb.XGBClassifier()
clf.fit(X_train, y_train, early_stopping_rounds=10, eval_metric="auc", eval_set=
    [(X_val, y_val)])
```

XGBoost 模型还支持输出特征的重要度。

```
iris = load_iris()
y = iris['target']
X = iris['data']
xgb_model = xgb.XGBClassifier().fit(X, y)
print('特征排序:')
```

```
feature_names = ['sepal_length', 'sepal_width', 'petal_length', 'petal_width']
feature_importances = xgb_model.feature_importances_
indices = np.argsort(feature_importances)[:: -1]
for index in indices:
    print("特征 % s 重要度为 % f"
          % (feature_names[index], feature_importances[index]))
% matplotlib inline
import matplotlib.pyplot as plt
plt.figure(figsize = (16, 8))
plt.title("feature importances")
plt.bar(range(len(feature_importances)),
        feature_importances[indices], color = 'b')
plt.xticks(range(len(feature_importances)),
           np.array(feature_names)[indices], color = 'b')
```

运行结果如下：

```
特征排序：
特征 petal_length 重要度为 0.595834
特征 petal_width 重要度为 0.358166
特征 sepal_width 重要度为 0.033481
特征 sepal_length 重要度为 0.012520
```

重要性柱状图如图 3-17 所示。

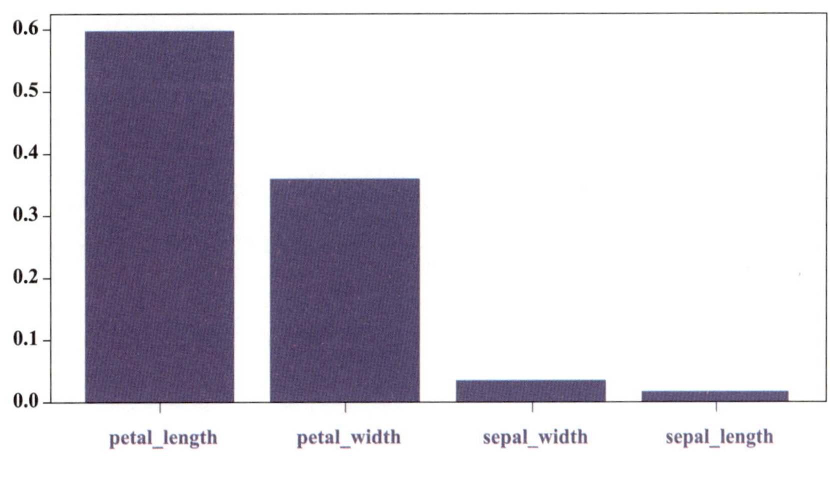

图 3-17 特征重要性

XGBoost 模型是经由 GBDT 模型改进而来的。除了前文提到的二阶泰勒展开外，XGBoost

模型的另一个重要提升是支持并行训练加速。

```
import os
if __name__ == "__main__":
    from multiprocessing import set_start_method
    set_start_method("forkserver")
    import numpy as np
    from sklearn.model_selection import GridSearchCV
    from sklearn.datasets import load_boston
    import xgboost as xgb
    rng = np.random.RandomState(31337)
    print("Parallel Parameter optimization")
    boston = load_boston()
    os.environ["OMP_NUM_THREADS"] = "2"
    y = boston['target']
    X = boston['data']
    xgb_model = xgb.XGBRegressor()
    clf = GridSearchCV(xgb_model, {'max_depth': [2, 4, 6],
                                   'n_estimators': [50, 100, 200]},
                       verbose=1, n_jobs=2)
    clf.fit(X, y)
    print(clf.best_score_)
    print(clf.best_params_)
```

3.7.2 模型解释性

风控领域广泛使用逻辑回归模型的一个重要原因是，其属于广义线性模型，具有良好的解释性。在线性模型中，对于任意样本，其每个特征乘以权重即得到该特征对预测结果的影响，即

$$\hat{f}(x) = \omega_0 + \omega_1 x_1 + \cdots + \omega_p x_p$$

其中 x 是具体的实例（样本），每个 $x_i(i = 1,\cdots,p)$ 是该实例对应的特征值，ω_i 是特征 i 的权重，即线性模型中的系数。

则我们可以定义第 i 个特征，对最终预测结果$\hat{f}(x)$ 的贡献度为：

$$\phi_i = \omega_i x_i - E(\omega_i X_i) = \omega_i x_i - \omega_i E(X_i)$$

其中 $E(\omega_i X_i)$ 是特征 i 在所有训练样本上计算得到的对预测影响的均值。特征 i 的贡献度

ϕ_i 定义为单个特征影响减去训练样本影响均值。

而实例 x 的所有特征贡献度之和，等价于预测结果减去训练样本的预测均值：

$$\begin{aligned}\sum_{i=1}^{p}\phi_i(\hat{f}) &= \sum_{i=1}^{p}(\omega_i x_i - \omega_i E(X_i)) \\ &= (\omega_0 + \sum_{i=1}^{p}\omega_i X_i) - (\omega_0 + \sum_{i=1}^{p}E(\omega_i X_i)) \\ &= \hat{f}(x) - E(\hat{f}(X))\end{aligned}$$

由于 XGBoost 是一种集成模型，并不能得到类似线性模型的结果，因此需要引入其他的贡献度评价方法。对于引入的贡献度评价方法，应当公平地评价每个特征的贡献度，即应满足如下 4 个条件。

- 效率性（Efficiency）：特征贡献总和，应等价于 x 的预测结果减去预测均值。
- 可加性（Additivity）：总的贡献度应等价于每个特征单贡献度的总和。
- 对称性（Symmetry）：如果取得特征值 i 和 j，二者对所有可能的特征子集贡献度均相同，则特征值 i 和 j 的贡献度也应该相同。
- 虚拟性（Virtuality）：在所有的特征子集中，如果特征 i 对于预测结果无影响，则其贡献度恒为 0。

为此，首先引出一个概念——Shapley 值。Shapley 值可同时满足上述 4 个需求。其定义为所有可能的特征组合子集中，特征值的平均边际贡献，是边际贡献度的加权平均值。其公式表示为：

$$\phi_i(val) = \sum_{S\subseteq\{x_1,\cdots,x_p\}\{x_i\}}\frac{|S|!(p-|S|-1)!}{p!}(val(S\cup\{x_i\})-val(S))$$

其中，x 为特征向量，S 是当前模型所使用的特征集合，通常为全部特征的子集。集合 S 配有一个权重 $\frac{|S|!(p-|S|-1)!}{p!}$，其中 p 为子集 S 中含有的特征个数。$val(S)$ 为模型使用特征子集 S 时的预测结果，可以表示为：

$$val_x(S) = \int\hat{f}(x_1,\cdots,x_p)dP_{x\notin S} - E_X(\hat{f}(X))$$

若想求得 Shapley 值，需要遍历所有的特征组合子集。在工业实践中，其效率极低，因此使用一种近似的采样算法，以提升求解的效率。对于每个集合 S 抽取 M 次样本，每次迭代的过程中，除集合 S 外的特征均用抽取的样本替代，从而计算基于当前特征子集 S 得到的模型预测结果的期望值。

近似的 Shapley 估计步骤如下。

输入：迭代次数 M，实例 x，特征索引 i，数据矩阵 X 和机器学习模型 f。

对于所有的 $m=1,\cdots,M$：

1）从矩阵 X 中随机采样，得到实例 z；

2）生成特征的随机顺序，标记为^o；

3）构造新的实例：

- 包含特征 i：$x_{+i} = (x_{(1)},\cdots,x_{(i-1)},x_{(i)},z_{(i+1)},\cdots,z_{(p)})$
- 不包含特征 i：$x_{-i} = (x_{(1)},\cdots,x_{(i-1)},z_{(i)},z_{(i+1)},\cdots,z_{(p)})$

4）计算边际贡献度：$\phi_i = \hat{f}(x_{+i}) - \hat{f}(x_{-i})$

5）计算边际贡献度均值（Shaply 值）：$\phi_i = \frac{1}{M}\sum_{m=1}^{M}\phi_i^m$

输出：实例 x 的第 i 个特征值的 Shapley 值。

经过采样后的 Shapley 值公式表示为：

$$\hat{\phi}_i = \frac{1}{M}\sum_{m=1}^{M}(\hat{f}(x_{+i}^m) - \hat{f}(x_{-i}^m))$$

其中 $\hat{f}(x_{+i}^m)$ 和 $\hat{f}(x_{-i}^m)$ 都是 x 的预测结果，不在子集中的特征值被来自随机样本 z 的特征值替换。区别是 $\hat{f}(x_{+i}^m)$ 中特征 i 的值不会被随机替换，而 $\hat{f}(x_{-i}^m)$ 中的特征 i 的值会被 z 随机替换掉。

shap 是一种利用 Shapley 值可加性的特征贡献度量方法。shap 将模型的预测结果表示为所有输入特征的影响总和，其公式表示为：

$$g(z') = \phi_0 + \sum_{i=1}^{M}\phi_i z_i'$$

其中 $g(z')$ 表示模型输出，$z' \in \{0, 1\}^M$ 表示该特征是否出现在观测中。由于在图像、文本数据等非结构化数据中，通常使用超像素表示、词嵌入等技术对原特征值进行映射，因此部分原始特征不在观测中。结构化数据建模的前提假设，要求样本子集可表示整个样本空间，否则会造成很严重的影响，并且评分卡模型要求特征保持原始形态，从而具有一定的业务可分析性。因此在本书的讨论范围内，z'恒等于 1，M 是当前特征集中特征的个数，ϕ_0 表示计算 Shapley 值过程中的 $E(\beta_i X_i)$，ϕ_i 为每个特征值的 Shapley 值。于是其公式可以简化为：

$$g(x') = \phi_0 + \sum_{i=1}^{M}\phi_i$$

shap方法具有如下3种性质。

- **局部精确**（Local Accuracy）：对于每一个样本，各个特征的影响与常数项之和等价于模型的输出结果，因此可以在单个样本上求得每个特征对当前模型结果的影响。
- **缺失无影响**（Missingness）：特征值中的缺失值对模型的影响为0。这与决策树的特征重要度不同。决策树划分子节点时，需要分别将缺失值放在子节点的每个子集中，判断当前的分化是否为最优，因此缺失值会对特征重要度的估计造成影响。而在shap中则不会。
- **一致性**（Consistency）：当更改某个特征的边际贡献度时，其余特征的边际贡献度不应该发生改变。而模型的最终结果的变化等价于该特征的边际贡献度的变化。3.7.1节中介绍的XGBoost特征重要性，是在整个训练集上计算得到的重要度期望，更改某个特征的影响会直接导致其他特征重要性发生变化，因此不具有该性质。

对原理部分感兴趣的读者，可以查阅相关论文。利用shap库可以直接调用shap方法解释XGBoost模型，使用方法非常简单，直接调用shap.TreeExplainer即可获取训练集data各个样本各个特征的shap值。

首先加载数据并训练一个XGBoost模型。

```python
import xgboost
import shap

# 训练一个 XGBoost 模型
X, y = shap.datasets.boston()
model = xgboost.train({"learning_rate": 0.1, "silent": 1},
                      xgboost.DMatrix(X, label=y), 100)
```

接下来使用shap库对集成模型进行解释。

```python
# 对模型文件 model 进行解释
explainer = shap.TreeExplainer(model)
# 传入特征矩阵 X,计算 shap 值
shap_values = explainer.shap_values(X)
print(shap_values.shape)
```

运行结果为：

(506, 13)。

此外，shap 库还提供了极其强大的数据可视化功能。下面的代码展示了第一个样本的所有特征的 shap 值。

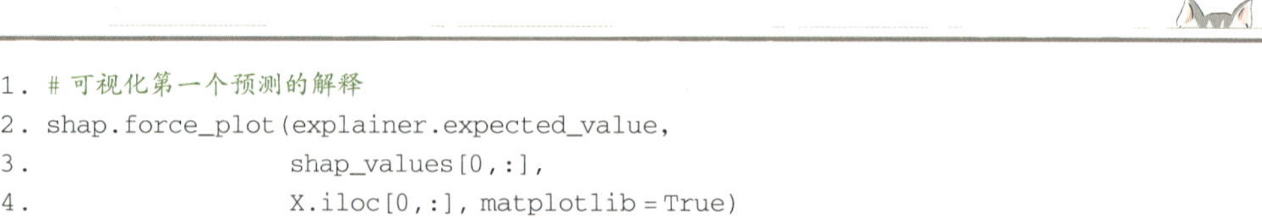

```
# 可视化第一个预测的解释
shap.force_plot(explainer.expected_value,
                shap_values[0,:],
                X.iloc[0,:], matplotlib=True)
```

运行结果如图 3-18 所示。

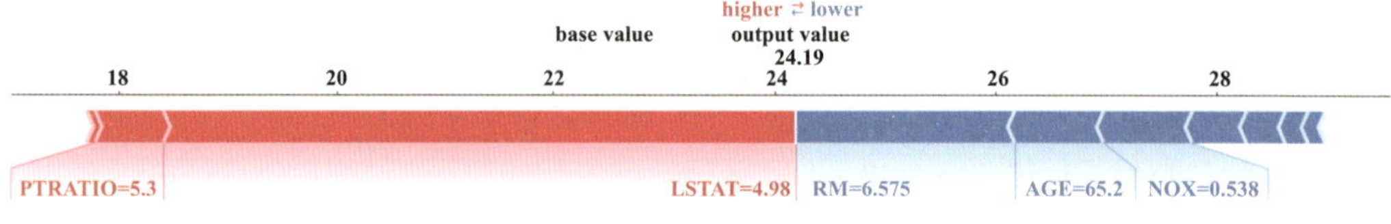

图 3-18　单样本 shap 图

图 3-18 展示了每个特征都各自有其贡献，将模型的预测结果从基本值推动到最终的取值（该图中的最终取值为 24.19）。蓝色表示该特征的贡献是负数，红色则表示该特征的贡献是正数。最长的红色条是 LSTAT，该变量取值为 4.98；最长的蓝色条是 RM，该变量取值为 6.575。

因此，当我们需要对单个样本的评分结果进行客观解释时，可以直接使用其 shap 值作为特征对最终结果的影响。假设图 3-18 中的样本是低分客户，显然其信用分数低是由 RM 为 6.575 导致的。由此，利用 shap 方法可以根据边际期望极大地增强集成模型的可解释性。

如果将图 3-18 顺时针旋转 90°，并将所有样本的 shap 图叠加到同一坐标系中，可得到模型对整个样本集的解释。其代码实现如下：

```
# 所有样本 shap 图
shap.force_plot(explainer.expected_value, shap_values, X)
```

运行结果如图 3-19 所示。

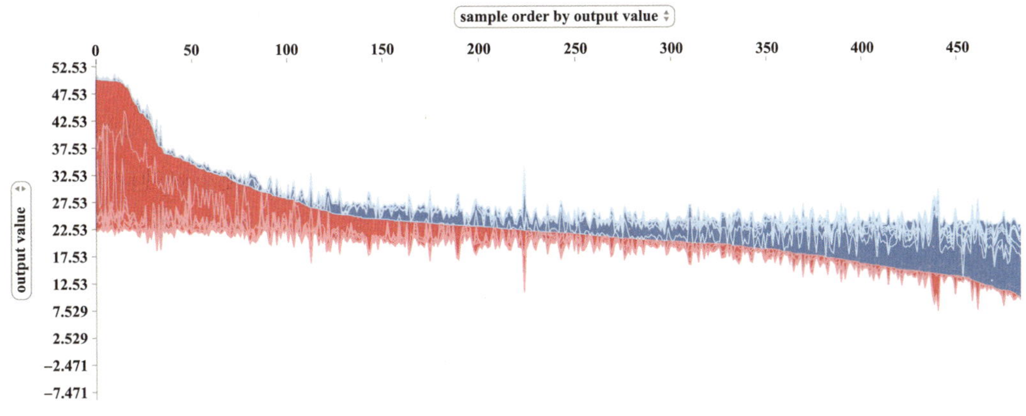

图 3-19 所有样本 shap 图

图 3-19 还支持选择横纵坐标的排列方法，感兴趣的读者可以查阅其官方文档了解更多细节。

该库还可以根据样本整体给出对每个特征影响的描述。代码实现如下：

```
# 计算所有特征的影响
shap.summary_plot(shap_values, X)
```

运行结果如图 3-20 所示。

图 3-20 中，每一行代表一个特征，横坐标为 shap 值。其中的每一个点代表一个样本，颜色越红说明特征本身数值越大，颜色越蓝说明特征本身数值越小。

此时，可以取每个特征的 shap 值绝对值的均值，作为该特征的重要性。由此画出一个标准的条形图，可用于揭示特征对样本的区分能力。代码实现如下：

```
# 特征重要性
shap.summary_plot(shap_values, X, plot_type = "bar")
```

运行结果如图 3-21 所示。

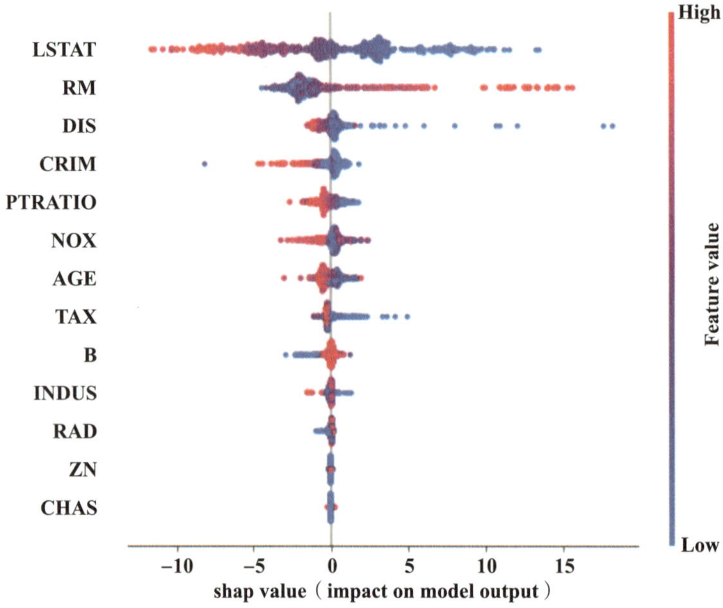

图 3-20 所有特征的影响

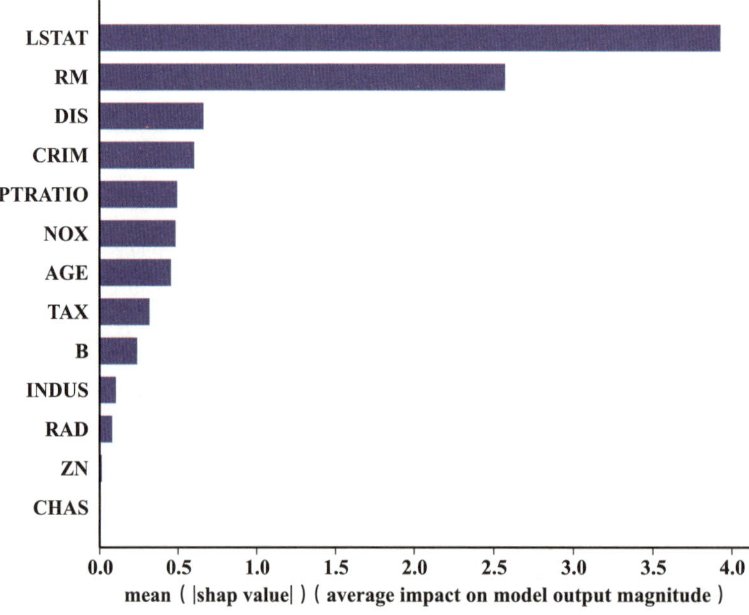

图 3-21 特征重要性

这样计算得到的特征重要性具有前文提到的局部精确、缺失无影响、一致性等多个优点。

3.7.3 因子分解机

另一个常用的辅助模型是因子分解机（Factorization Machine，FM）。FM 模型不仅可以实现元素级别的深层次特征交叉，而且因其特殊的矩阵求解思路，它对输入数据的稀疏性不敏感。因而在很多的高维数据场景下，FM 模型的衍生算法，如 DeepFM 等，效果要远好于 XGBoost 模型或逻辑回归模型。基础的 FM 模型常用于检测逻辑回归模型中的变量是否需要进行两两相乘的特征组合方式，这是因为 FM 模型的函数可以表示为：

$$y = \omega_0 + \sum_{i=1}^{n} \omega_i x_i + \sum_{i=1}^{n-1} \sum_{j=i+1}^{n} \omega_{ij} x_i x_j$$

相比于逻辑回归模型，该式多了一项 $\omega_{ij} x_i x_j$，即 FM 模型可以通过变量之间两两相乘，进行特征交叉。当 FM 模型效果显著好于逻辑回归模型时，需要在特征工程部分尝试特征之间的交叉。感兴趣的读者可以自行阅读相关材料。

借助 xlearn 库可以快速地实现 FM 模型，代码如下：

```
# 加载 xlearn 包
import xlearn as xl
# 调用 FM 模型
fm_model = xl.create_fm()
# 训练集
fm_model.setTrain("train.txt")
# 设置验证集
fm_model.setValidate("test.txt")
# 分类问题:acc(Accuracy);prec(precision);f1(f1 score);auc(AUC score)
param = {'task':'binary', 'lr':0.2, 'lambda':0.002, 'metric':'auc'}
# 训练模型
fm_model.fit(param, "model.out")
# 限制 FM 模型的输出在[0,1]之间
fm_model.setSigmoid()
fm_model.predict("model.out", "output.txt")
# 保存模型
fm_model.setTXTModel("model.txt")
```

3.8 模型合并

上述几个辅助模型除了用于辅助逻辑回归模型进行诊断外，还可以直接用于训练模型，然后和逻辑回归模型进行模型合并（model combination）。可以直接利用模型挖掘得到的相应特征信息，而不是回溯到特征工程部分，再次基于人工进行特征交叉的探索工作。

通过第三方库 Combo，可以高效地实现模型合并。接下来使用一个 Combo 库官方的例子，得到基于逻辑回归（Logistic Regression）、朴素贝叶斯分类器（Naive Bayes Classifer，NBC）、支持向量机（Support Vector Machine，SVM）、K 近邻（K Nearest Neighbors，KNN）的融合模型，并画图对比不同融合方式得到的最终结果差异。

```
import os
import sys
sys.path.append(
    os.path.abspath(os.path.join(os.path.dirname("__file__"), '..')))
import warnings
warnings.filterwarnings("ignore")
import numpy as np
from numpy import percentile
import matplotlib.pyplot as plt
```

```
import matplotlib.font_manager
# 加载所有模型
from sklearn.tree import DecisionTreeClassifier
from sklearn.linear_model import LogisticRegression
from sklearn.ensemble import AdaBoostClassifier
from sklearn.ensemble import RandomForestClassifier
from sklearn.naive_bayes import GaussianNB
from sklearn.svm import SVC
from sklearn.neighbors import KNeighborsClassifier
from combo.models.classifier_comb import SimpleClassifierAggregator
from combo.models.classifier_stacking import Stacking
from combo.models.classifier_dcs import DCS_LA
from combo.models.classifier_des import DES_LA
# 分别定义两类的样本数目
n_samples = 300
class1_fraction = 0.5
clusters_separation = [3]
# 初始化数据
xx, yy = np.meshgrid(np.linspace(-7,7,100),np.linspace(-7,7,100))
n_class0 = int((1. - class1_fraction) * n_samples)
n_class1 = int(class1_fraction * n_samples)
ground_truth = np.zeros(n_samples, dtype=int)
ground_truth[-n_class1:] = 1
# 打印样本分布
print('Number of Class 0: %i' % n_class0)
print('Number of Class 1: %i' % n_class1)
print('Ground truth shape is {shape}.\n'.format(shape=ground_truth.shape))
print(ground_truth, '\n')
random_state = np.random.RandomState(42)
classifiers = [LogisticRegression(), GaussianNB(),
               SVC(probability=True), KNeighborsClassifier()]
# 指定参与合并的模型
classifiers = {
    'Logistic Regression': LogisticRegression(),
    'Gaussian NB': GaussianNB(),
    'Support Vector Machine': SVC(probability=True),
    'k Nearest Neighbors': KNeighborsClassifier(),
    'Simple Average': SimpleClassifierAggregator(base_estimators=classifiers, method='average'),
    'Simple Maximization': SimpleClassifierAggregator(
        base_estimators=classifiers, method='maximization'),
    'Stacking': Stacking(base_estimators=classifiers, shuffle_data=True),
    'Stacking_RF': Stacking(base_estimators=classifiers, shuffle_data=True, meta_clf=RandomForestClassifier(random_state=random_state)),
    'DCS_LA': DCS_LA(base_estimators=classifiers),
    'DEC_LA': DES_LA(base_estimators=classifiers)}
# 打印分类器种类
```

```
for i, clf in enumerate(classifiers.keys()):
    print('Model', i + 1, clf)
# 比较模型结果
for i, offset in enumerate(clusters_separation):
    np.random.seed(42)
    # 生成数据
    X1 = 0.3 * np.random.randn(n_class0 // 2, 2) - offset
    X2 = 0.3 * np.random.randn(n_class0 // 2, 2) + offset
    X = np.r_[X1, X2]
    # 添加类别 1
    X = np.r_[X, np.random.uniform(low=6,high=6,size=(n_class1,2))]

    # 训练模型
    plt.figure(figsize=(15, 12))
    for i, (clf_name, clf) in enumerate(classifiers.items()):
        print(i + 1, 'fitting', clf_name)
        # 拟合数据
        clf.fit(X, ground_truth)
        scores_pred = clf.predict_proba(X)[:, 1] * (-1)
        y_pred = clf.predict(X)
        threshold = percentile(scores_pred,100* class1_fraction)
        n_errors = (y_pred != ground_truth).sum()
        # 画图
        Z = clf.predict_proba(np.c_[xx.ravel(),
                                   yy.ravel()])[:,1]* (-1)
        Z = Z.reshape(xx.shape)
        subplot = plt.subplot(3, 4, i + 1)
        subplot.contourf(xx, yy, Z,
                         levels=np.linspace(Z.min(), threshold, 7),
                         cmap=plt.cm.Blues_r)
        a = subplot.contour(xx, yy, Z, levels=[threshold],
                            linewidths=2, colors='red')
        subplot.contourf(xx, yy, Z,
                         levels=[threshold, Z.max()],
                         colors='orange')
        b = subplot.scatter(X[:-n_class1, 0], X[:-n_class1, 1],
                            c='white', s=20, edgecolor='k')
        c = subplot.scatter(X[-n_class1:, 0], X[-n_class1:, 1],
                            c='black', s=20, edgecolor='k')
        subplot.axis('tight')
        subplot.legend(
            [a.collections[0], b, c],
            ['learned boundary', 'class 0', 'class 1'],
            prop=matplotlib.font_manager.FontProperties(size=10),
            loc='lower right')
        subplot.set_xlabel("%d. %s (errors: %d)" % \
```

```
                                (i + 1, clf_name, n_errors))
            subplot.set_xlim((-7, 7))
            subplot.set_ylim((-7, 7))
        plt.subplots_adjust(0.04, 0.1, 0.96, 0.94, 0.1, 0.26)
        plt.suptitle("Model Combination")
    plt.savefig('compare_selected_classifiers.png', dpi=300)
    plt.show()
```

运行结果为：

```
Number of Class 0: 150
Number of Class 1: 150
Ground truth shape is (300,).
```

可视化结果如图 3-22 所示。

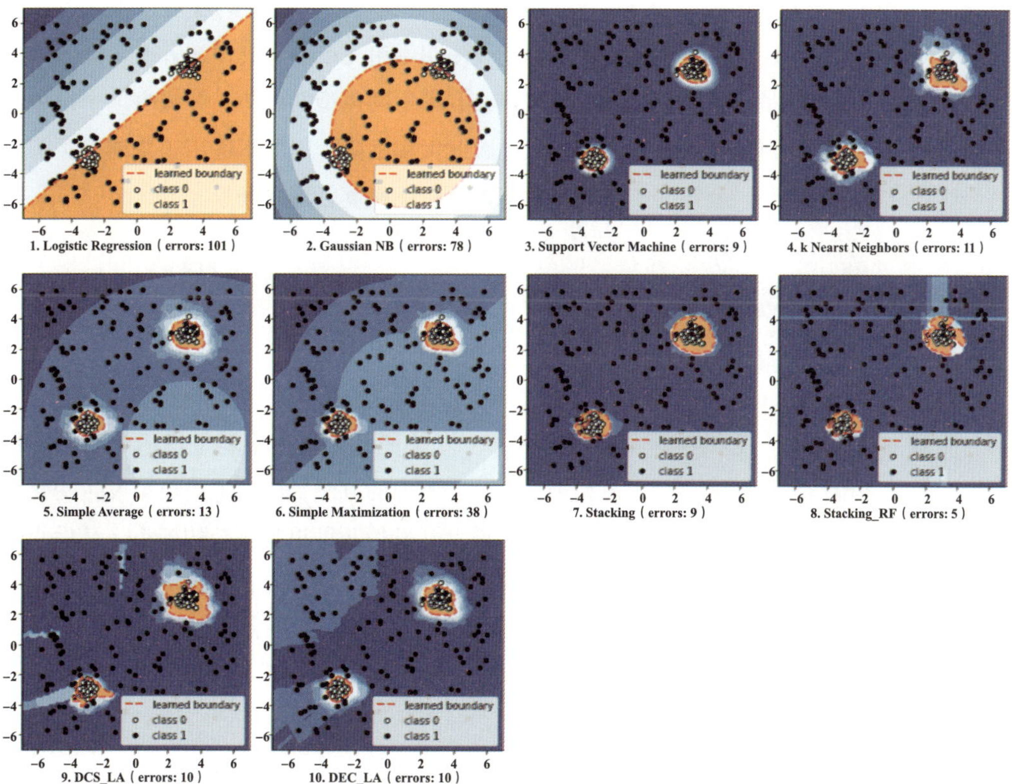

图 3-22 模型合并可视化结果

简单从错误率来看，逻辑回归模型的结果是所有模型中最差的。很大一部分原因是该数据并不线性可分。机器学习中的模型合并可以通过合并多个模型，达到提升性能与稳定性的目的。模型合并往往被认为是集成学习（ensemble learning）的一个子领域，但其实也可以被单独拿出来作为一项实用的性能提升的手段讨论。在绝大部分的数据挖掘竞赛中，最终获胜的方案都是多个模型合并的结果。除此之外，模型合并也常被用于减少数据和模型中的随机性，提高模型的稳定性。大部分机器学习算法具有随机性，多次实验求平均值的效果要好于单个模型。

从前面的例子中我们可以看到，Combo 库包含多种合并方法，从最简单的分数平均，到在竞赛中常用到的模型堆叠（Stacking），再到更复杂的动态分类器选择（Dynamic Classifier Selection）。且 Combo 库支持多种不同的场景，包括分类器合并、原始结果（raw score）合并、聚类合并（对聚类结果进行合并）、异常检测器（outlier detector）合并等。此外，其调用方式与 sklearn 库基本一致，简单易用，只需要几行代码就可以完成模型融合，方便评估大量算法。关于该库的参数解读及使用指南可以参考其详细官方文档。

需要注意的是，虽然通过模型合并可以直接利用不同模型的优势，并减少单个模型的随机误差，然而整个风控模型架构的解释性会因此大幅下降，因此不适用于贷前分类等对解释性要求较高的场景。建议用于反欺诈引擎以及贷中额度管理等场景。

3.9 本章小结

本章主要介绍了一些机器学习的基本概念，以及评分卡建模中最常用的逻辑回归模型。此外，还给出了模型建立后对模型进行评估、监控的方法，讨论了当模型发生变化时如何有针对性地进行处理，并引出了辅助评分模型开发的几种更为复杂的模型，最后介绍了一种高效的模型合并方法。对本章提到的部分模型感兴趣的读者，建议阅读相关论文自行学习，本书不对其进行过多展开。

第4章 用户分群

要想训练一个用来识别动物性别的模型，是不是把大家的特征和性别丢进模型就可以啦。

不对哦。如果把猫咪和小鸡仔放在一起进行性别训练，是非常难掌握其特点的。最好是猫咪一组，小鸡仔一组，这样根据各自的花色、叫声就可以区分出究竟是公猫还是母猫，是公鸡还是母鸡。评分模型也一样，先将用户按照一定标准分群，再进行后续的建模操作，可以获得更好的效果！

分群（segmentation）是指按照特定的维度将样本空间划分为多个子空间。它是模型开发流程中常用且重要的一环，把数据整体分为多个群组，每一群组内具有同质性（Homogeneity），而不同群组之间具有不同质性（Heterogeneity）。换言之，分群后相同群组中样本足够相似，而不同群组中的样本间的差异要尽可能大。总而言之，在该步骤中，建模人员要尽可能地将不同的目标客户或现有账户分进不同的组，以最大限度区分不同行为模式和数理关系。

在评分卡建模的过程中，根据实际场景，有时会将样本群体划分为多个子群，在每个子群中分别建模。由这种子群分别建立的评分卡称为子评分卡（Children Score Card）。子评分卡的一种定义在2.1节中进行了简单介绍。本章主要介绍在建立评分卡模型前，如何对现有样本集进行划分。读者可能会有疑问：为什么要进行用户分群？在正式介绍用户分群方法之前，我们会首先介绍用户分群的原因。

4.1 辛普森悖论

辛普森可是统计学家哦，是梅老师我的前辈。他提出的辛普森悖论是用户分群的理论基础。我们一起来看一下具体内容吧。

辛普森悖论（Simpson's Paradox）为英国统计学家 E. H. 辛普森（E. H. Simpson）于1951年提出的悖论，即在某个条件下的两组数据，分别讨论时都会满足某种性质，可是一旦合并考虑，却可能导致相反的结论。换言之，变量在不同子空间中可能和目标变量形成完全不同的相关趋势，如图 4-1 所示。

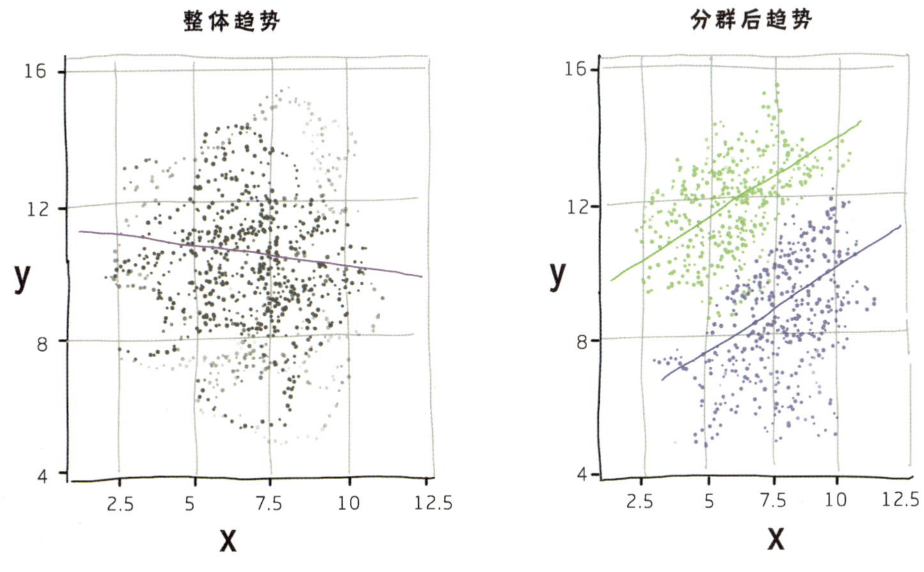

图 4-1 辛普森悖论

辛普森悖论同样发生在风控领域。不同资产状况下的用户表现，通常有较大差异。在不同额度的贷款产品中，通常小额现金贷用户的资产质量相对大额分期用户较差。如果将两者混合在同一个样本空间中进行分析，往往会得到错误的结论。为了避免辛普森悖论的出现，就需要在不同的子空间中单独分析。因此在建立评分卡模型之前，有时需要对用户进行分群处理。

需要注意的是，用户分群不一定在评分卡建模之前。如果直接建模可以获得符合预期的结果，从整个平台的工作角度思考，可能并无分群的必要。因此我们需要将局部的优化与时间资源开销等保持在一个较好的平衡。通常是在单个评分卡模型的效果并不好的前提下，尝试通过分群建立多个模型，使得贷款平台拥有更好的风险预测能力。

分群方法分为**经验分群**与**技术分群**。基于经验的分群方法，主要是将客群按照常识进行划分，如按照申请人的身份是老师、学生、企业家等可以划分为不同的客群；或者按照不同的借贷场景，将客群分为小额现金贷、大额分期等子群。此外，还可以根据客户是否有房，消费是否活跃等属性进行分群，具体可以参考 DTI 指标进行分析。技术型分群方法通常分为基于监督模型分群和基于无监督模型分群。接下来主要介绍两种技术型分群方法。

4.2 监督分群

监督分群是通过监督学习方法进行模型预测，将客群分为多个子集的方法，其中最常用的监督学习模型是决策树（Decision Tree）。本节就决策树的原理与分层应用进行介绍，并结合卡方分箱，给出一种自动化的策略生成方法。

4.2.1 决策树原理

基于有监督模型分群，即将量化后的用户信息带入决策树模型，自动挖掘有区分度的变量，并根据相关变量将客群划分为多个子群。这种分群方法利用了样本的标签信息，因此属于有监督的分群方法。常见的决策树算法有ID3、C4.5、CART分类树、CART回归树等。

决策树是给定变量条件下类的条件概率分布。要进行分类的样本即给定的变量值，其本质是划分变量空间。变量空间的维数为数据集的变量个数。经过ID3或C4.5算法将变量空间进行划分，并且划分后的每个变量空间区间对应着发生概率最大的类别标签。

设 X 是一个取有限个值的离散随机变量，其概率分布为：

$$P(X=x_i)=p_i,\quad i=1,2,\cdots,n$$

随机变量 X 的熵的定义为：

$$H(X)=-\sum_{i=1}^{n}p_i\log p_i$$

条件熵表示已知随机变量 X 的条件时，随机变量 Y 的不确定性，即 X 给定条件下 Y 的条件概率分布的熵对 X 的数学期望：

$$H(Y|X)=\sum_{x\in X}p(x)H(Y|X=x)$$

信息增益表示由选择变量 A 而使得数据集标签混乱度减少的程度，减少得越多，数据集分类的不确定性越低。公式为：

$$G(D,A)=H(D)-H(D|A)$$

$$H(D)=-\sum_{k=1}^{K}\frac{|C_k|}{|D|}\log_2\frac{|C_k|}{|D|}$$

$$H(D|A)=\sum_{i=1}^{n}\frac{|D_i|}{|D|}H(D_i)=-\sum_{i=1}^{n}\frac{|D_i|}{|D|}\sum_{k=1}^{K}\frac{|D_{ik}|}{|D_i|}\log_2\frac{|D_{ik}|}{|D_i|}$$

其中，$H(D)$ 表示数据集标签的熵，$H(D|A)$ 表示在选择当前变量 A 后数据集标签的熵，$|C_k|$ 表示类别 k 的样本个数，$|D|$ 表示样本总数，每个类别的概率是 $\frac{|C_k|}{|D|}$。使用信息增益进行变量筛选的决策树算法叫作 ID3 算法。

信息增益偏向于选择取值较多的变量。在面对连续的数据（如收入、年龄）时，变量的取值越多，信息增益越大，原因是变量的取值越多，$H(D|A)$ 的值越小，信息增益就越大。因此，我们可以使用信息增益比对信息增益进行校正。信息增益比定义为惩罚参数×信息增益，即在信息增益的基础之上乘上一个惩罚参数。变量个数较多时，惩罚参数较小；变量个数较少时，惩罚参数较大。信息增益比的公式如下所示：

$$g_R(D,A)=\frac{g(D,A)}{H_A(D)}$$

$$H_A(D)=-\sum_{i=1}^{n}\frac{|D_i|}{|D|}\log_2\frac{|D_i|}{|D|}$$

其中的 $H_A(D)$ 表示，对于样本集合 D，将当前变量 A 作为随机变量（取值是变量 A 的各个变量值）。求得的经验熵不再把数据集类别作为随机变量，而是将变量 A 作为随机变量，按照此变量的取值对集合 D 进行划分，计算熵 $H_A(D)$。使用信息增益比进行变量选择的决策树算法叫作 C4.5 算法。

然而信息增益比偏向取值较少的变量，这是因为当变量取值较少时，$H_A(D)$ 的值较小，其倒数较大，因而信息增益比较大。

除上述两类算法外，还有一种常用的决策树模型叫作分类与回归树（Classification And Regression Tree，CART）。基尼指数表示在样本集合中一个随机选中的样本被分错的概率。基尼指数定义为：样本被选中的概率×样本被分错的概率。其计算公式为：

$$\mathrm{Gini}(p) = \sum_{k=1}^{K} p_k(1-p_k) = 1 - \sum_{k=1}^{K} p_k^2$$

其中样本集共有 K 个类别，p_k 表示选中的样本属于类别 k 的概率，则这个样本被分错的概率是（$1-p_k$）。因此，当集合中有 K 个类别时，样本集合 D 的基尼指数定义为：

$$\mathrm{Gini}(D) = 1 - \sum_{k=1}^{K} \left(\frac{|C_k|}{|D|}\right)^2$$

使用基尼指数进行变量选择的 CART 决策树算法称为 CART 分类树。CART 是个二叉树，也就是当使用某个变量划分样本集合时只有两个集合：等于给定变量值的样本集合 D_1 和不等于给定变量值的样本集合 D_2。其公式为：

$$\mathrm{Gini}(D,A) = \frac{|D_1|}{|D|}\mathrm{Gini}(D_1) + \frac{|D_2|}{|D|}\mathrm{Gini}(D_2)$$

而 CART 回归树选择最优切分变量 j 与切分点 s，求解：

$$\min_{j,s}\left[\min_{c_1}\sum_{x_i \in R_1(j,s)} (y_i - c_1)^2 + \min_{c_{2u_1}}\sum_{x_i \in R_2(j,s)} (y_i - c_2)^2\right]$$

遍历变量 j，对固定的切分变量 j 扫描切分点 s，选择使上式取得最小值的对（j，s）。其中 R_m 是被划分的输入空间，C_m 是空间 R_m 对应的输出值。

4.2.2 决策树分群

接下来我们通过 CART 回归树实现用户的分层管理。数据字典如图 4-2 所示。

图 4-2 中的数据表示某外卖平台下针对外卖骑手场景的贷款，其中每个字段对应单客户的多条记录。如果根据主观经验按照接单种类、外卖品类等因素对客群进行分群分析，我们会发现其对后续的用户分析并没有明显帮助。

变量类型	最终基础变量名	释义
数值统计型	past_amount	外卖数量
	discount_amount	外卖折扣金额
	sale_amount	外卖促销金额
	amount	配送外卖总金额
	pay_amount	客户实际支付金额
	coupon_amount	商品优惠券金额
	payment_coupon_amount	支付优惠券金额
分类型	channel_code	骑手接单平台
	past_code	外卖品类
	source_app	店家类型
	coupon_amount	来源App编号
	call_source	订单来源编号

图4-2　数据字典

因此，需要通过对数值统计型变量做聚合变换，求得最近6个月每个变量的累计值，并通过决策树模型将用户群划分为3个群体，使得3个子群之间的差异足够大。数据中的标签记为bad_ind，其取值为0则为按时还款用户，取值为1则为逾期用户。

```
import pandas as pd
import numpy as np
import os
os.environ["PATH"] += os.pathsep + 'C:/Program Files (x86)/Graphviz2.38/bin/'
data = pd.read_excel('./data/_data_for_tree.xlsx')
x = data.drop('bad_ind',axis=1).copy()
y = data.bad_ind.copy()
from sklearn import tree
dtree = tree.DecisionTreeRegressor(max_depth=2, min_samples_leaf=500,
                                   min_samples_split=5000)
dtree = dtree.fit(x,y)
import pydotplus
from IPython.display import Image
```

```
from sklearn.externals.six import StringIO
with open("dt.dot", "w") as f:
    tree.export_graphviz(dtree, out_file = f)
dot_data = StringIO()
tree.export_graphviz(dtree, out_file = dot_data,
                     feature_names = x.columns,
                     class_names = ['bad_ind'],
                     filled = True, rounded = True,
                     special_characters = True)
graph = pydotplus.graph_from_dot_data(dot_data.getvalue())
Image(graph.create_png())
```

运行结果如图 4-3 所示。

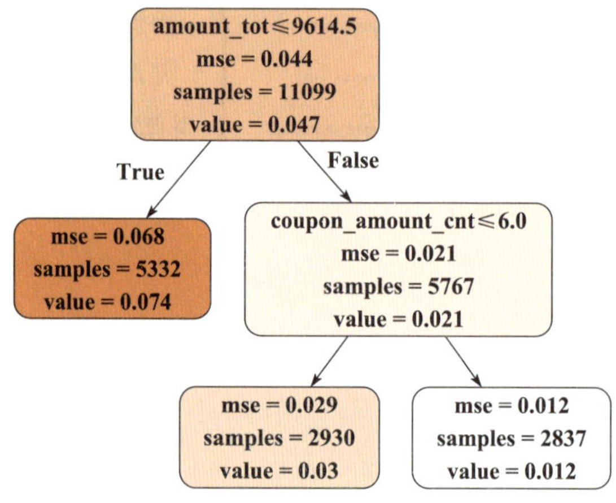

图 4-3　决策树运行结果

CART 回归树的节点预测属性 value 表示当前子群中目标变量的均值。而当前案例中，目标变量的均值等价于标签为 1 的样本占当前子群样本的比例。从图 4-3 中可以看出，决策树将原始样本群划分为 3 个子群，其负样本占比依次为 0.074、0.03、0.012。

CART 回归树模型利用均方误差最小化原则，选择最合适的变量用于子群划分。该决策树模型的第一个划分节点为 amount_tot，表示该骑手最近 6 个月配送外卖的总金额。第二个划分节点为 coupon_amount_cnt，表示该骑手最近 6 个月领取代金券的总金额。于是通过两条规则组合，实现了客群之间的差异最大化。对于这类直接建模效果不好的数据集，通过决策树分层后在其子空间中建模，有可能获取更好的结果。

4.2.3 生成拒绝规则

决策树模型除了用于用户分群以外，还常用于策略生成。其原理非常容易理解：通过 CART 回归树找到负样本占比最多的子树，拒绝该子集中的样本，或给予其更低的额度，有利于抵御风险。因此，可抽取其决策路径作为规则，从而有效地识别风险客户。此外，该方法同样可以用于评分卡建模过程中的特征探索，相关内容将在本书第 5 章中进行介绍。

对于决策树划分时的超参数选择，要同时保证模型的准确性和稳定性。而规则构造过程中字符型变量需要经过许多转化操作才能带入模型，且复杂的参数调优逻辑对策略分析人员非常不友好。因此，本节为读者提供另一种快速、可以直接使用且实践效果较好的策略生成方法。

该方法基于 toad 库和 sklearn 库，在函数 auto_tree() 内部自动对所有变量进行卡方分箱，将字符型变量转化为分组后箱的编号，直接带入决策树模型进行规则挖掘。通过分组的方法增强整体规则框架的稳定性。并通过模型封装极大地减少了使用者所需要调整的参数数量。卡方分箱的相关概念在 5.3.1 节中进行介绍。

本节函数 auto_tree() 支持的功能如下。

- 读取数据 auto_tree.read_data，支持 excel、csv、txt、sas7bdat 等格式的数据文件。
- 指定不作为规则的变量名 ex_lis，如样本编号、正负样本标签、时间等。如果没有，可以指定为空列表 [ ]。
- 调用决策函数 auto_tree().fit_plot()，返回字典 result。
- result 包含 5 个键：数据、分箱详情、分箱的工具、模型文件、图像文件。
- 通过 auto_tree.Image() 展示决策图像，选择图中 value（负样本占比）较大的规则组合。
- 通过 auto_tree.value() 查看划分过程中的分箱结果。
- 如需要构建新规则，需要将原规则拒绝用户从数据集中删除。
- 通过 auto_tree.badrate() 查看数据集负样本占比。

首先定义本节的主要函数：

```
import toad
import pandas as pd
import numpy as np
import pydotplus
from sklearn.externals.six import StringIO
import os
from sklearn import tree
import warnings
warnings.filterwarnings("ignore")
class auto_tree(object):

    def __init__(self, datasets, ex_lis = [], dep = 'bad_ind',
                 min_samples = 0.05, min_samples_leaf = 200,
                 min_samples_split = 20, max_depth = 5, is_bin = True):
        """
        datasets: 数据集 dataframe 格式
        ex_lis:不参与建模的特征,如 id、时间切片等 list 格式
        dep:样本标签的变量名,string 类型
        min_samples:分箱时最小箱的样本占总比 numeric 格式
        max_depth:决策树最大深度 numeric 格式
        min_samples_leaf:决策树子节点最小样本个数 numeric 格式
        min_samples_split:决策树划分前,父节点最小样本个数 numeric 格式
        is_bin:是否进行卡方分箱 bool 格式(True/False)
        """
        self.datasets = datasets
        self.ex_lis = ex_lis
        self.dep = dep
        self.max_depth = max_depth
        self.min_samples = min_samples
        self.min_samples_leaf = min_samples_leaf
        self.min_samples_split = min_samples_split
        self.is_bin = is_bin
        self.bins = 0
        self.result = {}

    def fit_plot(self):
        os.environ["PATH"] += os.pathsep + \
                              'D:/Program Files/Graphviz2.38/bin'
        dtree = tree.DecisionTreeRegressor(
                max_depth = self.max_depth, random_state = 0,
                min_samples_leaf = self.min_samples_leaf,
                min_samples_split = self.min_samples_split)
        del_lis = []
        for i in self.ex_lis:
```

```
            if i in list(self.datasets.columns):
                del_lis.append(i)
        x = self.datasets.drop(del_lis, axis=1)
        y = self.datasets[self.dep]
        if self.is_bin:
            #分箱
            combiner = toad.transform.Combiner()
            combiner.fit(x,y,method='chi',min_samples=self.min_samples)
            x_bin = combiner.transform(x)
            self.bins = combiner.export()
        else:
            combiner = 0
            self.bins = []
            x_bin = x.copy()
        dtree = dtree.fit(x_bin, y)
        self.estimator = dtree
        df_bin = x_bin.copy()
        df_bin[self.dep] = y
        dot_data = StringIO()
        tree.export_graphviz(dtree, out_file=dot_data,
                             feature_names=x_bin.columns,
                             class_names=[self.dep],
                             filled=True, rounded=True,
                             special_characters=True)
        graph = pydotplus.graph_from_dot_data(dot_data.getvalue())
        self.result['combiner'] = combiner
        self.result['bins'] = self.bins
        self.result['df_bin'] = df_bin
        self.result['graph'] = graph.create_png()
        self.result['model'] = dtree
        return self.result
    #查看分箱结果
    def value(result, col):
        print('变量:', col)
        print('分箱结果', result['bins'][col])
        print('分箱后取值', set(result['df_bin'][col]))

    #计算负样本占比
    def badrate(data, dep):
        bad = sum(data[dep] == 1)
        good = sum(data[dep] == 0)
        print('负样本:',bad,'正样本:',good,'负样本占比,bad/(bad+good))
    #数据读取
    def read_data(path,tp):
        if tp == 'excel':
            return pd.read_excel(path)
```

```
        elif tp == 'csv' or tp == 'txt':
            return pd.read_csv(path)
        elif tp == 'sas':
            return pd.read_sas(path)
        else:
            return '未知类型文件'
    #展示图像
    def Image(graph):
        from IPython.display import Image
        return Image(graph)
```

通常数值型变量在决策树中进行分箱处理，会导致决策树模型的精度下降。因此为寻求更合理的处理结果，应该只将字符型变量而不是所有变量进行分箱。然而实践经验表明，在规则挖掘的过程中，对字符和数值型变量同时进行处理，并不会显著影响规则的有效性。因此建议读者对全部变量进行分箱处理。感兴趣的读者可以自行尝试。接下来使用某征信数据集快速生成规则组合。

首先读取数据并指定不参与建模的变量名列表。

```
# 导入函数
import sys
import pandas as pd
import numpy as np
sys.path.append('C:\\Users\\')
from auto_decision import auto_tree
# 加载数据
data = pd.read_excel('./data/data_for_tree.xlsx')
base = data.sort_values(['uid','create_dt'], ascending=False)
base = base.drop_duplicates(['uid'], keep='first')
rh_base = base.fillna(0)
# 指定不作为策略的变量名
ex_lis = ['uid', 'create_dt', 'oil_actv_dt', 'class_new', 'bad_ind']
```

下面调用本节定义的函数 auto_tree( )。该函数返回 1 个字典，该字典中含有以下 4 个键。

- df_bin：分箱后的数据，分箱后用箱编号代替原变量值。
- bins：分箱详情，可通过传入变量名找到每个分箱的逻辑。
- combiner：分箱的工具。通过 combiner. transform( )，可以将其他数据文件按照现有逻辑分箱。

- graph：图像文件，需要通过 Image 函数打印出来。

```
# 调用决策树函数
result = auto_tree(datasets = rh_base, ex_lis = ex_lis,
                   dep = 'bad_ind', min_samples = 0.02,
                   max_depth = 4, min_samples_leaf = 50,
                   min_samples_split = 50).fit_plot()
# result 为字典类型,包含 4 个键
print(result.keys())
```

运行结果如下：

```
dict_keys(['combiner', 'bins', 'df_bin', 'graph', 'model'])
```

调用函数，展示图片结果。

```
# 展示图像
auto_tree.Image(result['graph'])
```

运行结果如图 4-4 所示。

查看当前样本集（原始样本）负样本占比。

```
#原始数据的负样本占比
auto_tree.badrate(rh_base, 'bad_ind')
```

运行结果为：

```
负样本: 517 正样本: 10582 负样本占比 0.04658077304261645
```

需要注意的是，由于在生成决策树的过程中，对于原数据无论是数值型还是字符型变量，都进行了卡方分箱处理，因此当前变量的阈值并不是其具体取值，而是其分箱编号，因此需要查看原始变量分箱逻辑。

pay_amount_total≤0.5
mse = 0.044
samples = 11307
value = 0.046
True
False
discount_amount≤0.5
mse = 0.069
samples = 5325
value = 0.074
total_oil_cnt≤2.5
mse = 0.021
samples = 5982
value = 0.021
call_source≤1.5
mse = 0.069
samples = 4994
value = 0.075
payment_coupon_amount≤1.5
mse = 0.054
samples = 331
value = 0.057
call_source≤0.5
mse = 0.03
samples = 2970
value = 0.031
oil_code≤0.5
mse = 0.011
samples = 3012
value = 0.011
mse = 0.12
samples = 50
value = 0.14
mse = 0.069
samples = 4944
value = 0.074
payment_coupon_amount≤0.5
mse = 0.061
samples = 185
value = 0.065
mse = 0.046
samples = 146
value = 0.048
payment_coupon_amount≤1.5
mse = 0.006
samples = 160
value = 0.006
payment_coupon_amount≤0.5
mse = 0.032
samples = 2810
value = 0.033
total_oil_cnt≤4.5
mse = 0.013
samples = 2632
value = 0.013
mse = 0.0
samples = 380
value = 0.0
mse = 0.059
samples = 80
value = 0.062
mse = 0.062
samples = 105
value = 0.067
mse = 0.0
samples = 92
value = 0.0
mse = 0.014
samples = 68
value = 0.015
mse = 0.025
samples = 861
value = 0.026
mse = 0.035
samples = 1949
value = 0.036
mse = 0.015
samples = 2001
value = 0.015
mse = 0.005
samples = 631
value=0.005

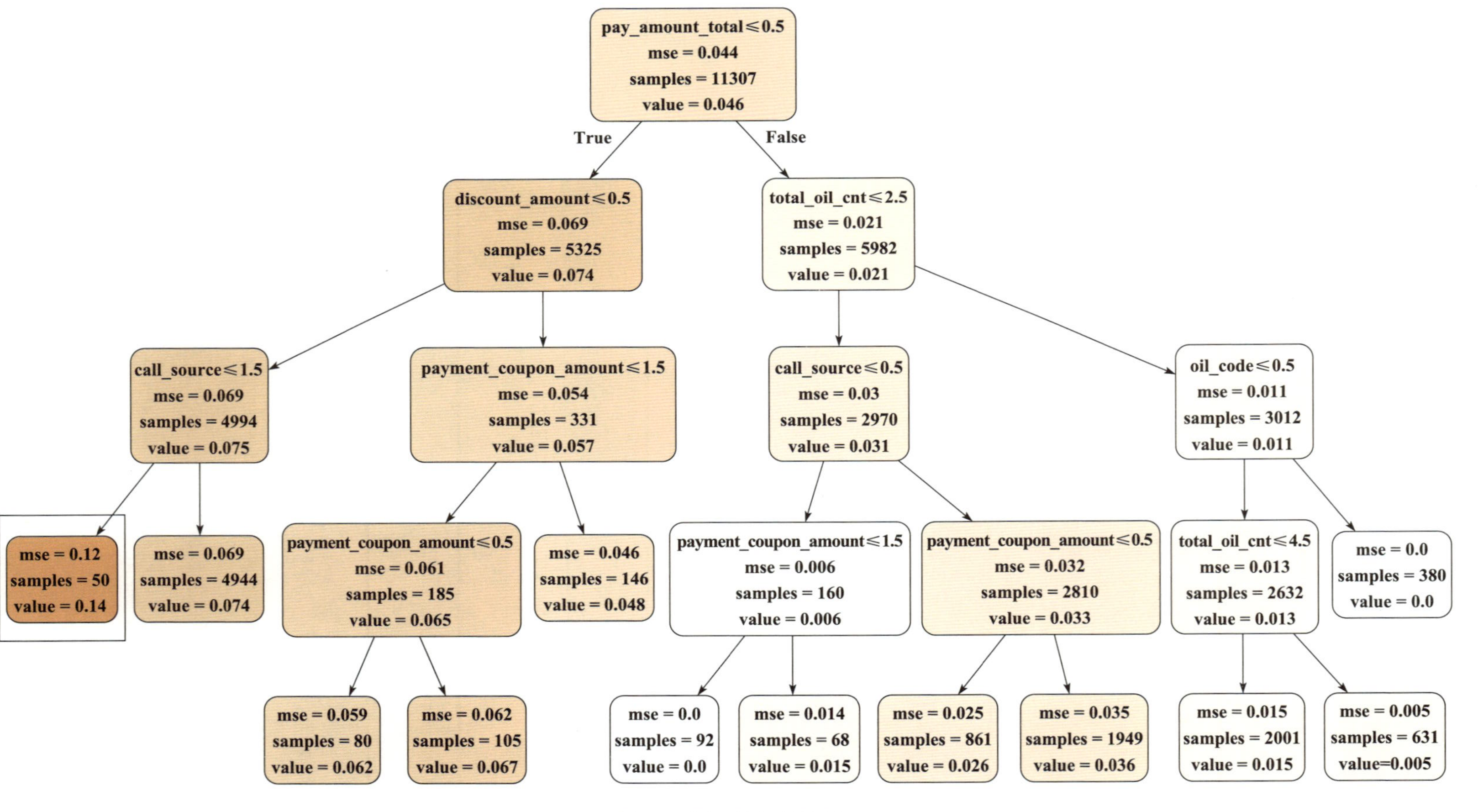

图4-4　第一轮运行结果

```
# 传入数据和变量名,查看分箱情况
# 数值型区间左闭右开,字符型展示为完整分箱内容
auto_tree.value(result, 'pay_amount_total')
auto_tree.value(result, 'discount_amount')
auto_tree.value(result, 'call_source')
```

运行结果为：

```
变量：pay_amount_total
分箱结果 [9580.0]
分箱后取值 {0, 1}
变量：discount_amount
分箱结果 [17700.0, 87954.0]
分箱后取值 {0, 1, 2}
变量：call_source
分箱结果 [3, 4]
分箱后取值 {0, 1, 2}
```

对于变量 call_source，其分箱结果为三组：0 代表第一组，为 call_source 原始取值小于 3 的样本；1 代表第二组，区间左闭右开，即 call_source 取值大于等于 3、小于 4 的样本；2 代表第三组，同样是左闭右开，即 call_source 取值大于等于 4 的样本。

接下来去掉由上述三条规则组合拒绝的样本，以便于分析策略对业务的实际作用。

```
# 去掉上述规则拒绝的样本
df_bin = result['df_bin']
rh_base2 = df_bin[(df_bin['pay_amount_total'] <=0.5) & \
                  (df_bin['discount_amount'] <=0.5) & \
                  (df_bin['call_source'] <=1.5) == False]
rh_base2.shape
```

运行结果为：

```
(11257, 15)
```

计算当前负样本占比。

```
# 计算负样本占比
auto_tree.badrate(rh_base2, 'bad_ind')
```

运行结果如下：

```
负样本：514 正样本：10743 负样本占比 0.04566047792484676
```

接下来生成第二条组合策略。由于第一次生成策略时已经分箱过了，之后的策略生成过程不需要再进行分箱。指定 is_bin = False。

```
#分箱后不再分箱了,指定 is_bin = False
result2 = auto_tree(datasets = rh_base2, ex_lis = ex_lis,
                    dep = 'bad_ind', min_samples = 0.02,
                        max_depth = 4, min_samples_leaf = 50,
                        min_samples_split = 50,
                        is_bin = False).fit_plot()
#展示图像
auto_tree.Image(result2['graph'])
```

运行结果如图 4-5 所示。

由于 result2 中没有进行分箱操作，因此需要查看最开始的 result 中的分箱结果。

```
#没有分箱结果
result2['bins']
```

运行结果为：

```
[]
```

查看第一组策略时的分箱结果。

```
#查看分箱结果
auto_tree.value(result, 'pay_amount_total')
auto_tree.value(result, 'oil_code')
```

pay_amount_total≤0.5
mse = 0.044
samples = 11257
value = 0.046
True
False
oil_code≤0.5
mse = 0.068
samples = 5275
value = 0.073
total_oil_cnt≤2.5
mse = 0.021
samples = 5982
value = 0.021
payment_coupon_amount≤1.5
mse = 0.053
samples = 321
value = 0.056
mse = 0.069
samples = 4954
value = 0.074
call_source≤0.5
mse = 0.03
samples = 2970
value = 0.031
oil_code≤0.5
mse = 0.011
samples = 3012
value = 0.011
payment_coupon_amount≤0.5
mse = 0.058
samples = 179
value = 0.061
mse = 0.047
samples = 142
value = 0.049
payment_coupon_amount≤1.5
mse = 0.006
samples = 160
value = 0.006
payment_coupon_amount≤0.5
mse = 0.032
samples = 2810
value = 0.033
total_oil_cnt≤4.5
mse = 0.013
samples = 2632
value = 0.013
mse = 0.0
samples = 380
value = 0.0
mse = 0.049
samples = 77
value = 0.052
mse = 0.064
samples = 102
value = 0.069
mse = 0.0
samples = 92
value = 0.0
mse = 0.014
samples = 68
value = 0.015
mse = 0.025
samples = 861
value = 0.026
mse = 0.035
samples = 1949
value = 0.036
mse = 0.015
samples = 2001
value = 0.015
mse = 0.005
samples = 631
value = 0.005

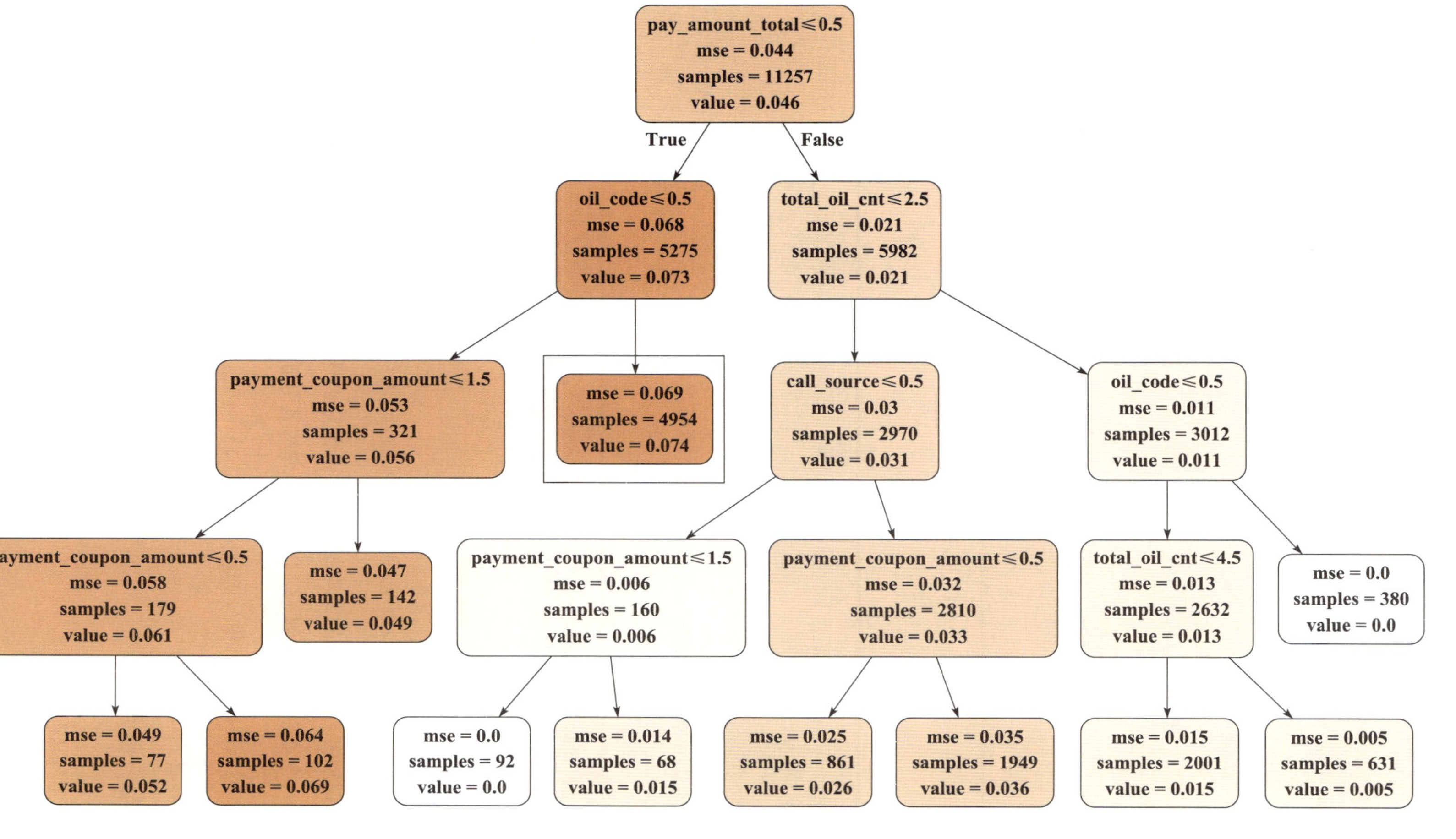

图4-5　第二轮运行结果

运行结果如下：

```
变量: pay_amount_total
分箱结果 [9580.0]
分箱后取值 {0, 1}
变量: oil_code
分箱结果 [3, 8]
分箱后取值 {0, 1, 2}
```

从模型中再次去掉颜色较深的一组策略所拒绝的样本。

```
rh_base3 = rh_base2[(rh_base2['pay_amount_total']<=0.5) & \
                    (rh_base2['oil_code']>0.5) == False]
rh_base3.shape
```

运行结果为：

```
(6303, 15)
```

去掉第二组规则拒绝的样本后，重新计算负样本占比。

```
# 重新计算负样本占比
auto_tree.badrate(rh_base3, 'bad_ind')
```

运行结果如下：

```
负样本: 145 正样本: 6158 负样本占比 0.023004918292876406
```

如果期望再寻找更多的策略组合，可以重复上述步骤，本书不做更多演示。

再举一个类别变量的例子，以便读者理解其分箱逻辑。假如某个变量结果为：

```
[['(2w,5w]'],['(0,5k]', '(10w,)'],
['(5w,10w]'],['(5k,2w]'],
['无贷记卡/已销户'],['0', 'nan']]
```

其分箱结果为：

```
{0, 1, 2, 3, 4, 5}
```

则其对应关系如图4-6所示。

因此，该变量大于2.5则代表着其原始取值为'无借记卡/已销户'、'0'、'nan'这三组取值。将所有变量全部按照该逻辑还原为原始取值后，即得到当前的规则组合。

变量值	编号
'(2w, 5w]'	0
'(0, 5k]', '(10w,)'	1
'(5w, 10w]', '(5k, 2w]'	2
'无借记卡/已销户'	3
'0', 'nan'	4

图4-6 变量值与编号对应关系

在规则生成的过程中，通常使用新增规则后的平台通过率的降低与客群坏账率的下降进行平衡调整。然而随着决策树的加深和每个叶子节点样本个数限制的减少，在保证通过率没有太大变化的前提下，可以有效地减少坏账率。

但是通常其规则组合逻辑非常复杂，如将参数做一些修改，重新生成策略，可以得到明显更好的效果。负样本占比明显减少的同时，通过率也较之前明显提高。但是随着分支的细化，规则组合的稳定性可能较差，甚至出现过拟合的情况。因此，仍需要根据业务的具体情况进行调整。

4.3 无监督分群

摩卡，你知道...

停，我知道，无监督分群就是没有目标的分群。直接说具体怎么做吧，我着急去吃小鱼干。

好嘞！

基于无监督模型分群，即通过人为判断，将主观认为差异性较大的变量放入无监督模型，通过聚类将不同客群区分开，如根据不同渠道、不同收入、不同学历、不同年龄段、不同产品类型等。这种方法不使用样本的标签，因此属于无监督的分群方法。常用的无监督分群方法有K均值聚类和混合高斯模型（Gaussian Mixture Model，GMM）等，其中GMM利用多个高斯分布对数据集进行拟合，在实践中有更好的表现。

4.3.1 GMM原理

GMM是工业界使用最多的一种聚类算法。它本身是一种概率式的聚类方法，假定所有的样本数据 $\boldsymbol{X}$ 由 K 个混合多元高斯分布组合成的混合分布生成。

1. 单高斯模型

当样本数据 X 是一维数据时，高斯分布遵从下方概率密度函数：

$$P(x \mid \theta) = \frac{1}{\sqrt{2\pi\sigma^2}}\exp\left(-\frac{(x-\mu)^2}{2\sigma^2}\right)$$

其中 μ 为数据均值（期望），σ 为数据标准差。

当样本数据 X 是多维数据时，高斯分布遵从下方概率密度函数：

$$P(x \mid \theta) = \frac{1}{(2\pi)^{\frac{D}{2}} \mid \Sigma \mid^{\frac{1}{2}}}\exp\left(-\frac{(x-\mu)^T\Sigma^{-1}(x-\mu)}{2}\right)$$

其中，μ 为数据均值（期望），Σ 为协方差，D 为数据维度。

2. GMM

GMM可以看作是由 K 个单高斯模型组合而成的模型，这 K 个子模型是混合模型的隐变量。一般来说，一个混合模型可以使用任何概率分布，这里使用GMM是因为高斯分布具有很好的数学性质及良好的计算性能。

首先定义如下信息。

1）x_j 表示第 j 个观测数据，$j=1, 2, \cdots, N$。

2）K 是混合模型中的子高斯模型数量，$k=1, 2, \cdots, K$。

3）α_k 是观测数据属于第 k 个子模型的概率，$\alpha_k \geqslant 0$，$\sum_{k=1}^{K}\alpha_k = 1$。

4）$\phi(x \mid \theta_k)$ 是第 k 个子模型的高斯分布密度函数，$\theta_k=(\mu_k, \sigma_k^2)$。其展开形式与上面介绍的单高斯模型相同。

5）γ_{jk}表示第 j 个观测数据属于第 k 个子模型的概率。

GMM 的概率分布为：

$$P(x \mid \theta) = \sum_{k=1}^{K} \alpha_k \phi(x \mid \theta_k)$$

对于这个模型而言，参数 $\theta=(\widetilde{\mu}_k, \widetilde{\sigma}_k, \widetilde{\alpha}_k)$，也就是每个子模型的期望、方差（或协方差）、在混合模型中发生的概率。

3. 模型的参数学习

对于单高斯模型，可以用 MLE 法估算参数 θ 的值：

$$\theta = \operatorname{argmax}_{\theta} L(\theta)$$

由于每个点发生的概率都很小，乘积会变得极其小，不利于计算和观察，因此通常用极大似然估计来计算（因为对数函数具有单调性，不会改变极值的位置，同时在 0 ~ 1 之间输入值很小的变化就可以引起输出值相对较大的变动）：

$$\log L(\theta) = \sum_{j=1}^{N} \log P(x_j \mid \theta)$$

对于 GMM 来说，对数似然函数如下：

$$\log L(\theta) = \sum_{j=1}^{N} \log P(x_j \mid \theta) = \sum_{j=1}^{N} \log\left(\sum_{k=1}^{K} \alpha_k \phi(x \mid \theta_k)\right)$$

我们无法像单高斯模型那样使用 MLE 来求导求得使似然最大的参数，因为对于每个观测数据点来说，事先并不知道它是属于哪个子分布的，因此对数函数里面还有求和，K 个高斯模型的和不是一个高斯模型，对于每个子模型都有未知的 α_k，μ_k，σ_k，直接求导无法计算。这种情况下需要通过最大期望算法进行迭代求解。

4.3.2 GMM 分群

同样使用 4.2.2 节中的外卖骑手贷款产品的例子，使用 GMM 对样本进行聚类。

```
import matplotlib.pyplot as plt
```

```
from sklearn.mixture import GaussianMixture as GMM
gmm = GMM(n_components =3, covariance_type = 'full').fit(x) # 指定聚类中心个数为 3
labels = gmm.predict(x)
plt.scatter(x['coupon_amount_cnt'], x['amount_tot'], c = labels, s =5, cmap = 'viridis')
```

运行结果如图 4-7 所示。

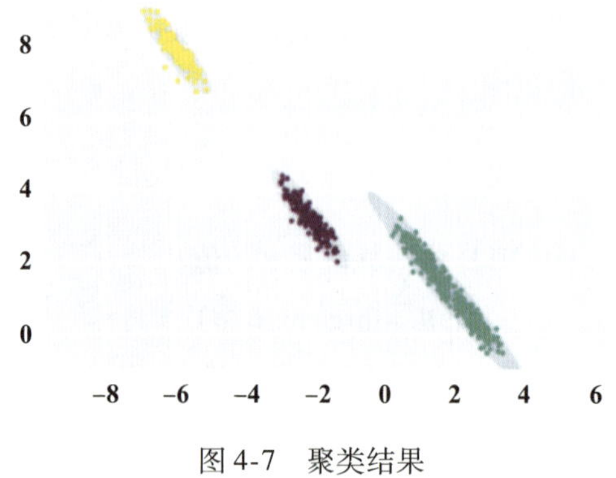

图 4-7　聚类结果

GMM 模型将样本集划分为 3 个子空间，后续分析及建模操作可以在 3 个子空间中分别进行。需要注意的是，无监督方法对变量的要求较高，需要结合专家经验进行挑选和验证。如果缺少一定的业务先验知识，其结果可能较不稳定。

4.4　用户画像与聚类分析

4.3 节介绍了一种聚类效果较好的模型，除此之外，聚类模型也常用于业务分析与探索阶段，如常见的用户画像标签、渠道偏好分析、行为属性拆解等。本节为读者介绍一些更常用于聚类分析的无监督模型，再通过 Iris 数据集来进行演示如何利用方差分析得到用户标签。

Iris 数据集包含 150 条记录，每条记录由 5 个特征构成——花瓣长度、花瓣宽度、萼片长度、萼片宽度、花的类别。而花的类别包含 Iris Setosa、Iris VIrginica 和 Iris Versicolor 三种。当然，在实际使用中通常我们是不知道其类别的，因此需要通过聚类模型将数据根据其内在联系进行划分，得到不同的子群，再通过一些特定的分析方法得到影响子群划分的主要维度，从而得到现有子群的属性标签。例如在营销动作中，我们希望得到用户的一些属性标签，再通过其属性的不同，针对渠道、行为偏好进行分群。

4.4.1 数据分布可视化

首先，使用 sklearn 库来加载 Iris 数据集，并且使用 matplotlib 进行数据可视化。

```
from sklearn import datasets
import matplotlib.pyplot as plt
iris_df = datasets.load_iris()
label = {0:'red', 1: 'blue', 2: 'green'}
x_axis = iris_df.data[:, 0]# Sepal Length
y_axis = iris_df.data[:, 2]# Sepal Width
plt.scatter(x_axis, y_axis, c=iris_df.target)
plt.show()
```

运行结果如图 4-8 所示。

从图中我们可以大致看出数据集中的三类样本在空间中的分布情况。接下来我们分别使用一些常见的聚类方法进行归类。

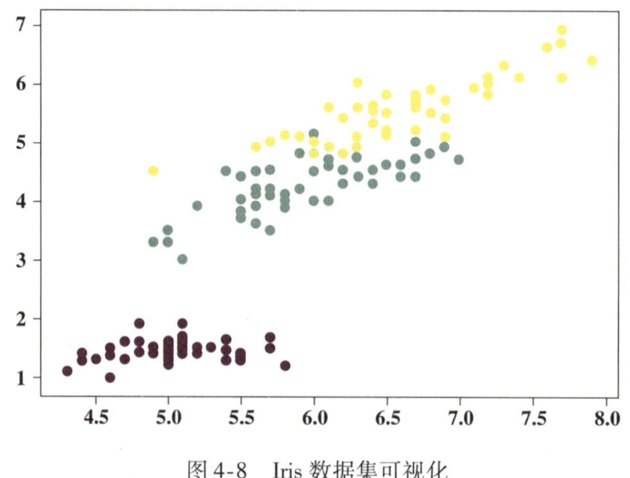

图 4-8 Iris 数据集可视化

4.4.2 K 均值聚类

K 均值（K-means）聚类是一种迭代的聚类算法。K 均值聚类要求在建模初期确定聚类簇（Cluster）的个数。由于我们知道本问题涉及 3 种花的类别，所以我们通过将参数 n_clusters =3 传递给 K 均值模型来实现聚类。在实际场景中，也可以根据业务需求，进行多次尝试，最后确定最符合业务目标的聚类数量。需要注意的是，K 均值聚类需要对用户的所有维度变量的量纲进行统一，比如进行归一化或标准化。

在 K 均值聚类的过程中，首先随机地将 3 个数据点分到三个簇中，并将该 3 个点视为当前簇的质心。基于接下来每个点到这 3 个初始点之间的质心距离，确定下一个给定的输入数据点将被划分到哪一个簇中。待所有点归类结束，重新计算所有簇的质心，然后再次计算每一个点到质心的距离。该过程不断重复，直至满足收敛状态。

由于每一个簇的质心是定义结果集的特征值的集合，研究质心的特征权重可用于定性地解释每个簇代表哪种类型的群组。具体内容可以参考 4.4.6 节方差分析的案例。

```
from sklearn import datasets
from sklearn.cluster import KMeans
iris_df = datasets.load_iris()
```

```
model = KMeans(n_clusters=3)
model.fit(iris_df.data)
predicted_label = model.predict([[7.2, 3.5, 0.8, 1.6]])
all_predictions = model.predict(iris_df.data)
x_axis = iris_df.data[:, 0]# Sepal Length
y_axis = iris_df.data[:, 2]# Sepal Width
plt.scatter(x_axis, y_axis, c=all_predictions)
```

运行结果如图 4-9 所示。

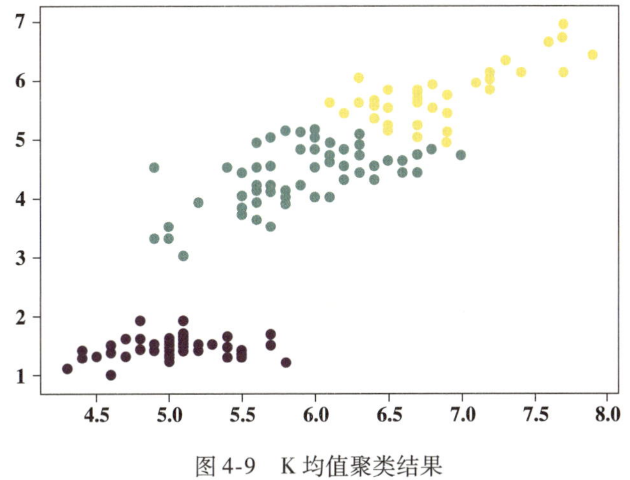

图 4-9　K 均值聚类结果

从图 4-9 可以看出，K 均值聚类的结果与原始的数据集标签非常接近，但仍有一些差距。研究表明，当簇的形状为超球面（例如二维空间中的圆、三维空间中的球）时，K 均值算法性能良好。

4.4.3 均值漂移聚类

均值漂移（Mean Shift）聚类通过感兴趣区域内的数据密度变化计算中心点的漂移向量，从而移动中心点进行下一次迭代，直到到达密度最大处（相当于只改变中心点的位置，而不会选择其他点作为中心点）。从每个数据点出发都可以进行该操作，在这个过程，统计出现在感兴趣区域内的数据的次数，该参数将在最后作为分类的依据。

不同的聚类算法有不同的应用场景，适合不同分布、不同属性、不同数量级的数据集，这就意味着聚类算法可以进行各种各样的变形和改进。均值漂移聚类能根据数据自身的密度分布，自动学习到类的数目，但这个类别数目不一定是业务想要的。

K 均值聚类对噪声的鲁棒性没有均值漂移聚类强，初始点选择不当会导致 K 均值聚类陷入局部最小值问题，且均值漂移聚类是一个单参数算法，容易作为一个模块和别的算法集成。因此，我们可以使用均值漂移聚类对数据集进行初步聚类，从而达到去噪的目的，然后再使用每一簇的质心代表整个簇，通过 K 均值聚类得到指定数量的簇。

```
import pandas as pd
from sklearn import datasets
from sklearn.cluster import KMeans
from sklearn.cluster import MeanShift
import matplotlib.pyplot as plt
from sklearn.preprocessing import normalize

iris_df = datasets.load_iris()
x = normalize(iris_df.data,axis = 0,norm = 'max')
#meanshift 初步聚类,不受噪声影响,等价于去噪
ms = MeanShift(0.05, n_jobs = -1)
ms.fit(x)
#得到许多的聚类中心
print(len(set(ms.labels_)))
```

聚类个数为 90。

可以看到，均值漂移聚类得到 90 个簇。接下来使用 K 均值聚类，对簇的质心进行二次聚类。

```
center_ = ms.cluster_centers_
#用聚类中心代替周围的点,进行 kmeans 聚类
model = KMeans(n_clusters = 3)
model.fit(center_)
predicted_label = model.predict(x)
x_axis = x[:, 0]
y_axis = x[:, 2]
plt.scatter(x_axis, y_axis, c = predicted_label)
plt.show()
```

聚类结果如图 4-10 所示。

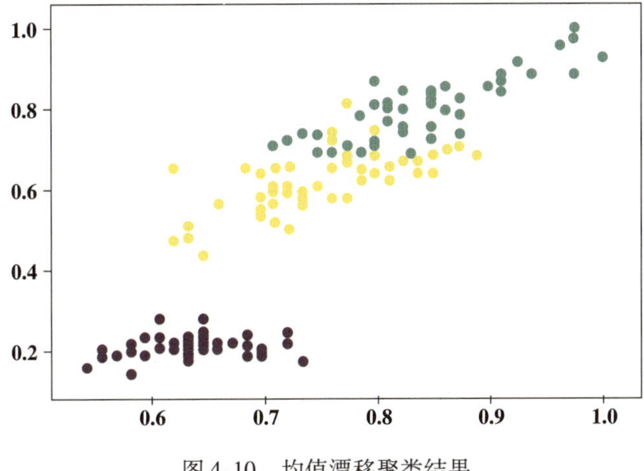

图 4-10 均值漂移聚类结果

4.4.4 层次聚类

层次聚类是一种能够构建有层次的簇的算法。在 K 均值聚类中，由于最初随机地选择簇，多次运行算法得到的结果可能会有较大差异，而层次聚类的结果是可以复现的。

在层次聚类的起始阶段，每个数据点都是一个簇。然后将两个最接近的簇合并为一个。直到当所有的点都被合并到一个簇中时，算法停止。层次聚类的实现可以用 dendrogram 进行展示。

```
from scipy.cluster.hierarchy import linkage, dendrogram
import matplotlib.pyplot as plt
import pandas as pd
samples = iris_df.data
mergings = linkage(samples, method = 'complete')
dendrogram(mergings,
           labels = iris_df.target ,
           leaf_rotation = 90,
           leaf_font_size = 6,
           )
plt.show()
```

聚类结果如图 4-11 所示。

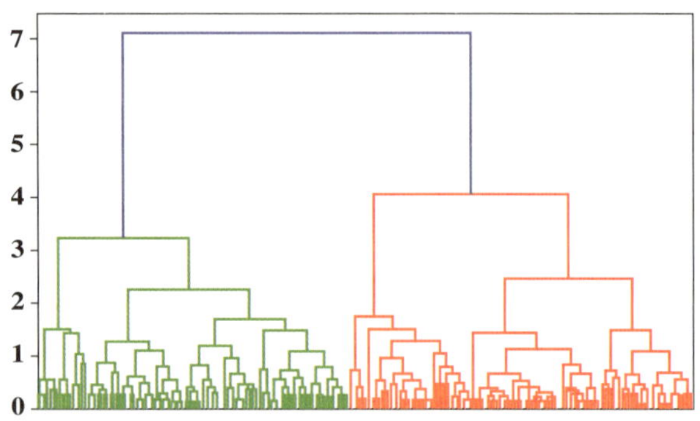

图 4-11　层次聚类结果

层次聚类不能很好地处理大数据，而 K 均值聚类可以。原因在于 K 均值算法的时间复杂度是线性的，而层次聚类的时间复杂度是平方级的。然而，K 均值算法抗噪声数据的能力很差，而层次聚类可直接使用噪声数据进行聚类分析。并且很直观的观察到数据的父簇与子簇，从而灵活地进行决策。

4.4.5 t-SNE 聚类

t 分布随机邻居嵌入（t-distributed Stochastic Neighbor Embedding，t-SNE）是一种可视化的无监督学习方法，以高概率用邻近的点对相似的对象进行建模，而用相距较远的点对不相似的对象进行建模。

t-SNE 最主要的特点是可以将高维空间映射到一个可视化的二维或三维空间中。比如在本节的数据集上，具有四个特征（即四维）的 Iris 数据集可以被转化到二维空间，并且在二维图像中进行展示。类似地，t-SNE 模型可用于具有任意多个特征的数据集，但是随着特征维度增大，其耗时会逐渐增加。

```
from sklearn import datasets
from sklearn.manifold import TSNE
import matplotlib.pyplot as plt
iris_df = datasets.load_iris()
```

```
model = TSNE(learning_rate = 100)
transformed = model.fit_transform(iris_df.data)
x_axis = transformed[:, 0]
y_axis = transformed[:, 1]
plt.scatter(x_axis, y_axis, c = iris_df.target)
plt.show()
```

聚类结果如图 4-12 所示。

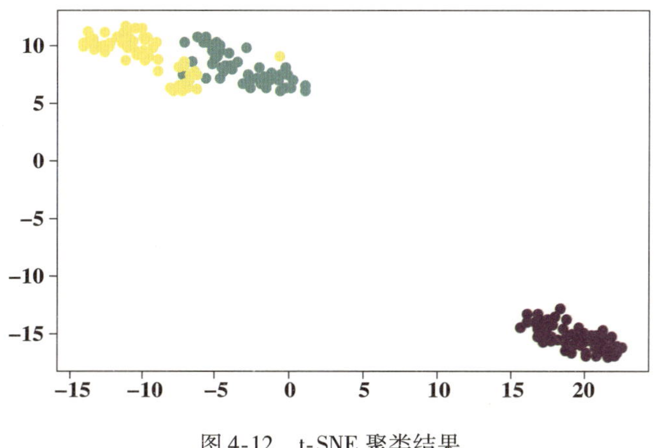

图 4-12 t-SNE 聚类结果

其中紫色标签为 Setosa，绿色标签为 Versicolor，黄色标签为 Virginica。与前面两个案例不同，t-SNE 聚类可以通过嵌入手段，将数据分布完整地呈现在二维图像中，而不是只截取某 2 个维度。换言之，t-SNE 聚类可以更真实地反应出数据集在空间中的位置。比如在上图 4-12 中，紫色的 Setosa 与另外 2 种花有着更大的差异，并且相比于在图 4-9 和图 4-10 中，差异更为明显。

4.4.6 DBSCAN 聚类

带噪声的基于密度的空间聚类（Density- Based Spatial Clustering of Applications with Noise，DBSCAN）是一种基于密度的聚类算法。这类密度聚类算法一般假定类别可以通过样本分布的紧密程度决定。同一类别的样本，他们之间是紧密相连的，也就是说，在该类别任意样本周围不远处一定有同类别的样本存在。

在预测分析中，DBSCAN 聚类常被用来替代 K 均值算法。它不需要提前指定簇的个数，而是需要对另外 2 种参数进行调整——eps 和 min_samples。参数 eps 是两个数据点被认为在同一个近邻中的最大距离，参数 min_samples 是同一个簇中的数据点的最小个数。

```python
from sklearn.datasets import load_iris
import matplotlib.pyplot as plt
from sklearn.cluster import DBSCAN
from sklearn.decomposition import PCA
iris = load_iris()
dbscan = DBSCAN()
dbscan.fit(iris.data)
pca = PCA(n_components=2).fit(iris.data)
pca_2d = pca.transform(iris.data)
for i in range(0, pca_2d.shape[0]):
    if dbscan.labels_[i] == 0:
        c1 = plt.scatter(pca_2d[i, 0], pca_2d[i, 1], c='r', marker='+')
    elif dbscan.labels_[i] == 1:
        c2 = plt.scatter(pca_2d[i, 0], pca_2d[i, 1], c='g', marker='o')
    elif dbscan.labels_[i] == -1:
        c3 = plt.scatter(pca_2d[i, 0], pca_2d[i, 1], c='b', marker='*')
plt.legend([c1, c2, c3], ['Cluster 1', 'Cluster 2', 'Noise'])
plt.title('DBSCAN finds 2 clusters and Noise')
plt.show()
```

聚类结果如图 4-13 所示。

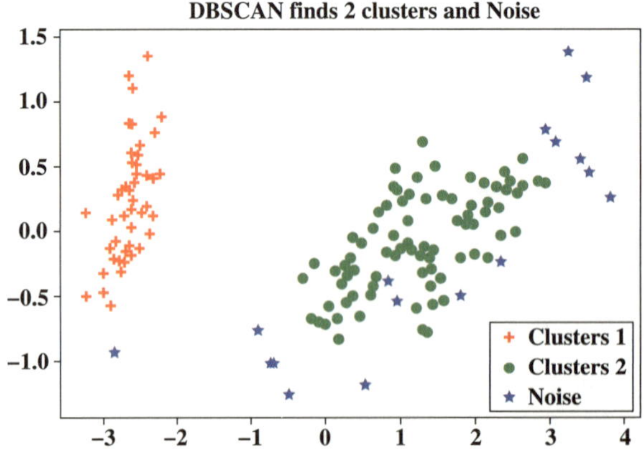

图 4-13 DBSCAN 聚类结果

DBSCAN 最大的优势是可以发现任意形状的聚类簇，而不是像 K 均值算法一般仅用于凸样本集聚类。DBSCAN 在聚类的同时还可以找出异常点，并且同样对初始聚类中心并不敏感。但是，如果样本集的密度不均匀、聚类间距相差很大时，DBSCAN 聚类质量一般较差。

4.4.7 方差分析

本节介绍了多种聚类方法，但是在获得聚类后，如何分析出不同簇之间的主要差异，从而获取用户画像的标签呢？接下来以 4.4.3 节中的 K 均值聚类与均值漂移组合为例，对其方差进行分析。从而得到用户分群的主要依据，并将其确定为用户画像标签。

首先和 4.4.3 节相同，使用均值漂移聚类进行去噪，再使用 K 均值聚类进行调整。

```python
import pandas as pd
from sklearn import datasets
from sklearn.cluster import KMeans
from sklearn.cluster import MeanShift
from sklearn.preprocessing import normalize
iris_df = datasets.load_iris()
x = normalize(iris_df.data,axis =0,norm ='max')
#meanshift 初步聚类,不受噪声影响,等价于去噪
ms = MeanShift(0.05, n_jobs = -1)
ms.fit(x)
#得到许多的聚类中心
center_ = ms.cluster_centers_
#用聚类中心代替周围的点,进行 k 均值聚类
model = KMeans(n_clusters =3)
model.fit(center_)
predicted_label = model.predict(x)
```

接下来，首先计算每一个特征在整体样本上的方差。

```python
df = pd.DataFrame(x)
df.columns = iris_df.feature_names
df['predicted_label'] = predicted_label
```

```
#每一个特征的全局方差
var_dct_all = df.var()
print(var_dct_all)
```

运行结果为：

```
sepal length (cm)    0.010987
sepal width (cm)     0.009813
petal length (cm)    0.065454
petal width (cm)     0.092961
predicted_label      0.684385
```

其中，predicted_label 的方差对于我们的分析是没有用的。

接下来，计算每个特征在簇内的方差。

```
#每一个簇内特征的方差
var_dct_clt = df.groupby('predicted_label').var().mean()
print(var_dct_clt)
```

运行结果为：

```
sepal length (cm)    0.003989
sepal width (cm)     0.005639
petal length (cm)    0.004109
petal width (cm)     0.005560
```

接下来计算全局方差与簇内方差的差异，并使用全局方差做标准化。

```
#计算聚类后方差减少的占比
for i in var_dct_clt.keys():
    print(i)
    print((var_dct_all[i] - var_dct_clt[i])/var_dct_all[i])
```

运行结果为：

```
sepal length (cm)    0.6369355297332719
sepal width (cm)     0.4253239723661986
```

```
petal length (cm)     0.9372267508561837
petal width (cm)      0.9401897341080335
```

我们可以看到，后 2 个的特征在簇内簇外有显著差异，因此当前聚类结果主要是后 2 个特征影响的。我们此时可以从其业务具体含义出发，将用户划分为不同类别的客群，并给予不同的标签，如游戏玩家、网购达人、理财专家等，如图 4-14 所示。

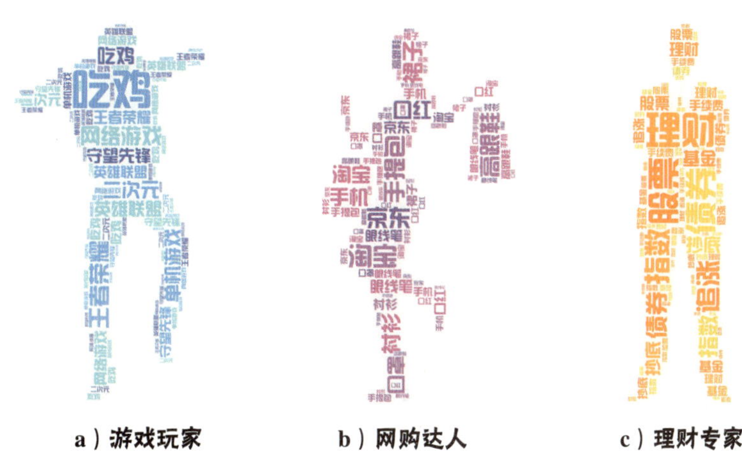

a）游戏玩家　　b）网购达人　　c）理财专家

图 4-14　人群划分释义

4.5　本章小结

本章主要介绍评分卡模型建立前的用户分群及如何通过聚类分析得到用户画像标签。注意，用户分群不是必要的建模流程，但在模型效果较差的情况下，用户分群通常会为业务带来明显的帮助。从第 5 章开始，我们将逐步介绍评分卡建模中的技术细节及代码实现。

第 5 章　数据探索与特征工程

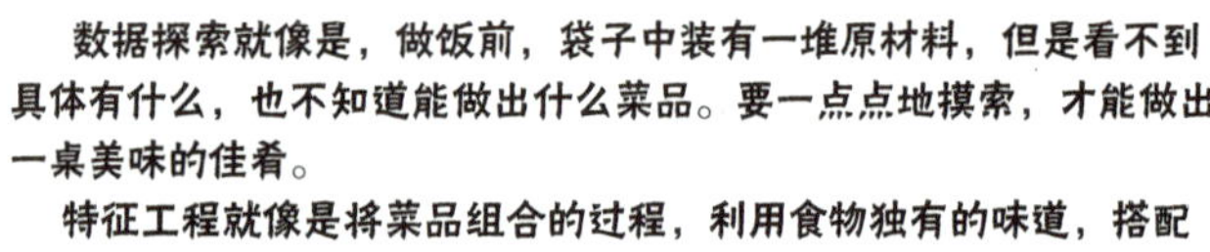

数据探索就像是，做饭前，袋子中装有一堆原材料，但是看不到具体有什么，也不知道能做出什么菜品。要一点点地摸索，才能做出一桌美味的佳肴。

特征工程就像是将菜品组合的过程，利用食物独有的味道，搭配出最美味的组合。

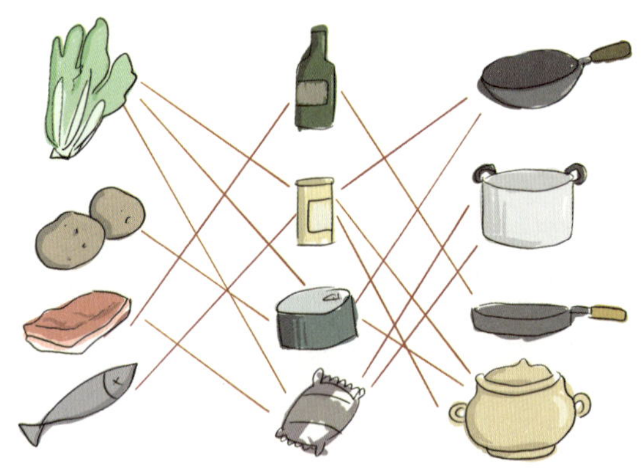

本章主要介绍评分卡模型建立过程中的探索性数据分析（Exploratory Data Analysis，EDA）与特征工程（Feature Engineering）。对于简单的统计模型来说，特征工程的好坏将直接影响最终模型的效果。而在进行特征工程之前，有必要通过 EDA 对样本的分布与特点进行表示。通过观察数据分布，对数据进行相应的处理，可以有效提升最终的模型表现。

5.1　探索性数据分析

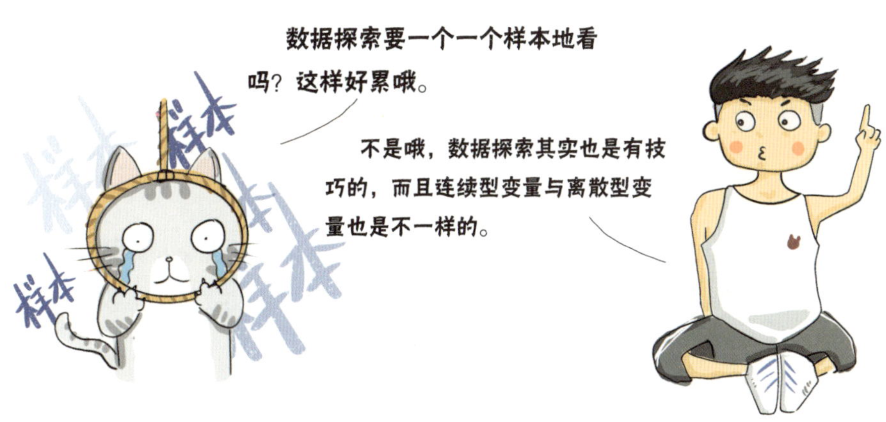

数据集的探索性数据分析是针对当前数据集中的每一维度变量的探索性数据分析过程，是正式实施模型开发的第一步。建模人员需要通过该过程对当前建模的数据集进行细致地分析。数据集的挖掘思路通常来源于该过程。模型中的变量通常有两种类型，分别是连续型变量与离散型变量。

连续型变量是指，变量为观测样本所得的实际数值，有序且数值之间的大小差异具有实际含义，并且没有经过分组处理。例如，客户出生日为 1973 年 10 月 24 日，以 2009 年 12 月 31 日为计算时点，则该客户的年龄为 36 岁。

离散型变量是指质性变量，如字符或不具有数学意义的其余表现形式。例如，将客户按教育程度分为“中学以下”“大学”及“研究生以上”，或将变量实际数值进行分组处理，如将客户年龄进行分组处理，20 ~ 29 岁为年龄群组一，30 ~ 39 岁为年龄群组二。如果客户年龄为 36 岁，则归到年龄群组二中。离散型变量又分为有序变量和无序变量，年龄即是一种有序变量，而省份、城市等则可视为无序变量。

本节将对这两类变量进行探索性数据分析。

5.1.1 连续型变量

对于连续型数据，通常使用统计分析方法对样本集的分布进行表示，主要是期望通过统计指标反映其分布形式与特点，从而实现对样本集的探索与分析。

- 缺失值（Null）：取值为空则视为缺失值。通常缺失值源自数据采集失败及数据库错误。当一个变量在样本集上的取值超过 50% 为空值时，可以认为该字段不具有显著信息，可以从样本集中删除。
- 均值（Mean）：样本集上某变量的均值定义为该变量所有样本的取值的均值。
- 方差（Variance）：方差反映样本集中变量取值距均值的离散程度。通常方差较大的变量具有更高的信息量，但方差受变量量纲的影响。
- 标准差（Standard Deviation）：标准差是方差的平方根，其含义与方差相同。
- 最大值（Max）与最小值（Min）：样本集中某变量的最大数与最小数，反映数据的范围。
- 中位数（Median）：中位数是位于样本集中间位置的样本取值。中位数只与取值大小的排序相关，不受最大值与最小值的具体取值的影响，比均值更能反映用户的中间段水平。
- 众数（Mode）：众数是样本集中某变量中出现频率最高的取值。反映数据的集中点位置。
- 四分位数（Quartile）：使用三个数据集点 Q_1、Q_2、Q_3，将样本集分为四个等分数据集。Q_1、Q_2、Q_3 所对应的变量取值就是四分位数的取值。
- 偏度（Skewness）：偏度表示数据分布的对称性。若其值为 0，则代表分布对称；若其值为正值，代表分布的峰值左偏；若其值为负值，代表分布的峰值右偏，如图 5-1 所示。当偏度的绝对值过大时，代表分布具有很强的不对称性。对于要求数据满足正态分布的模型，最终效果很难得到保证。

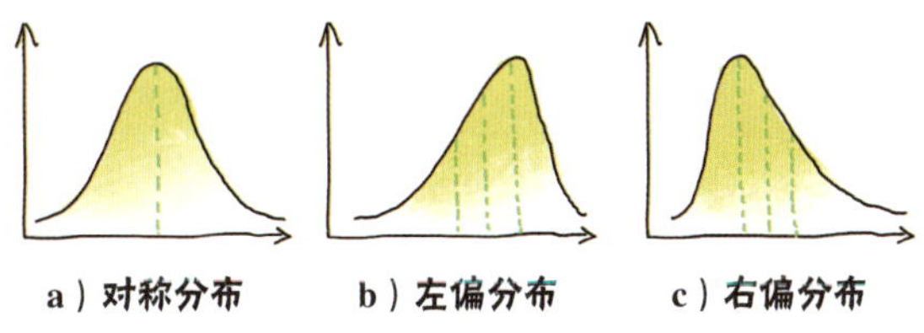

图 5-1　偏度

5.1.2　离散型变量

对于离散型数据，通常直接观察变量的分布，常见指标有如下几个。

- **缺失值：**与连续型变量的缺失值定义相同。
- **众数：**与连续型变量的众数定义相同。
- **取值个数：**离散型变量的取值个数如果很大，在后续的处理中会有许多问题。因此，通常会对取值个数过多的样本进行截断处理，即只保留出现频次较高的变量取值，其余变量统一赋值。在实际建模中，通常变量取值个数不超过 100 个。在后续的操作中，会进一步划分至 10 个以内。
- **每个取值对应的样本数：**如果某个取值对应的样本个数太少，就需要将该取值与其他值合并。因为样本过少会使数据的稳定性变差，且不具有统计意义，可能导致结论错误。由于展示空间有限，通常选择取值个数最少或最多的多个取值进行展示。

通常的探索性数据分析过程，即针对数据集中的每一维变量计算上述指标。建模人员通过观察指标的取值，根据经验判断当前数据集的分布特点。

5.1.3　代码实现

本节使用 toad 库中自带的描述函数 detect( ) 对经典的德国信用数据集进行探索性数据分析。

加载数据集并实现探索性数据分析。

```
import toad
import pandas as pd
import numpy as np
from sklearn.model_selection import train_test_split
data = pd.read_csv('germancredit.csv')
data.replace({'good':0,'bad':1},inplace=True)
Xtr,Xts,Ytr,Yts = train_test_split(data.drop('creditability',axis=1),
                                   data['creditability'],
                                   test_size=0.25,
                                   random_state=450)
data_tr = pd.concat([Xtr,Ytr], axis=1)
data_tr['type'] = 'train'
data_ts = pd.concat([Xts,Yts], axis=1)
data_ts['type'] = 'test'
#探索性数据分析
toad.detect(data_tr).head(10)
```

运行结果如图 5-2、图 5-3、图 5-4 所示。

	type	size	missing	unique
status.of.existing.checking.account	object	750	0.00%	4
duration.in.month	int64	750	0.00%	32
credit.history	object	750	0.00%	5
purpose	object	750	0.00%	10
credit.amount	int64	750	0.00%	700
savings.account.and.bonds	object	750	0.00%	5
present.employment.since	object	750	0.00%	5
installment.rate.in.percentage.of.disposable.income	int64	750	0.00%	4
personal.status.and.sex	object	750	0.00%	3
other.debtors.or.guarantors	object	750	0.00%	3

图 5-2　EDA 结果（1 ~ 5 列）

mean_or_top1	std_or_top2	min_or_top3	1%_or_top4	10%_or_top5
no checking account:39.20%	... < 0 DM:27.60%	0 <= ... < 200 DM:27.07%	... >= 200 DM / salary assignments for at leas...	None
20.548	11.941	4	6	8
existing credits paid back duly till now:53.73%	critical account/ other credits existing (not ...	delay in paying off in the past:8.00%	all credits at this bank paid back duly:4.93%	no credits taken/ all credits paid back duly:3...
radio/television:27.47%	car (new):25.33%	furniture/equipment:18.40%	business:9.33%	car (used):9.20%
3207.35	2731.93	250	417.33	906.3
... < 100 DM:60.93%	unknown/ no savings account:17.47%	100 <= ... < 500 DM:10.53%	500 <= ... < 1000 DM:6.00%	... >= 1000 DM:5.07%
1 <= ... < 4 years:32.53%	... >= 7 years:24.93%	... < 1 year:18.67%	4 <= ... < 7 years:17.60%	unemployed:6.27%
2.94533	1.13493	1	1	1
male : single:54.40%	female : divorced/separated/married:36.27%	male : married/widowed:9.33%	None	None
none:90.80%	guarantor:4.93%	co-applicant:4.27%	None	None

图 5-3 EDA 结果（6 ~ 10 列）

50%_or_bottom5	75%_or_bottom4	90%_or_bottom3	99%_or_bottom2	max_or_bottom1
None	no checking account:39.20%	... < 0 DM:27.60%	0 <= ... < 200 DM:27.07%	... >= 200 DM / salary assignments for at leas...
18	24	36	60	72
existing credits paid back duly till now:53.73%	critical account/ other credits existing (not ...	delay in paying off in the past:8.00%	all credits at this bank paid back duly:4.93%	no credits taken/ all credits paid back duly:3...
education:5.07%	repairs:2.67%	domestic appliances:1.07%	others:0.93%	retraining:0.53%
2301.5	3956.5	7179.4	12715.2	15672
... < 100 DM:60.93%	unknown/ no savings account:17.47%	100 <= ... < 500 DM:10.53%	500 <= ... < 1000 DM:6.00%	... >= 1000 DM:5.07%
1 <= ... < 4 years:32.53%	... >= 7 years:24.93%	... < 1 year:18.67%	4 <= ... < 7 years:17.60%	unemployed:6.27%
3	4	4	4	4
None	None	male : single:54.40%	female : divorced/separated/married:36.27%	male : married/widowed:9.33%
None	None	none:90.80%	guarantor:4.93%	co-applicant:4.27%

图 5-4 EDA 结果（11 ~ 15 列）

由于图片较长，将其拆分为三部分，分别展示 EDA 结果的 1 ~ 5 列、6 ~ 10 列、11 ~ 15 列。从图中可以看出，该函数返回结果包含 15 列数据。

- 第 1 列表示当前分析变量的名称。
- 第 2 列表示当前变量的数据类型。
- 第 3 列表示当前变量非空的样本个数。
- 第 4 列表示当前变量的缺失率，反映当前变量的缺失程度。
- 第 5 列表示当前变量取值去重后的数量，反映当前变量的离散程度。
- 当前变量为数值型（numeric）时，第 6 ~ 15 列分别表示该变量的均值、方差、最小值、最大值，以及 1%、10%、50%、75%、90%、99% 等百分位值。
- 当前变量为分类型（category）时，第 6 ~ 10 列分别表示该变量中取值个数最多的第 1 ~ 5 个变量，第 11 ~ 15 列则分别表示该变量取值最少的第 5 ~ 1 个变量。

通过探索性数据分析，可以有效发现变量类型、分布趋势、缺失值、异常值等。对于缺失值，离散型变量单独编码，即将缺失值赋值为一种可参与运算操作的单独标识。例如，学历这个变量中，将缺失值统一赋值为字段“缺失”后，该变量包含高中、本科、硕士、博士、缺失等 5 个取值。缺失有很多种表现形式，这里是统一用“缺失”这个字段来代替，方便后面运算。对于连续性变量，通常不会使用均值、中值或机器学习算法进行填充，而是首先将缺失值填补为 0，然后在分箱过程中进行精细化调整。相关操作在 5.3.4 节进行了介绍。由于在风控场景下，大部分连续变量的缺失等价于未曾有过相关动作，因此填充为 0 在很多情况下较为合理。

5.2 特征生成

2.4 节介绍了常用的建模数据类型，2.3.4 节介绍了模型设计过程中应当如何确定建模样本。这两部分工作完成后，接下来就要进行**特征生成**，即基础的特征构造。通常，只需从平台数据库或数据仓库中，通过 SQL 语句，根据确定下来的样本标识直接提取即可。然而，直接用通过简单匹配得到的变量进行建模，其效果通常较差。在数据源与数据质量确定的情况下，**特征工程**将极大程度上决定评分卡模型的效果，因此特征工程是建模人员的核心能力之一。特征工程包括**特征生成**与**特征变换**。本节首先介绍特征生成。

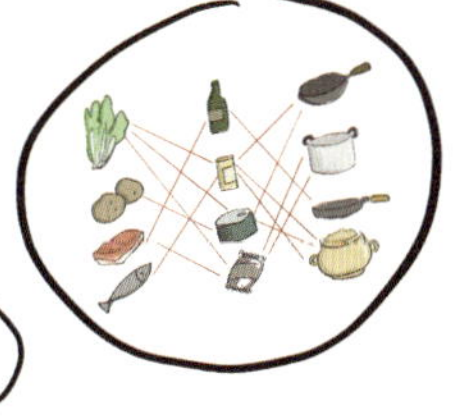

用于预测的特征的原始变量，必须是在模型开发样本和将来模型实施时均可观察到的信息。特征的预测能力主要来源于它们与目标变量的相关性（Correlation）和逻辑因果关系。传统的特征提炼主要靠建模人员的直觉、经验和数据挖掘技术的应用。此外，还有一些通过表示学习自动抽取关键特征的技术，如神经网络等模型。本书不介绍这些内容，感兴趣的读者可以自行查阅相关资料。

5.1 节介绍了常规的 EDA 思路，通过 EDA 建模人员可以对数据有更深入的认识。2.4 节对基础数据内容进行了梳理，本节将在此基础上介绍两种特征构造的方法与一种业内主流的特征编码方式。

5.2.1 特征聚合

第一种特征构造方法叫作特征聚合，即通过对每个样本的变量进行各种运算，将单个特征的多个时间节点取值进行聚合。特征聚合是传统评分卡建模的主要特征构造方法。本节将介绍实用效果较好的 35 种基于时间序列进行特征聚合的方法。

举一个简单的例子，现在计算每个用户的额度使用率，记为特征 ft，按照时间轴以月份为切片展开，得到申请前 30 天内的额度使用率 ft_1，申请前 30 天至 60 天内的额度使用

率 ft_2，申请前 60 天至 90 天内的额度使用率 ft_3，…，申请前 330 天至 360 天内的额度使用率 ft_{12}，于是得到一个用户的 12 个特征，如图 5-5 所示。

customer_id	ft1	ft2	ft3	ft4	ft5	ft6	ft7	ft8	ft9	...
111	9	11.0	12	13	18	10	12	NaN	NaN	...
112	11	-11.0	10	10	13	13	10	NaN	NaN	...
113	0	11.0	10	12	6	10	0	25.0	10.0	...
114	-7	-1.0	9	8	7	0	-19	10.0	11.0	...
115	11	NaN	6	10	0	17	19	10.0	30.0	...

图 5-5　变量衍生示例

可以根据这个时间序列进行基于经验的人工特征衍生，例如设计一个函数，计算最近 p 个月特征值大于 0 的月份数。

1）计算最近 p 个月特征 inv 大于 0 的月份数。

```
def Num(inv, p):
    df = data.loc[:,inv + '1':inv + str(p)].values
    auto_value = np.where(df > 0,1,0).sum(axis = 1)
    return inv + '_num' + str(p), auto_value
```

之所以要用 p 和 inv 来代替月份和特征名，是因为在工业界通常都是对高维特征进行批量处理。所有设计的函数最好有足够高的灵活性，能兼容特征和月份的灵活指定。对于函数 Num 来说，传入不同的 inv 取值，会对不同的特征进行计算，而指定不同的 p 值，就会对不同的月份做聚合。因此，只需要遍历每一个 inv 和每一种 p 的取值，就可以衍生出更深层次的特征。

2）计算最近 p 个月特征 inv 等于 0 的月份数。

```
def Nmz(inv, p):
    df = data.loc[:,inv + '1':inv + str(p)].values
    auto_value = np.where(df == 0,1,0).sum(axis = 1)
    return inv + '_nmz' + str(p), auto_value
```

3）求最近 p 个月特征 inv 大于 0 的月份数是否大于等于 1。

```
def Evr(inv, p):
    df = data.loc[:,inv+'1':inv+str(p)].values
    Arr = np.where(df>0,1,0).sum(axis=1)
    auto_value = np.where(arr,1,0)
    return inv+'_evr'+str(p), auto_value
```

4）计算最近 p 个月特征 inv 的均值。

```
def Avg(inv, p):
    df = data.loc[:,inv+'1':inv+str(p)].values
    auto_value = np.nanmean(df, axis=1)
    return inv+'_avg'+str(p), auto_value
```

5）计算最近 p 个月特征 inv 的和。

```
def Tot(inv, p):
    df = data.loc[:,inv+'1':inv+str(p)].values
    auto_value = np.nansum(df,axis=1)
    return inv+'_tot'+str(p), auto_value
```

6）最近（2，p+1）个月特征 inv 的和。

由于某些数据源的当月数据较不稳定，因此单独设置函数从倒数第 2 个月进行统计。

```
def Tot2T(inv, p):
    df = data.loc[:,inv+'2':inv+str(p+1)].values
    auto_value = df.sum(1)
    return inv+'_tot2t'+str(p), auto_value
```

7）计算最近 p 个月特征 inv 的最大值。

```
def Max(inv, p):
    df = data.loc[:,inv + '1':inv + str(p)].values
    auto_value = np.nanmax(df, axis =1)
    return inv + '_max' + str(p), auto_value
```

8）计算最近 p 个月特征 inv 的最小值。

```
def Min(inv, p):
    df = data.loc[:,inv + '1':inv + str(p)].values
    auto_value = np.nanmin(df, axis =1)
    return inv + '_min' + str(p), auto_value
```

9）计算最近 p 个月，最近一次特征 inv 大于 0 到现在的月份数。

```
def Msg(inv, p):
    df = data.loc[:,inv +'1': inv +str(p)].values
    df_value = np.where(df >0,1,0)
    auto_value = []
    for i in range(len(df_value)):
        row_value = df_value[i,:]
        if row_value.max() <= 0:
            Index = '0'
            auto_value.append(Index)
        else:
            Indexs = 1
            for j in row_value:
                if j > 0:
                    break
                Index += 1
            auto_value.append(Index)
    return inv +'_msg' + str(p), auto_value
```

10）计算最近 p 个月，最近一次特征 inv 等于 0 到现在的月份数。

```
def Msz(inv, p):
    df = data.loc[:,inv+'1':inv+str(p)].values
    df_value = np.where(df==0,1,0)
    auto_value = []
    for i in range(len(df_value)):
        row_value = df_value[i,:]
        if row_value.max() <= 0:
            Index = '0'
            auto_value.append(Index)
        else:
            Index = 1
            for j in row_value:
                if j > 0:
                    break
                Indexs += 1
            auto_value.append(Index)
    return inv+'_msz'+str(p), auto_value
```

11）计算当月 inv/(最近 p 个月 inv 的均值)。

```
def Cav(inv, p):
    df = data.loc[:,inv+'1':inv+str(p)]
    auto_value = df[inv+'1'] / np.nanmean(df, axis=1)
    return inv+'_cav'+str(p), auto_value
```

12）计算当月 inv/(最近 p 个月 inv 的最小值)。

```
def Cmn(inv, p):
    df = data.loc[:,inv+'1':inv+str(p)]
    auto_value = df[inv+'1'] / np.nanmin(df, axis=1)
    return inv+'_cmn'+str(p), auto_value
```

13）计算最近 p 个月，每两个月间 inv 的增长量的最大值。

```
def Mai(inv, p):
    arr = data.loc[:,inv + '1':inv + str(p)].values
    auto_value = []
    for i in range(len(arr)):
        df_value = arr[i,:]
        value_lst = []
        for k in range(len(df_value) - 1):
            minus = df_value[k] - df_value[k + 1]
            value_lst.append(minus)
        auto_value.append(np.nanmax(value_lst))
    return inv + '_mai' + str(p), auto_value
```

14）计算最近 p 个月，每两个月间 inv 的减少量的最大值。

```
def Mad(inv, p):
    arr = data.loc[:,inv + '1':inv + str(p)].values
    auto_value = []
    for i in range(len(arr)):
        df_value = arr[i,:]
        value_lst = []
        for k in range(len(df_value) - 1):
            minus = df_value[k + 1] - df_value[k]
            value_lst.append(minus)
        auto_value.append(np.nanmax(value_lst))
    return inv + '_mad' + str(p), auto_value
```

15）计算最近 p 个月特征 inv 的方差。

```
def Std(inv, p):
    df = data.loc[:,inv + '1':inv + str(p)].values
    auto_value = np.nanvar(df, axis = 1)
    return inv + '_std' + str(p), auto_value
```

16）计算最近 p 个月特征 inv 的变异系数。

```
def Cva(inv, p):
    df = data.loc[:,inv+'1':inv+str(p)]
    auto_value = np.nanvar(df, axis=1) / (np.nanmean(df, axis=1)+1e-10)
    return inv+'_cva'+str(p), auto_value
```

17）计算（当月 inv）-（最近 p 个月 inv 的均值）。

```
def Cmm(inv, p):
    df = data.loc[:,inv+'1':inv+str(p)]
    auto_value = df[inv+'1'] - np.nanmean(df,axis=1)
    return inv+'_cmm'+str(p), auto_value
```

18）计算（当月 inv）-（最近 p 个月 inv 的最小值）。

```
def Cnm(inv, p):
    df = data.loc[:,inv+'1':inv+str(p)]
    auto_value = df[inv+'1'] - np.nanmin(df, axis=1)
    return inv+'_cnm'+str(p), auto_value
```

19）计算（当月 inv）-（最近 p 个月 inv 的最大值）。

```
def Cxm(inv, p):
    df = data.loc[:,inv+'1':inv+str(p)]
    auto_value = df[inv+'1'] - np.nanmax(df, axis=1)
    return inv+'_cxm'+str(p), auto_value
```

20）计算（（当月 inv）-（最近 p 个月 inv 的最大值））/（最近 p 个月 inv 的最大值）。

```python
def Cxp(inv, p):
    df = data.loc[:,inv + '1':inv + str(p)]
    temp = np.nanmax(df,axis = 1)
    auto_value = (df[inv + '1'] - temp ) / temp
    return inv + '_cxp' + str(p), auto_value
```

21）计算最近 p 个月 inv 的极差。

```python
def Ran(inv, p):
    df = data.loc[:,inv + '1':inv + str(p)].values
    auto_value = np.nanmax(df, axis = 1) - np.nanmin(df, axis = 1)
    return inv + '_ran' + str(p), auto_value
```

22）计算最近 p 个月中，后一个月 inv 相比前一个月 inv 增长的月份数。

```python
def Nci(inv, p):
    arr = np.array(data.loc[:,inv + '1':inv + str(p)]).values
    auto_value = []
    for i in range(len(arr)):
        df_value = arr[i,:]
        value_lst = []
        for k in range(len(df_value) - 1):
            minus = df_value[k] - df_value[k + 1]
            value_lst.append(minus)
        value_ng = np.where(np.array(value_lst) > 0,1,0).sum()
        auto_value.append(np.nanmax(value_ng))
    return inv + '_nci' + str(p), auto_value
```

23）计算最近 p 个月中，后一个月 inv 相比于前一个月 inv 减少的月份数。

```python
def Ncd(inv, p):
    arr = data.loc[:,inv + '1':inv + str(p)].values
    auto_value = []
```

```
    for i in range(len(arr)):
        df_value = arr[i,:]
        value_lst = []
        for k in range(len(df_value)-1):
            minus = df_value[k] - df_value[k+1]
            value_lst.append(minus)
        value_ng = np.where(np.array(value_lst)<0,1,0).sum()
        auto_value.append(np.nanmax(value_ng))
    return inv+'_ncd'+str(p), auto_value
```

24）计算最近 p 个月中，相邻月份 inv 相等的月份数。

```
def Ncn(inv, p):
    arr = data.loc[:,inv+'1':inv+str(p)].values
    auto_value = []
    for i in range(len(arr)):
        df_value = arr[i,:]
        value_lst = []
        for k in range(len(df_value)-1):
            minus = df_value[k] - df_value[k+1]
            value_lst.append(minus)
        value_ng = np.where(np.array(value_lst)==0,1,0).sum()
        auto_value.append(np.nanmax(value_ng))
    return inv+'_ncn'+str(p), auto_value
```

25）如果最近 p 个月中，inv 按照月份严格递增，则返回 1，否则返回 0。

```
def Bup(inv, p):
    arr = data.loc[:,inv+'1':inv+str(p)].values
    auto_value = []
    for i in range(len(arr)):
        df_value = arr[i,:]
        value_lst = []
        index = 0
        for k in range(len(df_value)-1):
            if df_value[k] > df_value[k+1]:
                break
            index =+ 1
        if index == p:
```

```
            Value = 1
        else:
            value = 0
        auto_value.append(value)
    return inv + '_bup' + str(p), auto_value
```

26）如果最近 p 个月中，inv 按照月份严格递减，则返回 1，否则返回 0。

```
def Pdn(inv, p):
    arr = data.loc[:,inv + '1':inv + str(p)].values
    auto_value = []
    for i in range(len(arr)):
        df_value = arr[i,:]
        value_lst = []
        index = 0
        for k in range(len(df_value) - 1):
            if df_value[k + 1] > df_value[k]:
                break
            index =+ 1
        if index == p:
            Value = 1
        else:
            value = 0
        auto_value.append(value)
    return inv + '_pdn' + str(p), auto_value
```

27）计算最近 p 个月 inv 的修剪均值。

```
def Trm(inv, p):
    df = data.loc[:,inv + '1':inv + str(p)]
    auto_value = []
    for i in range(len(df)):
        trm_mean = list(df.loc[i,:])
        trm_mean.remove(np.nanmax(trm_mean))
        trm_mean.remove(np.nanmin(trm_mean))
        Temp = np.nanmean(trm_mean)
        auto_value.append(temp)
    return inv + '_trm' + str(p), auto_value
```

28）计算当月 inv/最近 p 个月的 inv 中的最大值。

```
def Cmx(inv, p):
    df = data.loc[:,inv+'1':inv+str(p)]
    auto_value = (df[inv+'1'] - np.nanmax(df,axis=1)) / np.nanmax(df,axis=1)
    return inv+'_cmx'+str(p), auto_value
```

29）计算（当月 inv－最近 p 个月的 inv 均值）/inv 均值。

```
def Cmp(inv, p):
    df = data.loc[:,inv+'1':inv+str(p)]
    auto_value = (df[inv+'1'] - np.nanmean(df,axis=1)) / np.nanmean(df,axis=1)
    return inv+'_cmp'+str(p), auto_value
```

30）计算（当月 inv－最近 p 个月的 inv 最小值)/inv 最小值。

```
def Cnp(inv, p):
    df = data.loc[:,inv+'1':inv+str(p)]
    auto_value = (df[inv+'1'] - np.nanmin(df,axis=1)) / np.nanmin(df,axis=1)
    return inv+'_cnp'+str(p), auto_value
```

31）计算最近 p 个月取最大值的月份距现在的月份数。

```
def Msx(inv, p):
    df = data.loc[:,inv+'1':inv+str(p)]
    df['_max'] = np.nanmax(df, axis=1)
    for i in range(1, p+1):
        df[inv+str(i)] = list(df[inv+str(i)] == df['_max'])
    del df['_max']
    df_value = np.where(df==True,1,0)
    auto_value = []
    for i in range(len(df_value)):
```

```
        row_value = df_value[i,:]
        Indexs = 1
        for j in row_value:
            if j == 1:
                break
            Indexs += 1
        auto_value.append(indexs)
    return inv + '_msx' + str(p), auto_value
```

32）计算（最近 p 个月的均值)/(最近 p ~ 2p 个月的 inv 均值)。

```
def Rpp(inv, p):
    df1 = data.loc[:,inv + '1':inv + str(p)].values
    value1 = np.nanmean(df1, axis = 1)
    df2 = data.loc[:,inv + str(p):inv + str(2* p)]
    value2 = np.nanmean(df2, axis = 1)
    auto_value = value1/value2
    return inv + '_rpp' + str(p), auto_value
```

33）计算（最近 p 个月的均值）-(最近 p ~ 2p 个月的 inv 均值)。

```
def Dpp(inv, p):
    df1 = data.loc[:,inv + '1':inv + str(p)].values
    value1 = np.nanmean(df1, axis = 1)
    df2 = data.loc[:,inv + str(p):inv + str(2* p)]
    value2 = np.nanmean(df2, axis = 1)
    auto_value = value1 - value2
    return inv + '_dpp' + str(p), auto_value
```

34）计算（最近 p 个月的 inv 最大值)/(最近 p ~ 2p 个月的 inv 最大值)。

```
def Mpp(inv, p):
    df1 = data.loc[:,inv + '1':inv + str(p)]
    value1 = np.nanmax(df1, axis = 1)
    df2 = data.loc[:,inv + str(p):inv + str(2* p)]
```

```
    value2 = np.nanmax(df2, axis =1)
    auto_value = value1 / value2
    return inv + '_mpp' +str(p), auto_value
```

35）计算（最近 p 个月的 inv 最小值）/(最近 p ~ 2p 个月的 inv 最小值）。

```
def Npp(inv, p):
    df1 = data.loc[:,inv + '1':inv + str(p)].values
    value1 = np.nanmin(df1, axis =1)
    df2 = data.loc[:,inv + str(p):inv + str(2* p)]
    value2 = np.nanmin(df2, axis =1)
    auto_value = value1 / value2
    return inv + '_npp' +str(p), auto_value
```

利用上述 35 种聚合函数可以循环对全部特征进行聚合。首先定义调用函数，生成新的数据框 data_new。注意，以下仅为函数调用示意，具体的衍生函数类及其多进程版本，请下载代码进行阅览。

```
# 定义批量调用双参数的函数
def auto_var2(inv, p):
    try:
        columns_name, values = Num(inv, p)
        data_new[columns_name] = values
    except:
        print("Num PARSE ERROR", inv, p)
    try:
        columns_name, values = Nmz(inv, p)
        data_new[columns_name] = values
    except:
        print("Nmz PARSE ERROR", inv, p)
    try:
        columns_name, values = Evr(inv, p)
        data_new[columns_name] = values
    except:
        print("Evr PARSE ERROR", inv, p)
    try:
        columns_name, values = Avg(inv, p)
        data_new[columns_name] = values
```

```
    except:
        print("Avg PARSE ERROR", inv, p)
    try:
        columns_name, values = Tot(inv, p)
        data_new[columns_name] = values
    except:
        print("Tot PARSE ERROR", inv, p)
    try:
        columns_name,values = Tot2T(inv, p)
        data_new[columns_name] = values
    except:
        print("Tot2T PARSE ERROR", inv, p)
    try:
        columns_name, values = Max(inv, p)
        data_new[columns_name] = values
    except:
        print("Tot PARSE ERROR", inv, p)
    try:
        columns_name, values = Max(inv, p)
        data_new[columns_name] = values
    except:
        print("Max PARSE ERROR", inv, p)
    try:
        columns_name,values = Min(inv, p)
        data_new[columns_name] = values
    except:
        print("Min PARSE ERROR", inv, p)
    try:
        columns_name,values = Msg(inv, p)
        data_new[columns_name] = values
    except:
        print("Msg PARSE ERROR", inv, p)
    try:
        columns_name,values = Msz(inv, p)
        data_new[columns_name] = values
    except:
        print("Msz PARSE ERROR", inv, p)
    try:
        columns_name, values = Cav(inv, p)
        data_new[columns_name] = values
    except:
        print("Cav PARSE ERROR", inv, p)
    try:
        columns_name,values = Cmn(inv, p)
        data_new[columns_name] = values
    except:
```

```
        print("Cmn PARSE ERROR", inv, p)
    try:
        columns_name,values = Std(inv, p)
        data_new[columns_name] = values
    except:
        print("Std PARSE ERROR", inv, p)
    try:
        columns_name,values = Cva(inv, p)
        data_new[columns_name] = values
    except:
        print("Cva PARSE ERROR", inv, p)
    try:
        columns_name, values = Cmm(inv, p)
        data_new[columns_name] = values
    except:
        print("Cmm PARSE ERROR", inv, p)
    try:
        columns_name, values = Cnm(inv, p)
        data_new[columns_name] = values
    except:
        print("Cnm PARSE ERROR", inv, p)
    try:
        columns_name, value s = Cxm(inv, p)
        data_new[columns_name] = values
    except:
        print("Cxm PARSE ERROR", inv, p)
    try:
        columns_name, values = Cxp(inv, p)
        data_new[columns_name] = values
    except:
        print("Cxp PARSE ERROR", inv, p)
    try:
        columns_name, values = Ran(inv, p)
        data_new[columns_name] = values
    except:
        print("Ran PARSE ERROR", inv, p)
    try:
        columns_name, values = Nci(inv, p)
        data_new[columns_name] = values
    except:
        print("Nci PARSE ERROR", inv, p)
    try:
        columns_name, values = Ncd(inv, p)
        data_new[columns_name] = values
    except:
        print("Ncd PARSE ERROR", inv, p)
```

```
    try:
        columns_name, values = Ncn(inv, p)
        data_new[columns_name] = values
    except:
        print("Ncn PARSE ERROR", inv, p)
    try:
        columns_name, values = Pdn(inv, p)
        data_new[columns_name] = values
    except:
        print("Pdn PARSE ERROR", inv, p)
    try:
        columns_name, values = Cmx(inv, p)
        data_new[columns_name] = values
    except:
        print("Cmx PARSE ERROR", inv, p)
    try:
        columns_name, values = Cmp(inv, p)
        data_new[columns_name] = values
    except:
        print("Cmp PARSE ERROR", inv, p)
    try:
        columns_name, values = Cnp(inv, p)
        data_new[columns_name] = values
    except:
        print("Cnp PARSE ERROR", inv, p)
    try:
        columns_name, values = Msx(inv, p)
        data_new[columns_name] = values
    except:
        print("Msx PARSE ERROR", inv, p)
    try:
        columns_name, values = Nci(inv, p)
        data_new[columns_name] = values
    except:
        print("Nci PARSE ERROR", inv, p)
    try:
        columns_name, values = Trm(inv, p)
        data_new[columns_name] = values
    except:
        print("Trm PARSE ERROR", inv, p)
    try:
        columns_name,values = Bup(inv, p)
        data_new[columns_name] = values
    except:
        print("Bup PARSE ERROR", inv, p)
    try:
```

```
        columns_name,values = Mai(inv, p)
        data_new[columns_name] = values
    except:
        print("Mai PARSE ERROR",  inv, p)
    try:
        columns_name,values = Mad(inv,p)
        data_new[columns_name] = values
    except:
        print("Mad PARSE ERROR", inv, p)
    try:
        columns_name, values = Rpp(inv, p)
        data_new[columns_name] = values
    except:
        print("Rpp PARSE ERROR", inv, p)
    try:
        columns_name,values = Dpp(inv, p)
        data_new[columns_name] = values
    except:
        print("Dpp PARSE ERROR", inv, p)
    try:
        columns_name, values = Mpp(inv, p)
        data_new[columns_name] = values
    except:
        print("Mpp PARSE ERROR",inv,  p)
    try:
        columns_name, values =  Npp(inv, p)
        data_new[columns_name] = values
    except:
        print("Npp PARSE ERROR", inv, p)
    return data_new.columns.size
```

部分函数在 p 取特定值时无法正常计算，因此需要使用 try…except 结构保证批量运行时不会报错。如计算修剪均值，至少需要数据中包含最大值、最小值及此外的一个值，即 $p>3$。当 $p\leqslant 3$ 时，上述结构中，该函数返回错误提示，但不会停止特征聚合的过程。通过聚合函数名称、inv 和 p 的值，可以快速确定无法进行聚合的结果。

首先读取示例数据。

```
data = pd.read_excel('textdata.xlsx')
data.head()
```

数据预览如图 5-6 所示。

	customer_id	ft1	ft2	ft3	ft4	ft5	ft6	ft7	ft8	ft9	...	gt3	gt4	gt5
0	111	9	11.0	12	13	18	10	12	NaN	NaN	...	10	0	18
1	112	11	-11.0	10	10	13	13	10	NaN	NaN	...	10	10	13
2	113	0	11.0	10	12	6	10	0	25.0	10.0	...	10	12	6
3	114	-7	-1.0	9	8	7	0	-19	10.0	11.0	...	10	10	12
4	115	11	NaN	6	10	0	17	19	10.0	30.0	...	6	10	0

图 5-6　数据概览

```
data.columns
```

运行结果为：

```
Index(['customer_id', 'ft1', 'ft2', 'ft3', 'ft4', 'ft5', 'ft6', 'ft7', 'ft8',
       'ft9', 'ft10', 'ft11', 'ft12', 'TOB', 'gt1', 'gt2', 'gt3', 'gt4', 'gt5',
       'gt6', 'gt7', 'gt8', 'gt9', 'gt10', 'gt11', 'gt12'],dtype='object')
```

该数据包含两种特征——*ft* 和 *gt*，每个特征按照时间切片展开为 12 列。如下对所有特征进行特征聚合。

```
auto_data = pd.DataFrame()
for p in range(1, 12):
    for inv in ['ft', 'gt']:
        auto_var2(inv, p)
data_new.shape
```

运行结果为：

```
(5, 748)
```

除去原始数据集中的用户标识和 TOB 列以外，使用自定义函数将 12 列特征聚合为 746 维特征。

```
print(data_new.columns)
```

运行结果为：

```
Index(['customer_id', 'ft1', 'ft2', 'ft3', 'ft4', 'ft5', 'ft6', 'ft7', 'ft8',
       'ft9',
       ...
       'gt_cnp5', 'gt_msx5', 'gt_trm5', 'gt_bup5', 'gt_mai5', 'gt_mad5',
       'gt_rpp5', 'gt_dpp5', 'gt_mpp5', 'gt_npp5'],
       dtype='object', length=368)
```

需要注意，通过这种无差别聚合方法进行聚合得到的结果，通常具有较高的共线性，其所具有的信息量并无明显增加，反而会为广义线性模型带来干扰，影响模型的鲁棒性和稳定性。评分卡模型对模型的稳定性要求远高于其性能，因此在时间窗口为 1 年的场景下，p 值会通过先验知识，人为选择 3、6、12 等，而不是遍历全部取值 1 ~ 12。并在后续的建模中，根据变量的显著性、共线性等指标进行相应的特征选择。特征筛选相关的内容将在第 6 章中重点介绍。

5.2.2 特征组合

特征组合（Feature combination）又叫特征交叉（Feature crossing），指不同特征之间基于常识、经验、数据挖掘技术进行分段组合实现特征构造，产生包含更多信息的新特征。例如，将 {工作日，休息日}、{上午，下午} 两组特征维度进行组合，可以得到四个特征维度，其交叉逻辑如表 5-1 所示。

表 5-1　特征交叉

特征维度	上午	下午
工作日	工作日上午	工作日下午
休息日	休息日上午	休息日下午

除此之外，可以通过决策树模型，基于特定指标，贪心地搜索最优的特征组合形式。本节以 CART 回归树为例，使用 4.2.2 节中的例子进行演示，数据字典如图 5-7 所示。

变量类型	最终基础变量名	释义
数值统计型	past_amount	外卖数量
	discount_amount	外卖折扣金额
	sale_amount	外卖促销金额
	amount	配送外卖总金额
	pay_amount	客户实际支付金额
	coupon_amount	商品优惠券金额
	payment_coupon_amount	支付优惠券金额
分类型	channel_code	骑手接单平台
	past_code	外卖品类
	source_app	店家类型
	coupon_amount	来源App编号
	call_source	订单来源编号

图 5-7　变量释义

4.2.2 节中 CART 回归树的输出结果如图 5-8 所示，即说明特征 amount_tot >9614.5 的部分与特征（coupon_amount_cnt≤6.0，coupon_amount_cnt >6.0）分别组合可以对目标进行有效区分，因此可以单独构造特征。

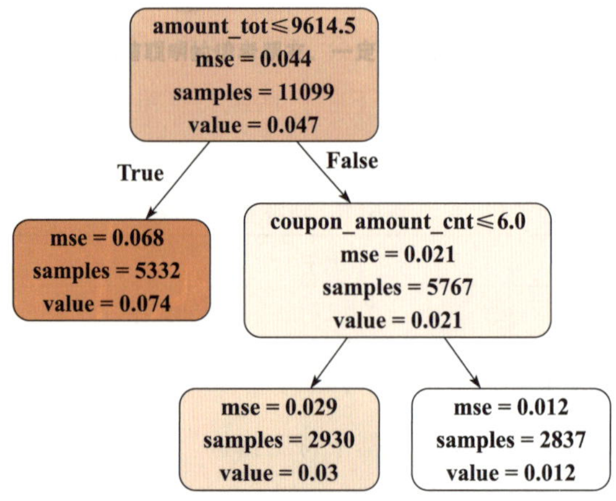

图 5-8　决策树分化结果

按照决策树结果，对 4.2.2 节中的例子进行新特征构造。

```
x['n1'] = x.apply(lambda x:1 if x.amount_tot >9614.5 \
                 and coupon_amount_cnt <=6.0 else 0)
x['n2'] = x.apply(lambda x:1 if x.amount_tot >9614.5 \
                 and coupon_amount_cnt >6.0 else 0)
```

利用决策树实现特征的自动组合，可以有效降低建模人员的工作难度。由于逻辑回归模型缺乏非线性学习能力，因此常需要和决策树模型结合，人工构造相应特征。

然而特征之间的组合并非任何时候都会取得好的结果。通常，在建立线性评分卡模型时，建模人员会同时使用树模型进行训练并对比评分卡与树模型的结果。若两者结果相近，代表特征之间的组合对模型的提升较为有限。

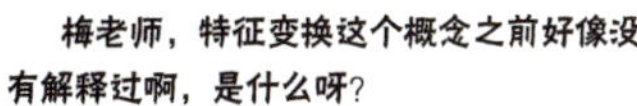

5.3 特征变换

将原始特征衍生后，我们获得了更高维度的数据。在实际建模中，为保证模型的稳定性以及模型中每个特征的取值样本数能满足统计要求，通常会对特征值进行分箱（Binning）处理。常见的分箱方法可分为卡方分箱、决策树分箱、等频分箱、聚类分箱等。通常使用双变量图（Bivariate graph）来评价分箱结果。注意，信贷风险分析中的双变量图（以下简称为 Bivar 图），纵轴固定为负样本占比。

分箱可以使多个特征值被赋予相同的取值，从而增加模型中单个特征值的曝光总频数，增强特征的分布稳定性。分箱后每一箱的变量取值如何指定呢？使用均值还是众数？

评分卡中使用的编码方法叫作证据权重（Weight of Evidence，WOE），它是一种对原始自变量有标准化功能的编码形式。WOE编码的定义为：

$$woe_i = \ln\left(\frac{p_{y_i}}{p_{n_i}}\right)$$

其中，p_{y_i}是当前分组中响应客户占样本中所有响应客户的比例，p_{n_i}是当前分组中未响应客户占样本中所有未响应客户的比例，而WOE表示的实际上是二者之间的差异。

WOE也可以理解为，当前组中响应的客户和未响应客户的比值与所有样本中这个比值的差异。这个差异是通过对这两个比值取对数来表示的。WOE越大，差异越大，这个分组里的样本响应的可能性就越大；WOE越小，差异越小，这个分组里的样本响应的可能性也就越小。

在实现WOE映射的过程中，最重要的一点是分箱的逻辑。显然分箱不同，得到的WOE映射值也会有很大的不同。所期望得到的分箱结果，应该是箱的总数在6~10箱（可以适当调整，通常不超过10箱），并且将每一箱之间的负样本占比差值尽可能大作为箱合并的基本原则。此外，还需要保证每一箱的样本量不能小于整体样本的5%（可以自己根据分箱结果调整，原则是每一箱的频数需要具有统计意义）。

接下来介绍几种常用的分箱方法。

5.3.1 卡方分箱

卡方分箱使用卡方检验确定最优分箱阈值。如果两个相邻的区间具有相似的标签分布，就将这两个区间进行合并。低卡方值表明它们具有相似的类分布。卡方检验就是对分类数据的频数进行分析。它的应用主要表现在以下两个方面。

- 拟合优度是对一个分类变量的检验，即根据总体分布状况计算出分类变量中各类别的期望频数，与分布的观察频数进行对比，判断期望频数与观察频数是否有显著差异，从而达到对分类变量进行分析的目的。
- 独立性检验（列联分析）是两个特征变量之间的计算，它可以用来分析两个分类变量是否独立，或者是否有关联。

卡方分箱就是利用独立性检验来挑选箱划分节点的阈值。卡方分箱的过程可以拆分为初始化和合并两部分。

- 初始化：根据连续变量值大小进行排序，构建最初的离散化，即把每一个单独的值视为一个箱体。这样做的目的是从每个单独的个体开始逐渐合并。
- 合并：遍历相邻两项合并的卡方值，将卡方值最小的两组合并，不断重复直到满足分箱数目的限制。

在 Python 中可以使用 toad. transform. Combiner( ) 中的参数 method 控制分箱方法，本节中选择'chi'，其中 exclude 参数固定不参与分箱的特征列名。

```
import toad
combiner = toad.transform.Combiner()
combiner.fit(dev_slct2, dev_slct2['bad_ind'], method = 'chi',
             min_samples = 0.2, exclude = ex_lis)
```

卡方分箱的结果在大多数情况下满足单调趋势，即变量的 Bivar 图如图 5-9 所示。

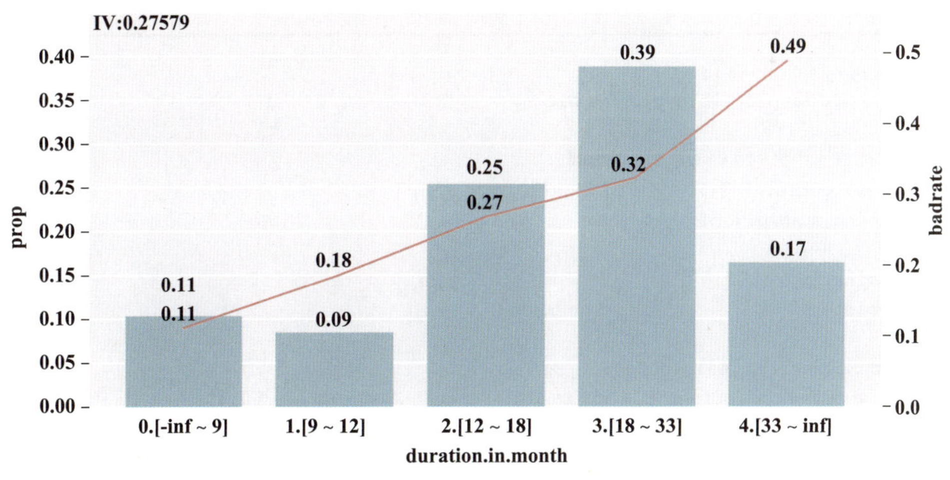

图 5-9　Bivar 图

对于缺失值，toad 库中也有专门的处理方法。数值型变量默认填充为 0，而字符型变量由于分箱前需要先转换为 WOE 值，因此默认将其填充为缺失值所对应的 WOE 值。但缺失值并非都是数据错误导致的，可能其背后对应的逻辑会区别于其他数据值，因而需要将缺失值单独赋予一个值。此时可以通过 Combiner( ) . fit( ) 函数中的参数 empty_separate = True，将空值单独分组。代码如下：

```
combiner = toad.transform.Combiner()
combiner.fit(dev_slct2, dev_slct2['bad_ind'],
             method = 'chi', min_samples = 0.2,
             exclude = ex_lis, empty_separate = True)
```

5.3.2 聚类分箱

通常使用 k-means 算法实现聚类分箱。k-means 算法通过人工指定聚类之后簇的个数，根据样本之间的距离划分聚类结果，并反复更新迭代，直到收敛。下面直接来看一下算法的具体实现流程。

首先在平面上生成一些杂乱无章的点。

```
import numpy as np
import matplotlib.pyplot as plt

# 先在 4 个中心点附近产生一堆数据
real_center = [(1, 1), (1, 2), (2, 2), (2, 1)]
point_number = 50

points_x = []
points_y = []

for center in real_center:
    offset_x, offset_y = np.random.randn(point_number)* 0.3,
                         np.random.randn(point_number)* 0.25
    x_val, y_val = center[0] + offset_x,center[1] + offset_y

    points_x.append(x_val)
    points_y.append(y_val)

points_x = np.concatenate(points_x)
points_y = np.concatenate(points_y)
```

生成的散点图如图 5-10 所示。

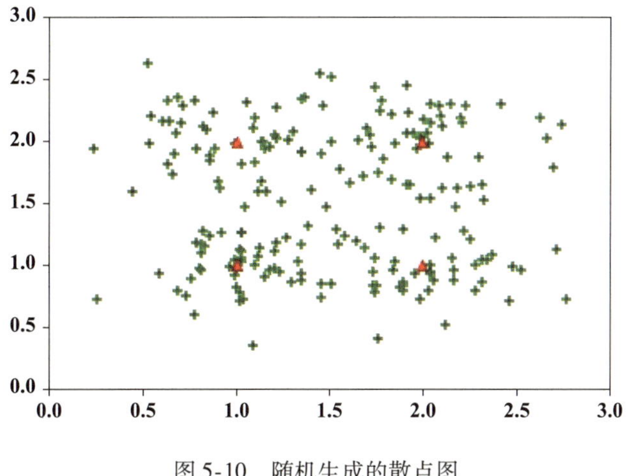

图 5-10　随机生成的散点图

以 (1, 1), (1, 2), (2, 2), (2, 1) 四个点为中心产生了随机分布的点，如果聚类算法正确，找到的中心点应该和这四个点很接近。其算法逻辑为：

1) 随机选择 K 个点作为点的聚类中心，这表示要将数据分为 K 类。

2) 遍历所有的点 P，算出 P 到每个聚类中心的距离，一般使用欧氏距离来进行计算。将 P 放到最近的聚类中心的点集中。遍历结束后将得到 K 个点集。

3) 遍历每一个点集，算出每一个点集的中心位置，将其作为新的聚类中心。

4) 重复步骤 2) 和步骤 3)，直到聚类中心位置不再移动。

聚类分箱的实现方法可参考 5.3.3 节中多种分箱方法的对比。此外，toad 库中还封装有决策树分箱、等频分箱、等距分箱等多种分箱方法，本书不一一进行介绍，感兴趣的读者可以自行阅读其官方文档。

5.3.3 分箱对比

上节中提到，toad 库中包含多种分箱方法，通过一段代码遍历所有分箱方法，并使用 bin_plot 函数画出 Bivar 图，对比单变量的分箱结果。

```
for method in ['chi', 'dt', 'quantile', 'step', 'kmeans']:
    c2 = toad.transform.Combiner()
    c2.fit(data_tr[['duration.in.month','creditability']],
           y = 'creditability', method = method, n_bins = 5)
    bin_plot(c2.transform(data_tr,labels = True),
             x = 'duration.in.month',target = 'creditability')
```

运行结果如图 5-11 至图 5-15 所示。

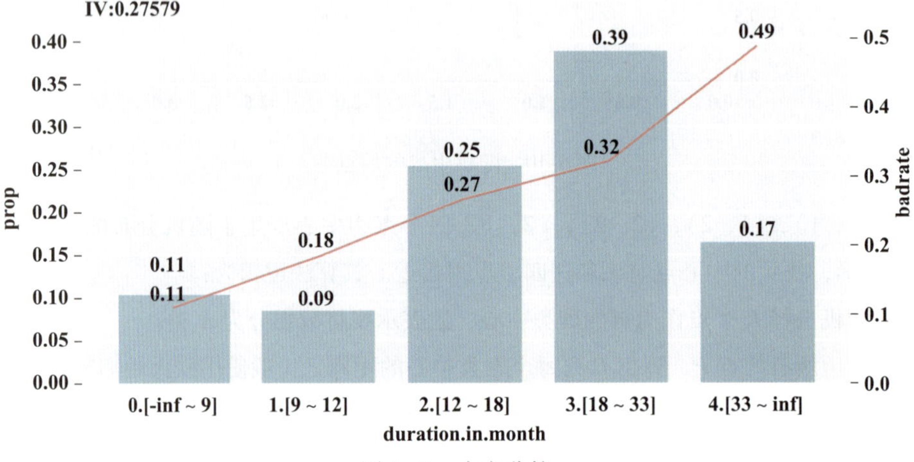

图 5-11　卡方分箱

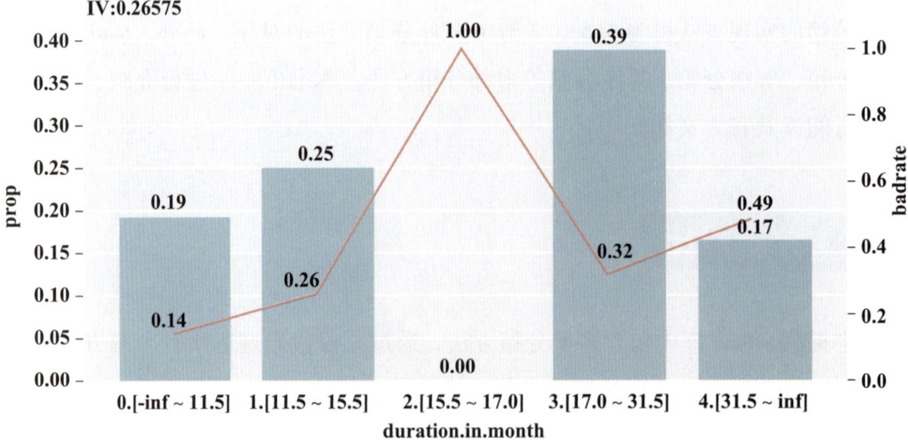

图 5-12　决策树分箱

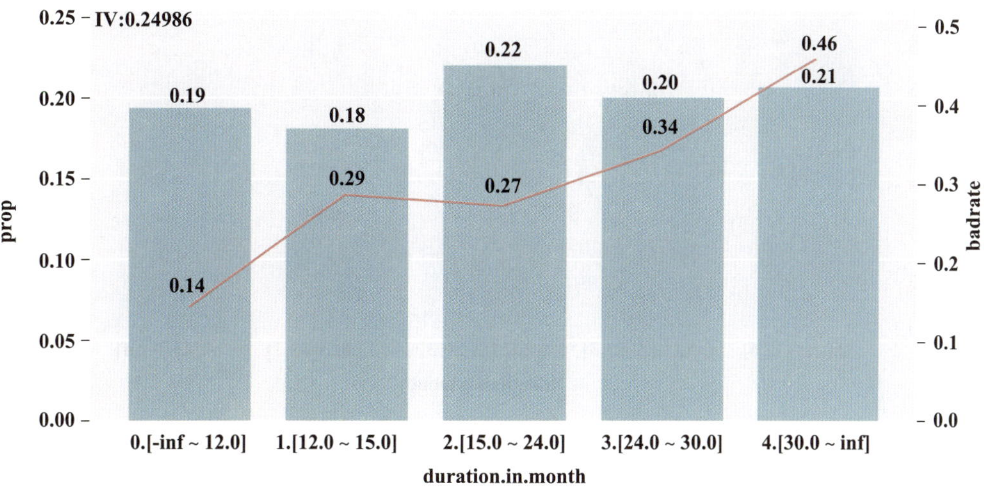

图 5-13　等频分箱

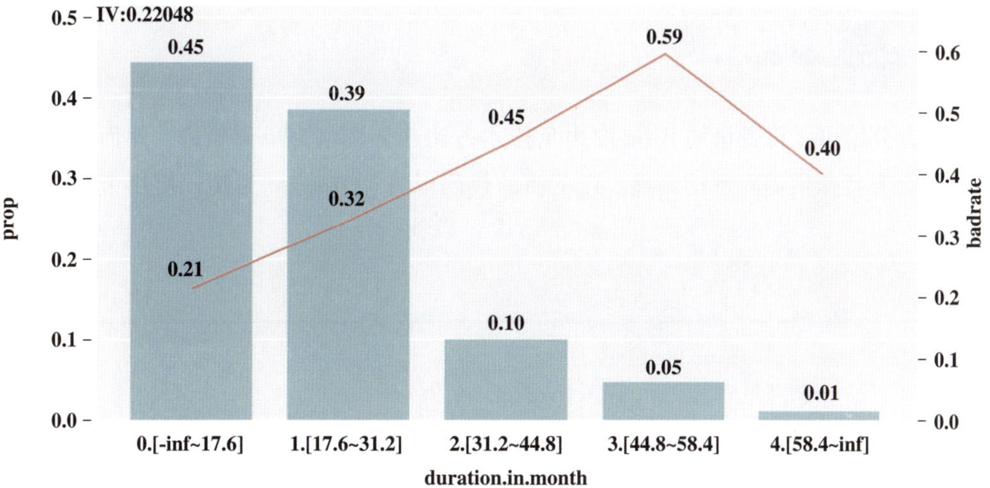

图 5-14　等距分箱

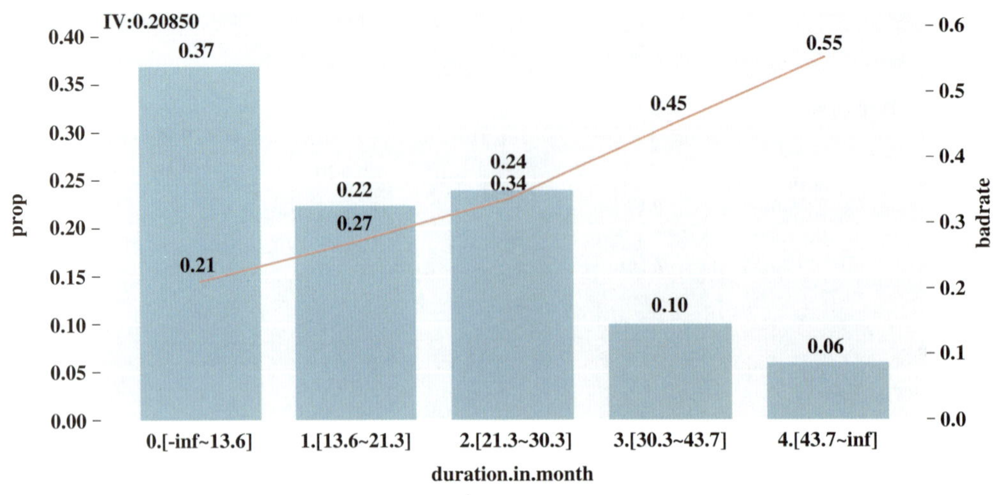

图 5-15　聚类分箱

由于广义线性模型对特征的 Bivar 图趋势的单调性要求较高，因此从以上图组中可以看出，卡方分箱与聚类分箱的结果更符合模型需求。然而从经验来看，聚类分箱的稳定性较差，因此通常使用卡方分箱作为分箱的主要方法。

5.3.4 箱的调整

卡方分箱可以将变量的 Bivar 图中负样本占比趋势调整为单调趋势，然而部分情况下，仍会有特殊值需要手动调整。以下面的代码以特征 purpose 为例，使用卡方分箱进行划分。

```
c2 = toad.transform.Combiner()
c2.fit(data_tr[['purpose','creditability']],
        y = 'creditability', method = 'chi')
bin_plot(c2.transform(data_tr[['purpose','creditability']],
          labels = True), x = 'purpose', target = 'creditability')
print(c2.export())
```

运行结果如图 5-16 所示，该变量的负样本趋势并非严格单调。

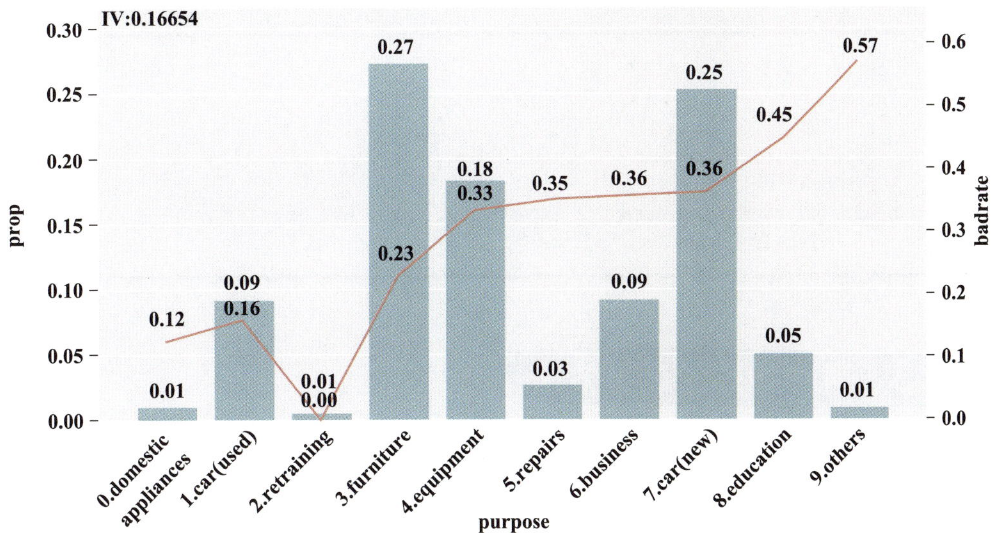

图 5-16　分箱举例

请注意，为获得更清晰的展示，图 5-16 的横坐标有所省略，读者可以根据本书的数据集自行生成图片，从而观察其完整的横轴坐标。手动调整其分箱节点，使调整后的变量整体呈现单调趋势，如图 5-17 所示。

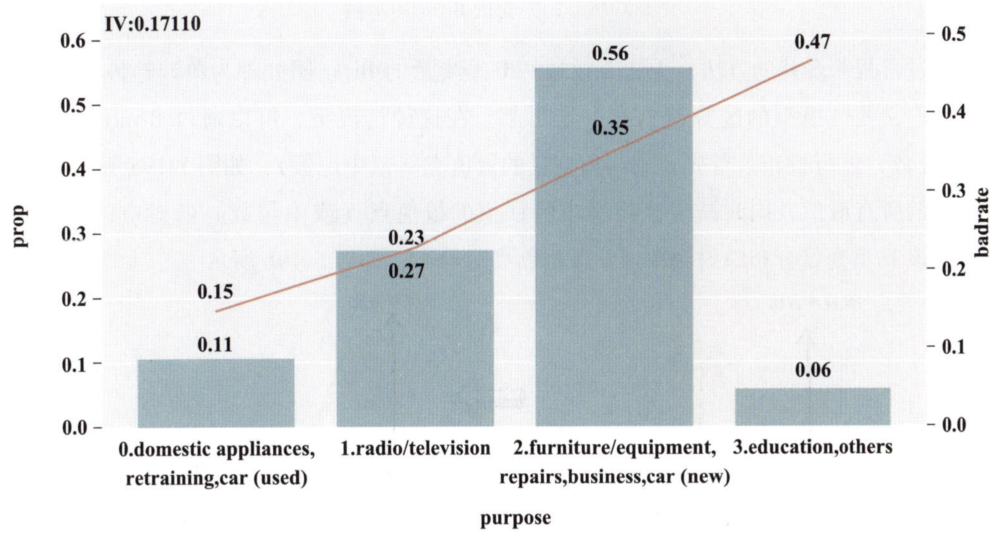

图 5-17　调整后结果

```
c2.set_rules({'purpose': [
    ['domestic appliances','retraining','car (used)'],
    ['radio/television'],
    ['furniture/equipment','repairs','business','car (new)'],
    ['education','others']]})
bin_plot(c2.transform(data_tr2[['purpose','creditability']],
         labels=True), x='purpose', target='creditability')
```

5.3.5 两种特殊的调整方法

除上节提到的分箱调整方法外，还有两种特殊的处理方法：U 型变量和缺失值。**U 型变量**的 Bivar 图如图 5-18 所示。

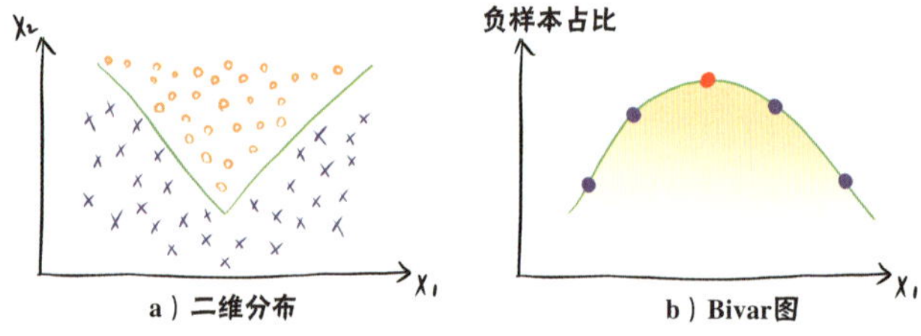

图 5-18 U 型变量 Bivar 图示例

通过常规箱合并的方法，无法有效地将 U 型变量的 Bivar 图处理为单调趋势。但 U 型变量对广义线性模型的区分能力有一定贡献。在这种情况下，可以通过 Bivar 图极值点（或中位数）进行校正。首先找到当前变量的极值点（或中位数），如图 5-19a 所示。将 U 型变量的所有取值，同时减去该组样本特征值的极值点（或中位数）所对应的变量值，从而将该 U 型变量分布映射到**单调递减**的新变量分布，如图 5-19b 所示。

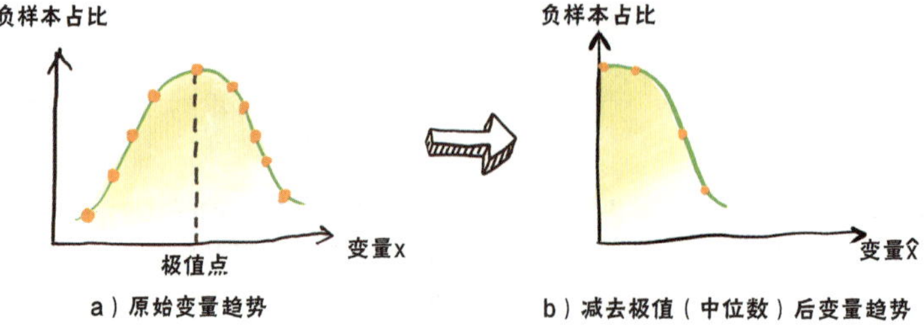

图 5-19 U 型变量调整示意

当然，下一节提到的 WOE 编码会将逻辑回归模型的解空间重新分配。如果按照 WOE 值排序，本节提到的负样本占比图一定是单调递增的。箱的调整更多是为了使得变量符合业务理解的变化趋势，因此如果使用 WOE 编码作为模型的输入，则不需要使用这种调整方法。

对于缺失值，通常将其填补为负样本占比相近的值。原始缺失值处理方法为 0 填充（见图 5-20a），但填充后变量并不满足单调性要求。如果填充为负样本占比相同的变量值，则可以保证单调性。因此，这里我们将缺失值填充为负样本占比值近似的取值，赋值为 2。

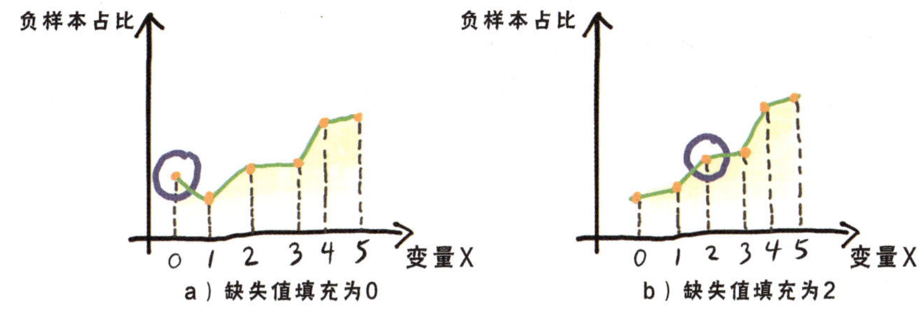

图 5-20　缺失变量调整示意

虽然特征筛选的内容将集中在第 6 章介绍，但在变量变换的过程中，通常会根据变量 Bivar 图的单调情况对变量进行筛选。显然，对于不满足单调趋势或无法通过调整使其 Bivar 图趋势满足单调趋势的变量，需要在该过程中将其剔除。

实际上，除了基于单调性进行箱的调整以及删除部分无法调整的特征外，还需要根据当前变量的业务含义，比对其负样本占比走势是否与业务理解一致。如行为评分卡中，用户的历史逾期越多，其负样本的占比显然应越大。如果图像呈现递减的单调趋势，则认为与实际业务认知不符。如图 5-21 所示，虽然该变量有单调的趋势，仍需要被剔除。该部分在第 6 章中不再赘述。

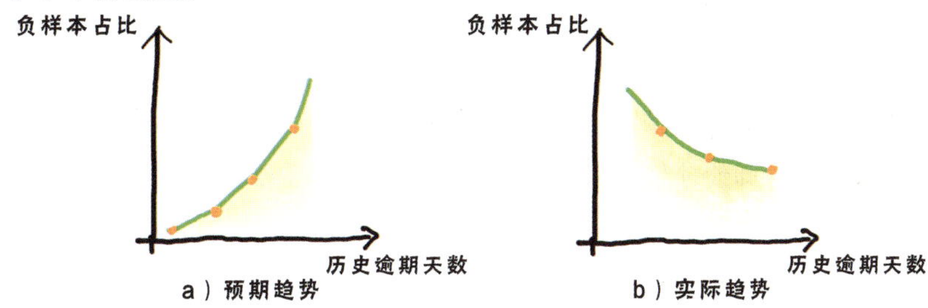

图 5-21　剔除相反趋势的变量

5.3.6 WOE 映射

分箱后对 WOE 进行映射的逻辑较为简单，直接调用函数 toad.transform.WOETransformer()即可利用前文得到的分箱结果，按照 WOE 公式进行映射，在 6.5 节中有完整的使用案例。

```
T = toad.transform.WOETransformer()
dev_slct2_woe = t.fit_transform(data_tr2,data_tr2 ['creditability'],
                                exclude = ex_lis)
off_woe = t.transform(off3 [dev_slct3.columns])
```

5.4 本章小结

本章介绍了建模前的 EDA 过程和特征工程中的特征生成与变换。特征 WOE 映射的主要难点在于特征分箱，即使使用卡方分箱进行处理，仍然需要人工干预。然而手动调整的过程通常较为耗时，因此通常先使用多种特征筛选方法进行降维。在建模的最后步骤中，建模人员再对特征进行精细化调整。

第 6 章　特征筛选与建模

之前一直用做菜来比喻建模过程。但是建模与做菜有一个很大的不同点，就是建模过程会涉及特征的筛选。相当于，在做菜的过程中，要不停地品尝菜品味道的变化，那些让味道变差的材料，我们要从中去掉。这是因为建模的过程中没有“菜谱”可以参考，需要从业者不停地调整食材的配比。

嘿嘿，这里我懂，这章我来讲。

数据质量与特征工程在一定程度上决定了模型的好坏。但是特征并不是越多越好，通常特征越多，模型就需要越多的样本进行学习，这样才能保证模型不会过拟合。通常评分卡模型的特征筛选主要从以下 5 个角度出发：1）特征缺失率；2）特征对标签区分的贡献程度；3）特征之间的相关性；4）特征单调性；5）稳定性。本章依次介绍相应的筛选方法。

6.1 初步筛选

初步筛选就是粗筛选。用来筛掉那些明显对建模目标帮助不大的特征。

特征的初步筛选通常从 3 个角度进行：1）缺失率；2）信息量；3）特征之间的相关度。通常初步筛选需要重复多次，因为随着变量的精细化调整，其部分指标有可能增大至超过阈值。如变量相关性可能随着分箱的个数减少而显著增大。由于特征变换过程涉及缺失值处理，通常初步筛选过程要先于特征变换过程，否则统计缺失率将失去意义。

6.1.1 缺失率

特征缺失率，即训练样本在当前特征上的缺失占比。由于缺失较多的特征在该维度的特征空间中没能携带充分的信息，通常需要对缺失率较高的特征进行清洗。数据挖掘技术中，常见的清洗规则如表 6-1 所示。

表 6-1 缺失率与对应处理方法

缺失率	处理方法
70% 以上	删除特征
50% ~70%	将是否缺失，作为单独的特征
50% 以下	通过中值、均值、众数、0、-1 等值填补

由于各平台业务要求及数据质量不同，上述规则不能保证普遍适用。在 4.1.3 节中我们简要介绍过，由于信贷领域的缺失值有可能代表着一类单独的信息，缺失值填补时通常需要使用单独的编码。如离散变量，通常使用一个单独的标记（如 -100、Null 等）来区分缺失。连续型变量通常需要通过缺失值填补修正 Bivar 图，在 5.3.4 节中有相关介绍。

6.1.2 信息量

信息量（Information Value，IV）定义为特征 WOE 编码的加权求和。WOE 编码公式如下：

$$woe_i = \ln\left(\frac{p_{y_i}}{p_{n_i}}\right)$$

IV 的定义为：

$$iv_i = (p_{y_i} - p_{n_i}) \times woe_i$$

$$IV = \sum iv_i$$

其中 p_{y_i} 和 p_{n_i} 的定义与 WOE 编码中完全相同。单个特征的 IV 等于该特征每个取值对应的 iv_i 的累加。从公式上看，IV 衡量的是变量不同取值样本标签的分布差异，可以从一定程度上反映单特征对标签区分的贡献度。其具体使用阈值如表 6-2 所示。

表 6-2 IV 阈值表

IV 阈值	效果及使用
0.02 以下	不具有有效信息，从数据集中剔除该变量
0.02 ~0.5	具有有效信息，将该变量用于模型训练
0.5 以上	包含大量有效信息。不参与模型训练，单独作为一条规则使用

业内通常认为，当 IV 小于 0.02 时，该特征不具有有效信息；当 IV 在 0.02 至 0.5 之间时，该特征具有有效信息，IV 越大，模型效果越好；然而当 IV 大于 0.5 时，该特征非常显著，因此应单独取出作为规则。也就是说，期望模型中尽可能使用区分度相对较弱的特征，将多个弱特征组合，得到评分卡模型作为决策依据之一。

6.1.3 相关性

对线性回归模型，

$$Y = \beta_0 + \beta_1 x_1 + \cdots + \beta_p x_p + \varepsilon$$

这里有一条基本假设是自变量 x_1，x_2，…，x_p 之间不存在严格的线性关系，否则，会对回归参数估计带来严重影响。因此需要对相关系数较大的特征进行筛选，只保留其中对标签区分贡献度最大的特征，即保留每个特征二元组中 IV 较大的特征。

皮尔逊相关系数（Pearson Correlation Coefficient）常用来衡量两个向量间的线性关系。对于随机变量 X 和 Y，其公式定义为：

$$r(X,Y) = \frac{\mathrm{Cov}(X,Y)}{\sqrt{\mathrm{Var}(X)\mathrm{Var}(Y)}}$$

其中，$\mathrm{Cov}(X, Y)$ 为 X 与 Y 的协方差，$\mathrm{Var}(X)$ 为 X 的方差，$\mathrm{Var}(Y)$ 为 Y 的方差。皮尔森相关系数是协方差与标准差的比值，在求该系数以后，通常还会用 t 检验之类的方法对其进行检验。t 检验是基于数据呈正态分布的假设的，因此通常希望数据服从正态分布。

Python 中的代码实现如下：

```
# 皮尔逊相关系数
X.corr(Y1, method = "pearson")
```

斯皮尔曼相关系数（Spearman Correlation Coefficient）通常也叫斯皮尔曼秩相关系数。“秩”可以理解为一种顺序或排序，它就是根据原始数据的排序位置进行求解。其计算公式为：

$$r_s = 1 - \frac{6\sum d_i^2}{n(n^2 - 1)}$$

其中，n 表示数据的数量，d_i 表示两个数据次序的差值，即 $d_i = \mathrm{rg}(X_i) - \mathrm{rg}(Y_i)$。

因为是定序的，所以不用管 X 和 Y 这两个变量具体的值到底差了多少，只需要算一下它们所处的排列位置的差值，就可以求出其相关系数。

Python 中计算斯皮尔曼相关系数如下：

```
#斯皮尔曼相关系数
d =(X.sort_values().index - Y.sort_values().index)** 2
dd = d.to_series().sum()
P = 1 - n* dd / (n* (n ** 2 - 1))
```

肯德尔相关系数（Kendall Correlation Coefficient）又称肯德尔秩相关系数，它也是一种秩相关系数，不过它计算的对象是分类变量。分类变量可以理解成有类别的变量，可以分为两类：无序的，比如性别、省份、城市等；有序的，比如学历等级等。

计算肯德尔相关系数，通常需要保证参与计算的变量都是有序分类变量。其公式为：

$$r_k = \frac{C - D}{\frac{1}{2}N(N-1)}$$

其中，C 表示变量 X 和 Y 中拥有一致性的元素对数（两个元素为一对），D 表示变量 X 和 Y 中拥有不一致性的元素对数。

Python 中计算肯德尔相关系数如下：

```
#肯德尔相关系数
x.corr(y, method = "kendall")
```

目前为止，本节共介绍了 3 类特征筛选方法，分别为缺失率、信息量、相关性。下一节会介绍如何通过一个函数，自动实现上述 3 种特征筛选方法。

6.1.4 代码实现

调用 toad 库中的 selection 模块，可以直接通过缺失值、信息量、相关系数实现特征的初步筛选。代码逻辑非常简单，且速度较快，如下所示。

```
import toad
"""
```

```
特征筛选
empty:缺失率上限
iv:信息量
corr:相关系数
return_drop:返回删除特征
exclude:不参与筛选的变量名
"""
dev_slct1, drop_lst = toad.selection.select(
            dev, dev['bg_result_compensate'],
            empty = 0.7, iv = 0.02,
            corr = 0.7, return_drop = True,
            exclude = ex_lis)
print("keep:", dev_slct1.shape[1],
   "drop empty:", len(drop_lst['empty']),
   "drop iv:", len(drop_lst['iv']),
   "drop corr:", len(drop_lst['corr']))
```

运行结果为：

```
keep: 31 drop empty: 10 drop iv: 50 drop corr: 30
```

即最终模型剩余特征 31 个；通过缺失率删除特征 10 个；通过 IV 小于 0.02 删除特征 50 个；在相关性大于 0.7 的特征二元组中，删除每组中 IV 较小的特征，共计 30 个。

6.2 逐步回归

逐步回归就是一个一个地去尝试，好用的特征放进来，不好用的特征丢出去。

逐步回归（Stepwise Regression）是一种线性回归模型自变量选择方法，其基本思想是，贪心地遍历所有变量最优组合，以保证最终模型的变量组合为最优。该过程涉及多次 F 检验。

6.2.1 F 检验

F 检验又称联合假设检验（Joint Hypotheses Test），它认为，在零假设（Null Hypothesis，H0）之下，统计值应该服从 F 分布。F 检验通常用来分析多参数的统计模型，以判断该模型中的部分参数是否适合用来估计总体样本分布。

样本标准偏差的平方定义为：

$$S^2 = \sum (x - \bar{x})^2/(n - 1)$$

对于两个不同的数据分布可以计算得到两个样本标准偏差 S_1^2 和 S_2^2，其 F 值定义为：

$$F = S_1^2/S_2^2$$

然后比较得到的 F 值与查表得到的 $F_{标准}$ 值。如果 $F < F_{标准}$，代表两个分布无显著差异；$F \geq F_{标准}$，代表两个分布有显著差异。

在逐步回归的特征筛选过程中，通过将 F 检验显著的变量逐渐引入模型，或将 F 检验不显著的变量逐渐剔出模型，使得最终模型的变量整体显著性较强。

6.2.2 常见逐步回归策略

逐步回归通常有如下三种策略。

- 前向选择（Forward Selection）：初始情况下，模型中只有一个 F 检验显著性最高的变量，之后尝试加入另一个 F 检验显著性最高的变量。上述过程不断迭代，直至没有变量满足放入模型的条件。
- 后向消除（Backward Elimination）：与前向选择相反。首先将所有变量同时放入模型，然后将其中 F 检验显著性最低的变量从模型中剔除。上述过程不断迭代，直至没有变量满足剔出模型的条件。
- 双向消除（Bidirectional Elimination）：将前向选择与后向消除同时进行。模型中每加入一个自变量，可能使得某个已放入模型的变量显著性减小。当其显著性小于阈值时，可将该变量从模型中剔除。双向消除即每增加一个新的显著变量的同时，检验整个模型中所有变量的显著性，将不显著变量剔除，从而得到最优的变量组合。

双向消除集成了前向选择与后向消除两种策略的优点，在实践中通常有更好的效果，因此，本书推荐使用这种方法。

6.2.3 检验标准

用于评价模型拟合优良性的指标有两种：赤池信息准则（Akaike Information Criterion，AIC）和贝叶斯信息准则（Bayesian Information Criterion，BIC）。

1. 赤池信息准则

AIC 是衡量统计模型拟合优良性的一种标准，由日本统计学家赤池弘次在 1974 年提出，它建立在熵的概念上，提供了权衡估计模型复杂度和拟合数据优良性的标准。

通常情况下，AIC 定义为：

$$AIC = 2k - 2\ln(L)$$

其中，k 是模型参数个数，L 是似然函数。从一组可供选择的模型中选择最佳模型时，通常选择 AIC 最小的模型。

当两个模型之间存在较大差异时，差异主要体现在似然函数项。当似然函数差异不显著时，上式第一项，即模型复杂度起作用，从而可见参数个数少的模型是较好的选择。

一般而言，当模型复杂度提高（即 k 增大）时，似然函数 L 也会增大，从而使 AIC 变小；但是当 k 过大时，似然函数增速减缓，导致 AIC 增大，模型过于复杂，容易造成过拟合现象。

目标要选取 AIC 最小的模型，AIC 不仅要提高模型拟合度（极大似然），而且引入了惩罚项，使模型参数尽可能少，这样有助于降低过拟合的可能性。

2. 贝叶斯信息准则

BIC 与 AIC 相似，主要用于模型选择。训练模型时，增加参数数量，也就是增加模型复杂度，会增大似然函数，但是也会导致过拟合现象。针对该问题，AIC 和 BIC 均引入了与模型参数个数相关的惩罚项，BIC 的惩罚项比 AIC 的大，考虑了样本数量，样本数量过多时，可有效防止模型精度过高造成的模型复杂度过高。

$$BIC = k\ln(n) - 2\ln(L)$$

其中，k 为模型参数个数，n 为样本数量，L 为似然函数。$k\ln(n)$ 惩罚项在维数过大且训练样本数据相对较少的情况下，可以有效避免出现维度灾难现象。

6.2.4 代码实现

调用 toad 库中的 selection 模块，实现逐步回归。本示例使用 AIC 作为检验标准，使用双向选择实施特征筛选。具体的案例可以参考 6.5 节。

```
"""
逐步回归
检验方法(criterion):'aic' 和 'bic' ,此处使用'aic'
"""
import toad
dev_woe_psi_stp = toad.selection.stepwise(
                  dev_woe_psi2,
                  dev_woe_psi2['bg_result_compensate'],
                  exclude = ex_lis,
                  direction = 'both',
                  criterion = 'aic')
```

6.3 稳定性

梅老师反复强调，风控模型对稳定性的重视程度很多时候甚至要超过准确度哦。那些使模型不稳定的特征，都要去掉。

在实际业务中，建模人员对模型稳定性的重视程度甚至超过模型的区分能力。通常风控领域使用群体稳定性指标（Population Stability Index，PSI）衡量特征及模型的稳定性。其基本含义为：计算同一指标在两个不同数据集上的分布差异，作为当前指标的稳定性指标。PSI公式定义为：

$$PSI = \sum_{i}\left((p_{\text{target}}^{i} - p_{base}^{i}) \times \ln\left(\frac{p_{\text{target}}^{i}}{p_{\text{base}}^{i}}\right)\right)$$

其中 p_{target}^{i} 为目标分布上第 i 箱中样本占总比，p_{base}^{i} 为基础分布上第 i 箱中样本占总比。首先将基础分布按照等频分箱策略进行10等分，然后对目标分布使用相同的阈值进行分箱。分别计算第 i 箱的 p_{target}^{i} 和 p_{base}^{i}，带入PSI公式即可得到两个分布的稳定性差异。

模型的稳定性很大程度上由特征稳定性决定，且不稳定的特征会导致模型的过拟合问题。用 p_{base}^{i} 和 p_{target}^{i} 用于表示当前特征的分箱占比，则可以计算出该特征的PSI值，用于评价特征的稳定性；若用 p_{base}^{i} 和 p_{target}^{i} 表示当前模型预测得分的分箱占比，则可以计算出模型的PSI值，用于衡量模型的稳定性。关于模型稳定性，在3.4.4节已经介绍过。

调用toad库中的metrics模块，根据特征的稳定性进行筛选。去掉PSI值大于0.02的特征。

```
"""
计算训练集与时间外验证样本的 PSI
删除 PSI 大于 0.02 的特征
"""
import toad
psi_df = toad.metrics.PSI(dev_slct4_woe, off_woe).sort_values(0)
psi_df = psi_df.reset_index()
psi_df = psi_df.rename(columns = {'index': 'feature', 0: 'psi'})

psi02 = list(psi_df[psi_df.psi < 0.02].feature)
for i in ex_lis:
  if i in psi02:
    pass
  else:
    psi02.append(i)
```

6.5节有完整的使用案例，这里先不展开讨论。

6.4 负样本分布图

负样本占比分布图分为两种，Bivar 图和负样本占比关联图。第 5 章也多次介绍了和 Bivar 图相关的概念以及调整方法。由于并非所有特征都可以按照 5.3.4 节和 5.3.5 节中的方法进行调整，使得最终 Bivar 图呈单调趋势，因此在调整过程中会人为地删除部分无法调整的特征。除了单调性要求外，建模人员还可以通过特征在不同数据集上的 Bivar 图关联趋势差异，进行特征筛选。

通过 toad 库中的 plot 模块，绘制不同数据集上的负样本占比关联图。x = 'type' 控制不同数据集的分类，target = 'bad_ind' 表示标签，而 by = 'sj_plate_province_name_woe' 控制当前分析特征为省份名 WOE 编码。

```
from toad.plot import proportion_plot,badrate_plot,bin_plot
badrate_plot(data,x = 'type',target = 'bad_ind',
             by = 'sj_plate_province_name_woe')
```

运行结果如图 6-1 所示。

图 6-1 描述了开发样本和时间外样本上，特征 'sj_plate_province_name_woe' 排序能力的差异。连线的交叉意味着，开发样本上的标签分布与时间外样本的标签分布差异较大。需要针对有差异的分箱进行合并。

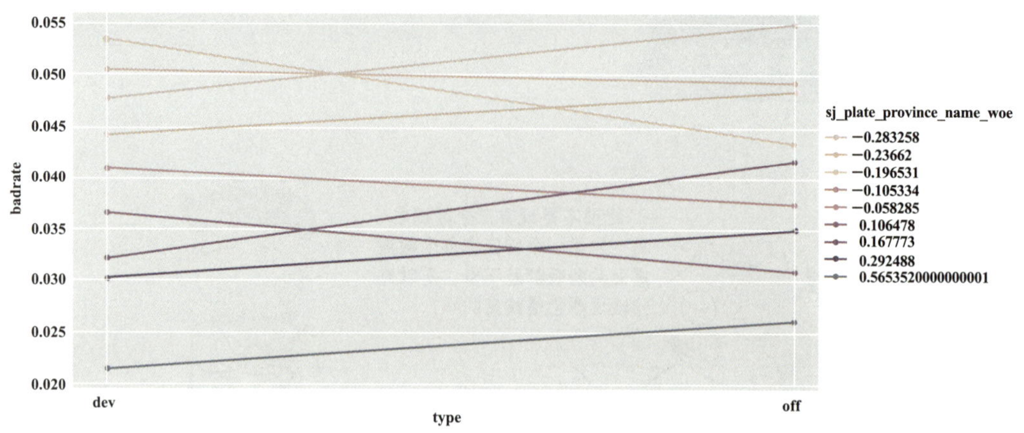

图 6-1 负样本分布图

接下来将相交的曲线所表示的分箱节点合并为同一箱，将排序混乱的箱阈值合并。

```
adj_bin = {'sj_plate_province_name_woe': [-0.105334, 0.292488,
            0.5653520000000001]}
combiner.set_rules(adj_bin)
# 分箱
data_c2 = combiner.transform(data, labels=True)

# 分箱后再次观察
badrate_plot(data_c2, x='type',target='bg_result_compensate',
              by='sj_plate_province_name_woe')
```

运行结果如图 6-2 所示。

调整后的特征排序能力在两个数据集上基本保持一致，此时该特征的过拟合倾向及稳定性大大提高。若无法将上述关联分布调整为多条不相交的线段，则可以将该特征删除。如上述案例中，特征在不同数据集上保持相同的分布形态，可以有效减少模型的泛化误差，减少模型的过拟合倾向。然而手动的箱调整会给予建模人员较大的工作压力，因此建议只在最终的特征精细化挑选过程中进行手动调整。

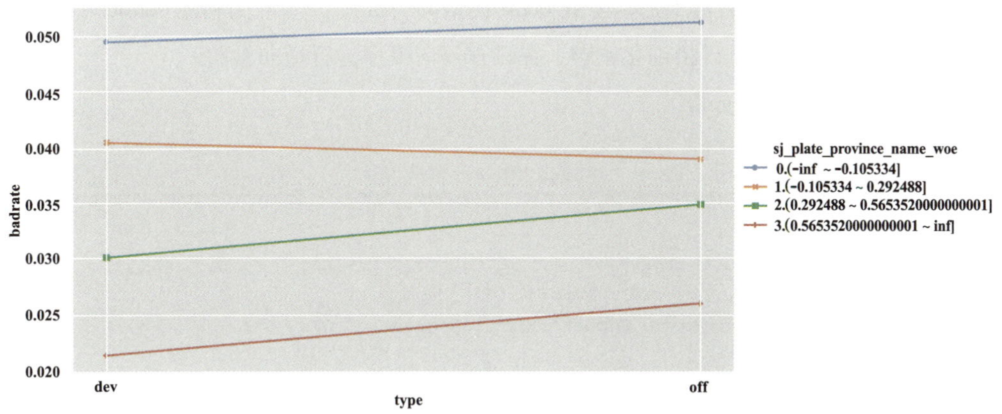

图 6-2 调整后的负样本分布图

待特征处理结束之后，接下来我们只需对现有数据分布进行拟合，即可得到具有预测能力的模型。用于 WOE 编码后的变量的负样本分布走势与建模人员对其的期望一致，因此当模型系数中出现负值时，需要重新训练模型。如果多次训练模型无法改善该问题，则需要将模型中系数为负的特征依次删除，并在每一次特征删除后重新训练模型，判断系数是否全部为正数。

6.5 评分卡案例

当特征筛选完成后，即可进行最终模型的训练。当然，如果最终模型的效果较差，仍需要返回至特征衍生与筛选过程，再次精细化调整以增强模型表现。

接下来我们使用逻辑回归模型与 XGBoost 模型同时训练。本案例利用 XGBoost 模型的特性辅助逻辑回归模型进行精细化调整，并设立双向模型进行逆向检验。

首先加载相应的 Python 库。

```
import pandas as pd
from sklearn.metrics import roc_auc_score,roc_curve,auc
from sklearn.model_selection import train_test_split
from sklearn.linear_model import LogisticRegression
import numpy as np
import math
import xgboost as xgb
import toad
```

加载数据。

```
# 加载数据
data_all = pd.read_csv("scorecard.txt")

# 指定不参与训练列名
ex_lis = ['uid', 'samp_type', 'bad_ind']
# 参与训练列名
ft_lis = list(data_all.columns)
for i in ex_lis:
  ft_lis.remove(i)
```

本案例只划分开发样本、验证样本与时间外样本。不单独设置第二个时间外样本用于检验。

```
# 开发样本、验证样本与时间外样本
dev = data_all[(data_all['samp_type'] = = 'dev')]
val = data_all[(data_all['samp_type'] = = 'val') ]
off = data_all[(data_all['samp_type'] = = 'off') ]
```

探索性数据分析，同时处理数值型和字符型。

```
toad.detector.detect(data_all)
```

结果概览如图 6-3 所示。

	type	size	missing	unique	mean_or_top1	std_or_top2	min_or_top3	1%_or_top4	10%_or_top5	50%_or_bottom5	75%_or_bottom4	90%_or_bottom3	99%_or_bottom2	max_or_bottom1
bad_ind	float64	95806	0.00%	2	0.0187671	0.135702	0	0	0	0	0	0	1	1
uid	object	95806	0.00%	95806	A11667741:0.00%	A371786:0.00%	A10058817:0.00%	A7536930:0.00%	A1392664:0.00%	A3195294:0.00%	A848040:0.00%	A10941965:0.00%	A4413374:0.00%	A13627617:0.00%
td_score	float64	95806	0.00%	95806	0.499739	0.288349	5.46966e-06	0.00961341	0.0997056	0.500719	0.747984	0.900024	0.990041	0.999999
jxl_score	float64	95806	0.00%	95806	0.499338	0.28885	1.28155e-05	0.00994678	0.0991025	0.499795	0.748646	0.899703	0.989348	0.999985
mj_score	float64	95806	0.00%	95806	0.50164	0.288679	6.92442e-06	0.0105076	0.100882	0.503048	0.752032	0.899308	0.990047	0.999993
rh_score	float64	95806	0.00%	95806	0.498407	0.287797	5.00212e-06	0.00991632	0.0999483	0.497466	0.747188	0.899286	0.989473	0.999986
zzc_score	float64	95806	0.00%	95806	0.500627	0.289067	1.15778e-05	0.0101856	0.0990114	0.501688	0.750986	0.899924	0.990043	0.999998
zcx_score	float64	95806	0.00%	95806	0.499672	0.289137	9.97767e-06	0.0103249	0.0997429	0.49913	0.750683	0.901942	0.989712	0.999987
person_info	float64	95806	0.00%	7	-0.078229	0.156859	-0.322581	-0.322581	-0.322581	-0.0537176	0.078853	0.078853	0.078853	0.078853
finance_info	float64	95806	0.00%	35	0.0367625	0.0396866	0.0238095	0.0238095	0.0238095	0.0238095	0.0238095	0.0714286	0.214286	1.02381
credit_info	float64	95806	0.00%	100	0.0636262	0.143098	0	0	0	0	0.06	0.18	0.8	1
act_info	float64	95806	0.00%	74	0.236197	0.157132	0.0769231	0.0769231	0.0769231	0.205128	0.346154	0.487179	0.615385	1.08974
samp_type	object	95806	0.00%	3	dev:68.16%	off:16.67%	val:15.16%	None	None	None	None	dev:68.16%	off:16.67%	val:15.16%

图 6-3　探索性数据分析结果

下面可以使用缺失率、IV、相关系数进行特征筛选。但是考虑到后续建模过程要对变量进行分箱处理，该操作会使变量的 IV 变小，变量间的相关性变大，因此此处可以对 IV 和相关系的阈值限制适当放松，或不做限制。

```
dev_slct1, drop_lst = toad.selection.select(dev, dev['bad_ind'],
                                            empty = 0.7, iv = 0.03,
                                            corr = 1,
                                            return_drop = True,
                                            exclude = ex_lis)
print("keep:", dev_slct1.shape[1],
      "drop empty:", len(drop_lst['empty']),
      "drop iv:", len(drop_lst['iv']),
      "drop corr:", len(drop_lst['corr']))
```

运行结果为：

```
keep: 12 drop empty: 0 drop iv: 1 drop corr: 0
```

根据卡方值进行分箱。

```
# 得到切分节点
combiner = toad.transform.Combiner()
combiner.fit(dev_slct1, dev_slct1['bad_ind'], method='chi',
                 min_samples=0.05, exclude=ex_lis)
# 导出箱的节点
bins = combiner.export()
print(bins)
```

画图观察每个变量在开发样本和时间外样本上的 Bivar 图，为方便阅读，这里只以单变量 act_info 做示范。

```
# 根据节点实施分箱
dev_slct2 = combiner.transform(dev_slct1)
val2 = combiner.transform(val[dev_slct1.columns])
off2 = combiner.transform(off[dev_slct1.columns])
# 分箱后通过画图观察
from toad.plot import  bin_plot, badrate_plot
bin_plot(dev_slct2, x='act_info', target='bad_ind')
bin_plot(val2, x='act_info', target='bad_ind')
bin_plot(off2, x='act_info', target='bad_ind')
```

运行结果如图 6-4 所示。

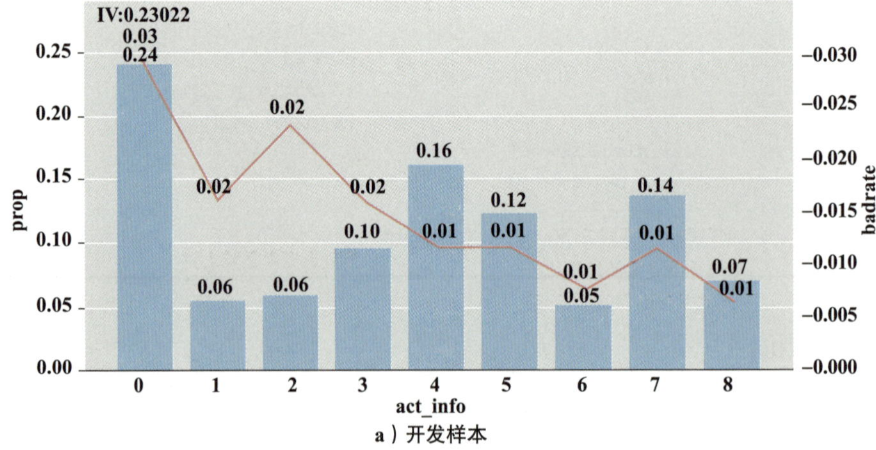

a）开发样本

图 6-4　变量 Bivar 图

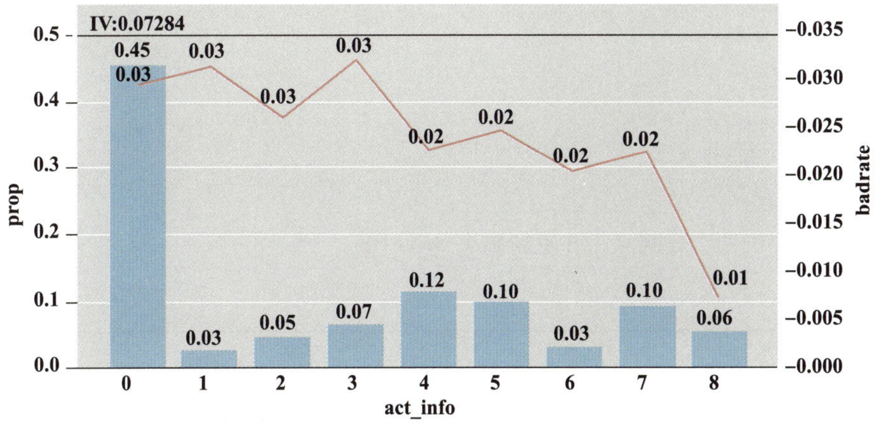

b）验证样本

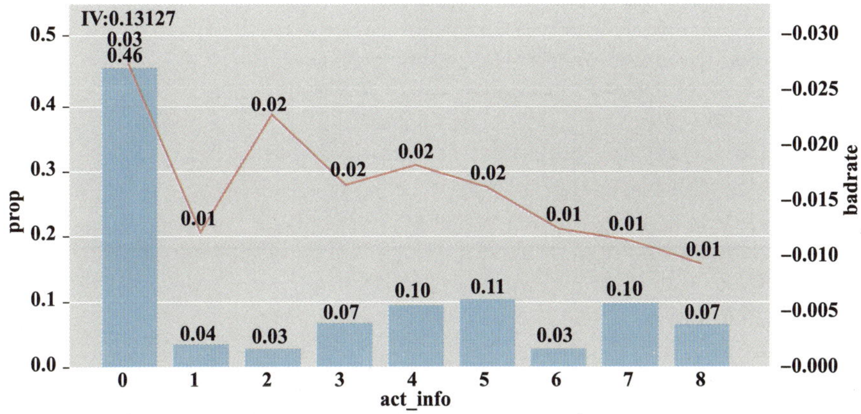

c）时间外样本

图 6-4　（续）

由于前 3 箱的变化趋势与整体不符（整体为递减趋势），因此在接下来的步骤中将其合并。第 4～6 箱合并，最后 3 箱进行合并。从而得到严格递减的变化趋势。

```
# 查看单箱节点
bins['act_info']
```

运行结果为：

```
[0.1153846153846154,
```

```
0.14102564102564102,
0.16666666666666666,
0.20512820512820512,
0.2692307692307692,
0.35897435897435903,
0.3974358974358974,
0.5256410256410257]
```

只保留需要的两个分割点，并重新画出 Bivar 图。

```
adj_bin = {'act_info': [0.16666666666666666,0.35897435897435903,]}
combiner.set_rules(adj_bin)

dev_slct3 = combiner.transform(dev_slct1)
val3 = combiner.transform(val[dev_slct1.columns])
off3 = combiner.transform(off[dev_slct1.columns])

# 画出 Bivar 图
bin_plot(dev_slct3, x = 'act_info', target = 'bad_ind')
bin_plot(val3, x = 'act_info', target = 'bad_ind')
bin_plot(off3, x = 'act_info', target = 'bad_ind')
```

运行结果如图 6-5 所示。

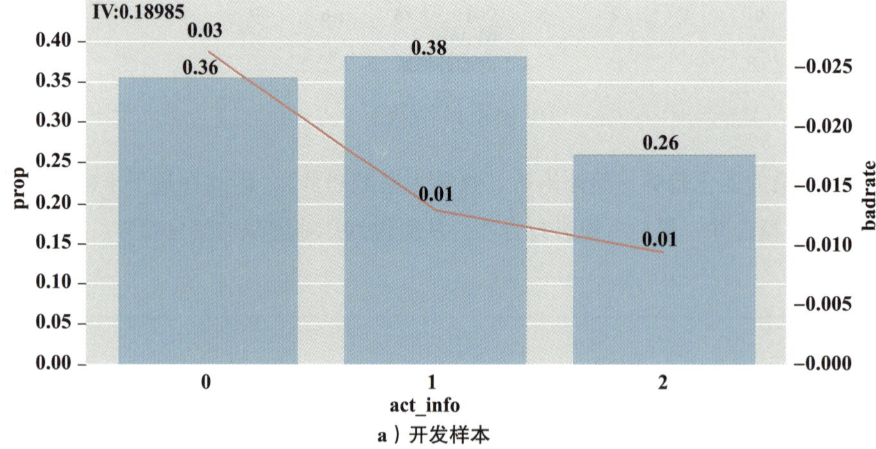

a）开发样本

图 6-5　合并后的 Bivar 图

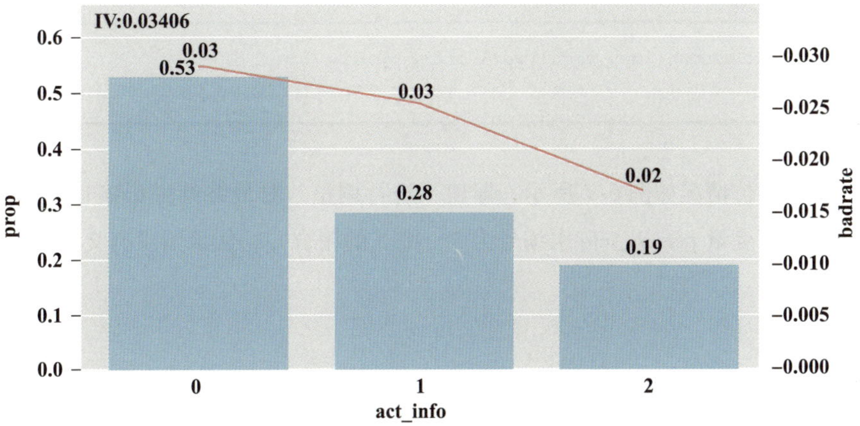

b）验证样本

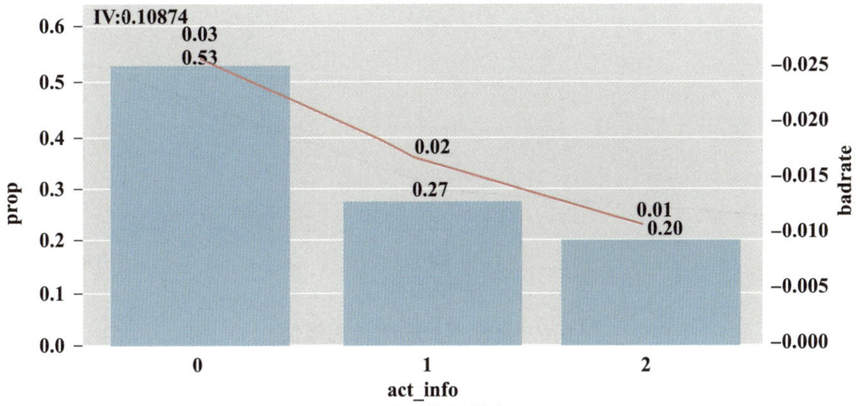

c）时间外样本

图 6-5　（续）

绘制负样本占比关联图。

```
data = pd.concat([dev_slct3,val3,off3], join = 'inner')
badrate_plot(data, x = 'samp_type', target = 'bad_ind', by = 'act_info')
```

运行结果如图 6-6 所示。图中的线段没有交叉，因此不需要对该特征的分组进行合并。实际上，有少量交叉也不会对结果造成明显的影响。该调整仅在错位严重的情况下进行。

```
1. data = pd.concat([dev_slct3,val3,off3], join='inner')
2. badrate_plot(data, x='samp_type', target='bad_ind', by='person_info')
```

如果变量错位情况如图6-7所示，即使不进行调整，对最终结果影响也并不是很大。但也可以考虑将变量person_info中编号为3、4、5的箱合并，使该图没有交叉。

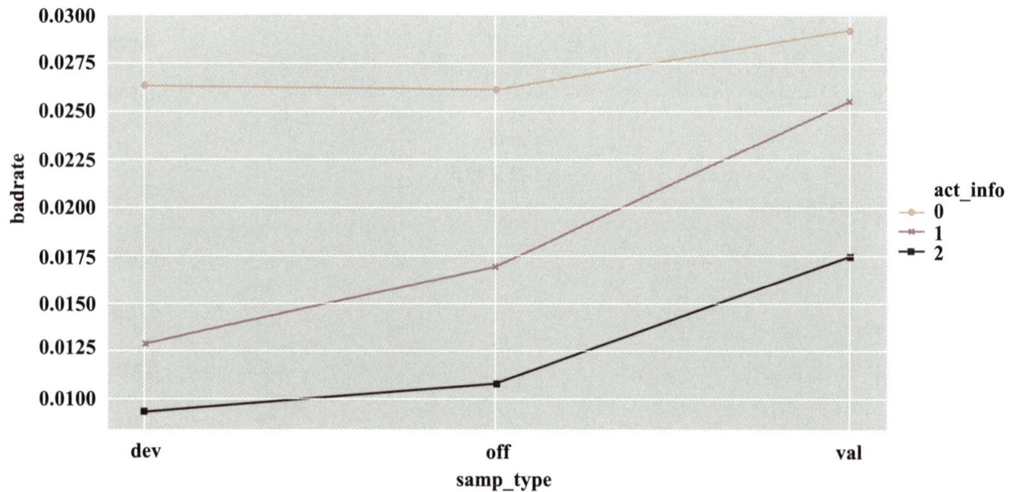

图6-6　负样本关联图（无错位）

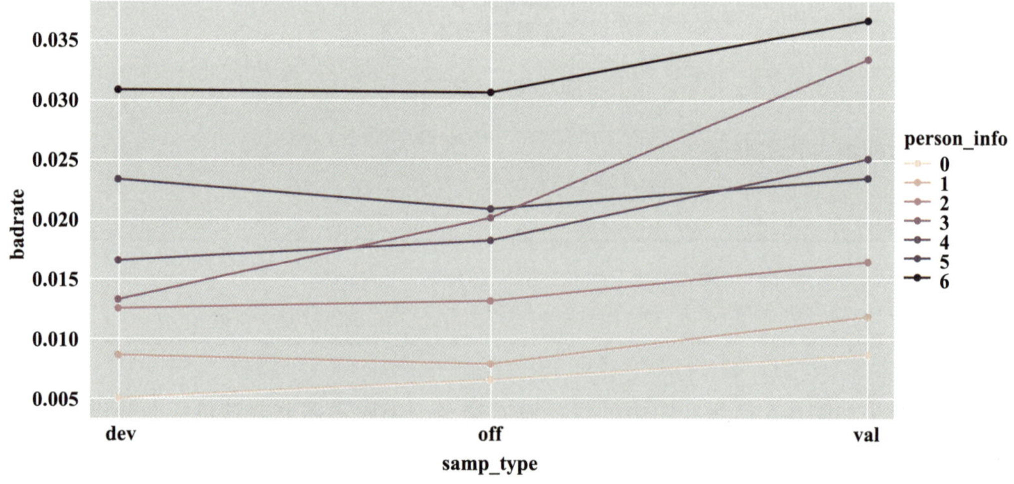

图6-7　负样本关联图（有错位）

按照上述分箱阈值，对样本做 WOE 编码。

```
t = toad.transform.WOETransformer()
dev_slct2_woe = t.fit_transform(dev_slct3, dev_slct3['bad_ind'],
                                exclude = ex_lis)
val_woe = t.transform(val3[dev_slct3.columns])
off_woe = t.transform(off3[dev_slct3.columns])
data = pd.concat([dev_slct2_woe, val_woe, off_woe])
```

计算训练集与时间外验证样本的 PSI，删除 PSI 大于 0.13 的特征。注意，通常单个特征的 PSI 值建议在 0.02 以下，根据具体情况可以适当调整。本案例因未仔细加工，变量 PSI 普遍较大，因此选择 0.13 作为阈值进行演示。

```
psi_df = toad.metrics.PSI(dev_slct2_woe, val_woe).sort_values(0)
psi_df = psi_df.reset_index()
psi_df = psi_df.rename(columns = {'index': 'feature', 0: 'psi'})
psi_013 = list(psi_df[psi_df.psi < 0.13].feature)
for i in ex_lis:
    if i in psi_013:
        pass
    else:
        psi_013.append(i)
data = data[psi_013]
dev_woe_psi = dev_slct2_woe[psi_013]
val_woe_psi = val_woe[psi_013]
off_woe_psi = off_woe[psi_013]
print(data.shape)
```

运行结果为：

```
(95806, 11)
```

由于卡方分箱后部分变量的 IV 降低，且整体相关程度增大，需要再次筛选特征。这里使用的 IV 和相关系数阈值较实际建模场景都偏小，主要是因为演示数据并非真实数据，还请读者注意。

```
dev_woe_psi2, drop_lst = toad.selection.select(dev_woe_psi,
                                               dev_woe_psi['bad_ind'],
                                               empty=0.6,
                                               iv=0.001,
                                               corr=0.5,
                                               return_drop=True,
                                               exclude=ex_lis)
print("keep:", dev_woe_psi2.shape[1],
      "drop empty:", len(drop_lst['empty']),
      "drop iv:", len(drop_lst['iv']),
      "drop corr:", len(drop_lst['corr']))
```

运行结果为：

```
keep: 7 drop empty: 0drop iv: 4 drop corr: 0
```

使用逐步回归进行特征筛选，使用线性回归模型，并选择 AIC 作为评价指标。

```
dev_woe_psi_stp = toad.selection.stepwise(dev_woe_psi2,
                                          dev_woe_psi2['bad_ind'],
                                          exclude=ex_lis,
                                          direction='both',
                                          criterion='aic',
                                          estimator='ols',
                                          intercept=False)
val_woe_psi_stp = val_woe_psi[dev_woe_psi_stp.columns]
off_woe_psi_stp = off_woe_psi[dev_woe_psi_stp.columns]
data = pd.concat([dev_woe_psi_stp, val_woe_psi_stp, off_woe_psi_stp])
print(data.shape)
```

运行结果为：

```
(95806, 6)
```

接下来定义函数用于模型训练。

1. 定义逻辑回归函数。

```
def lr_model(x, y, valx, valy, offx, offy, C):
    model = LogisticRegression(C=C, class_weight='balanced')
    model.fit(x,y)

    y_pred = model.predict_proba(x)[:,1]
    fpr_dev,tpr_dev,_ = roc_curve(y, y_pred)
    train_ks = abs(fpr_dev - tpr_dev).max()
    print('train_ks : ', train_ks)

    y_pred = model.predict_proba(valx)[:,1]
    fpr_val,tpr_val,_ = roc_curve(valy, y_pred)
    val_ks = abs(fpr_val - tpr_val).max()
    print('val_ks : ', val_ks)

    y_pred = model.predict_proba(offx)[:,1]
    fpr_off,tpr_off,_ = roc_curve(offy, y_pred)
    off_ks = abs(fpr_off - tpr_off).max()
    print('off_ks : ', off_ks)

    from matplotlib import pyplot as plt
    plt.plot(fpr_dev, tpr_dev, label='dev')
    plt.plot(fpr_val, tpr_val, label='val')
    plt.plot(fpr_off, tpr_off, label='off')
    plt.plot([0,1], [0,1], 'k--')
    plt.xlabel('False positive rate')
    plt.ylabel('True positive rate')
    plt.title('ROC Curve')
    plt.legend(loc='best')
    plt.show()
```

2. 定义 XGBoost 函数。其作用主要为检验当前特征集合是否有进行特征组合的必要。经过分箱与 WOE 映射后，如果 XGBoost 模型的效果仍明显高于逻辑回归模型，则认为现有特征需要再次进行特征组合。组合方法和 5.2.2 节一致。

```
def xgb_model(x, y, valx, valy, offx, offy):
    model = xgb.XGBClassifier(learning_rate=0.05,
```

```
                              n_estimators=400,
                              max_depth=2,
                              class_weight='balanced',
                              min_child_weight=1,
                              subsample=1,
                              nthread=-1,
                              scale_pos_weight=1,
                              random_state=1,
                              n_jobs=-1,
                              reg_lambda=300)
model.fit(x, y)

y_pred = model.predict_proba(x)[:,1]
fpr_dev,tpr_dev,_ = roc_curve(y, y_pred)
train_ks = abs(fpr_dev - tpr_dev).max()
print('train_ks : ', train_ks)

y_pred = model.predict_proba(valx)[:,1]
fpr_val,tpr_val,_ = roc_curve(valy, y_pred)
val_ks = abs(fpr_val - tpr_val).max()
print('val_ks : ', val_ks)

y_pred = model.predict_proba(offx)[:,1]
fpr_off,tpr_off,_ = roc_curve(offy, y_pred)
off_ks = abs(fpr_off - tpr_off).max()
print('off_ks : ', off_ks)

from matplotlib import pyplot as plt
plt.plot(fpr_dev, tpr_dev, label='dev')
plt.plot(fpr_val, tpr_val, label='val')
plt.plot(fpr_off, tpr_off, label='off')
plt.plot([0,1], [0,1], 'k--')
plt.xlabel('False positive rate')
plt.ylabel('True positive rate')
plt.title('ROC Curve')
plt.legend(loc='best')
plt.show()
```

定义函数调用上述模型。

```
def bi_train(data, dep='bad_ind', exclude=None):
    from sklearn.preprocessing import StandardScaler
```

```
std_scaler = StandardScaler()
# 变量名
lis = list(data.columns)
for i in exclude:
    lis.remove(i)
data[lis] = std_scaler.fit_transform(data[lis])
devv = data[(data['samp_type'] = = 'dev')]
vall = data[(data['samp_type'] = = 'val')]
offf = data[(data['samp_type'] = = 'off')]
x, y = devv[lis], devv[dep]
valx, valy = vall[lis], vall[dep]
offx, offy = offf[lis], offf[dep]
# 逻辑回归正向
print("逻辑回归正向:")
lr_model(x, y, valx, valy, offx, offy, 0.1)
# 逻辑回归反向
print("逻辑回归反向:")
lr_model(offx, offy, valx, valy, x, y, 0.1)
# XGBoost 正向
print("XGBoost 正向:")
xgb_model(x, y, valx, valy, offx, offy)
# XGBoost 反向
print("XGBoost 反向:")
xgb_model(offx, offy, valx, valy, x, y)
```

其中 XGBoost 模型和逻辑回归模型各调用了两次，分别为正向调用和逆向调用。其差异在于，正向调用通过对开发样本的学习得到模型，并在时间外样本上检验效果；而逆向调用使用时间外样本作为训练集，检验当前模型的效果上限。

如果在逆向模型中，训练集 KS 值明显小于正向模型中的训练集 KS 值，则认为当前时间外样本分布与开发样本差异较大，需要重新划分样本集。这种情况通常发生于样本量较小的建模中。

调用上述函数进行模型训练。

```
c_train(data, dep = 'bad_ind', exclude = ex_lis)
```

运行结果如图 6-8 ~ 图 6-11 所示。

```
逻辑回归正向：
train_ks :  0.41733648227995124
val_ks :  0.3593935758405114
off_ks :  0.3758086175640308
```

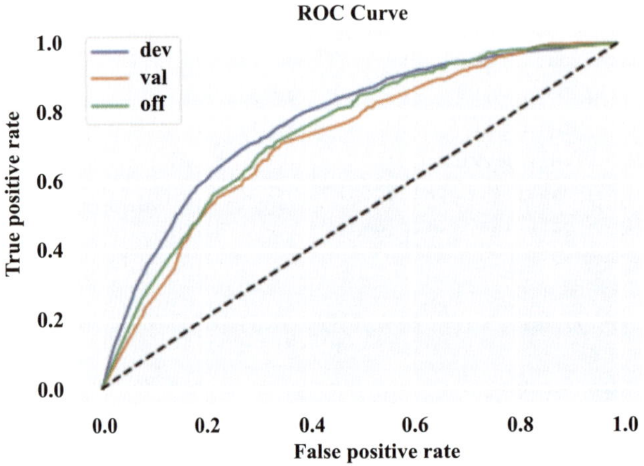

图 6-8　逻辑回归正向模型 ROC 曲线

```
逻辑回归逆向：
train_ks :  0.3892612859630226
val_ks :  0.3717891855920369
off_ks :  0.4061965880072622
```

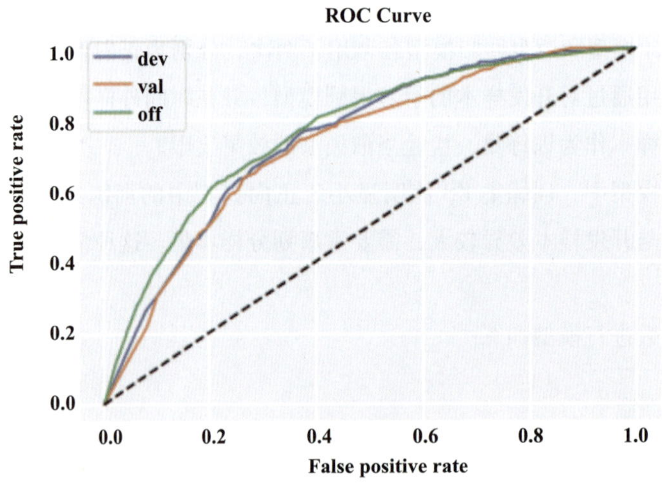

图 6-9　逻辑回归逆向模型 ROC 曲线

```
XGBoost 正向:
train_ks :  0.42521927400747045
val_ks :  0.3595542266920359
off_ks :0.37437103192850807
```

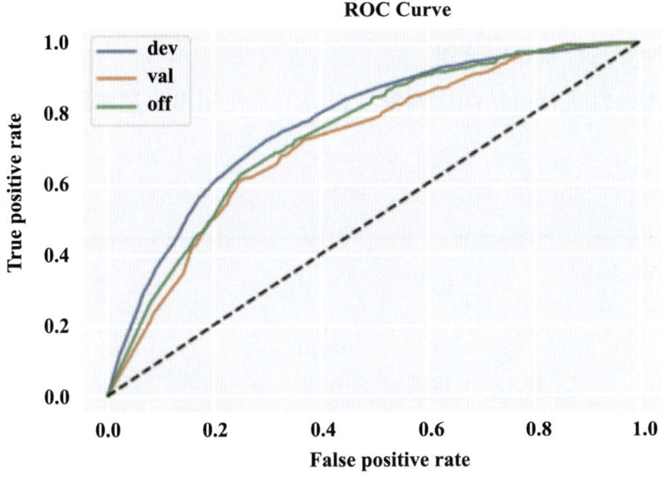

图 6-10　XGBoost 正向模型 ROC 曲线

```
XGBoost 逆向:
train_ks :  0.3939473708822855
val_ks :  0.3799497614606668
off_ks :  0.3936270948436908
```

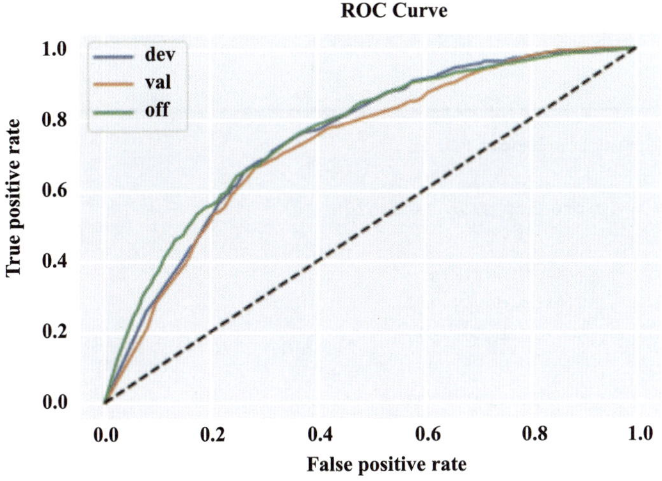

图 6-11　XGBoost 逆向模型 ROC 曲线

通过模型结果可以看出，XGBoost 模型的效果并没有明显高于逻辑回归模型，因此当前特征不需要再进行组合。而逆向调用逻辑回归模型的训练集结果，并没有显著好于正向调用的时间外样本结果，因此该模型在当前特征空间下几乎没有更多的优化空间了。此外，正向逻辑回归模型的结果训练集 KS 值，与时间外样本 KS 值的差值在 5% 以内，因此不需要调整跨时间稳定性较差的变量。

假设当前模型已经进行过精细化调整了，接下来使用单个逻辑回归模型进行拟合。全部使用默认参数。

```
dep = 'bad_ind'
lis = list(data.columns)
for i in ex_lis:
  lis.remove(i)
devv = data[data['samp_type'] = = 'dev']
vall = data[data['samp_type'] = = 'val']
offf = data[data['samp_type'] = = 'off' ]
x, y = devv[lis], devv[dep]
valx, valy = vall[lis], vall[dep]
offx, offy = offf[lis], offf[dep]
lr = LogisticRegression()
lr.fit(x, y)
```

分别计算 F1 分数、KS 值和 AUC 值。

```
from toad.metrics import KS, F1, AUC

prob_dev = lr.predict_proba(x)[:,1]
print('训练集')
print('F1:', F1(prob_dev,y))
print('KS:', KS(prob_dev,y))
print('AUC:', AUC(prob_dev,y))

prob_val = lr.predict_proba(valx)[:,1]
print('跨时间')
print('F1:', F1(prob_val,valy))
print('KS:', KS(prob_val,valy))
print('AUC:', AUC(prob_val,valy))
```

```python

prob_off = lr.predict_proba(offx)[:,1]
print('跨时间')
print('F1:', F1(prob_off,offy))
print('KS:', KS(prob_off,offy))
print('AUC:', AUC(prob_off,offy))
```

运行结果为：

```
训练集
F1: 0.02962459026532253
KS: 0.4151557002935043
AUC: 0.7713247123864264
跨时间
F1:0.027689429373246022
KS: 0.36276218237714525
AUC: 0.7225727568398459
跨时间
F1: 0.032454090150250414
KS: 0.38380730662933904
AUC: 0.7435613582904539
```

从两个角度衡量稳定性，分别计算模型 PSI 和单变量 PSI。

```python
print('模型 PSI:',toad.metrics.PSI(prob_dev,prob_off))
print('特征 PSI:','\n',toad.metrics.PSI(x,offx).sort_values(0))
```

运行结果为：

```
模型 PSI: 0.34091667386100255
特征 PSI:
credit_info    0.098585
act_info       0.124820
person_info    0.127833
dtype: float64
```

生成模型时间外样本的 KS 报告。

```
toad.metrics.KS_bucket(prob_off,offy,
                       bucket=10,
                       method='quantile')
```

运行结果如图 6-12 所示。

	min	max	bads	goods	total	bad_rate	good_rate	odds	bad_prop	good_prop	total_prop	cum_bads	cum_goods	cum_total	cum_bads_prop	cum_goods_prop	cum_total_prop	ks
0	0.001896	0.003834	3.0	1256.0	1259.0	0.002383	0.997617	0.002389	0.009146	0.080271	0.078811	3.0	1256.0	1259.0	0.009146	0.080271	0.078811	-0.071125
1	0.004015	0.005435	3.0	1554.0	1557.0	0.001927	0.998073	0.001931	0.009146	0.099316	0.097465	6.0	2810.0	2816.0	0.018293	0.179587	0.176275	-0.161294
2	0.006425	0.008777	10.0	1840.0	1850.0	0.005405	0.994595	0.005435	0.030488	0.117594	0.115806	16.0	4650.0	4666.0	0.048780	0.297182	0.292081	-0.248401
3	0.008794	0.010975	12.0	1258.0	1270.0	0.009449	0.990551	0.009539	0.036585	0.080399	0.079499	28.0	5908.0	5936.0	0.085366	0.377580	0.371581	-0.292215
4	0.011082	0.018079	27.0	2004.0	2031.0	0.013294	0.986706	0.013473	0.082317	0.128076	0.127136	55.0	7912.0	7967.0	0.167683	0.505656	0.498717	-0.337973
5	0.018124	0.018124	0.0	41.0	41.0	0.000000	1.000000	0.000000	0.000000	0.002620	0.002567	55.0	7953.0	8008.0	0.167683	0.508276	0.501283	-0.340593
6	0.018480	0.029352	62.0	3101.0	3163.0	0.019602	0.980398	0.019994	0.189024	0.198185	0.197997	117.0	11054.0	11171.0	0.356707	0.706461	0.699280	-0.349754
7	0.030007	0.037698	41.0	1435.0	1476.0	0.027778	0.972222	0.028571	0.125000	0.091711	0.092394	158.0	12489.0	12647.0	0.481707	0.798172	0.791674	-0.316465
8	0.038056	0.058383	43.0	1007.0	1050.0	0.040952	0.959048	0.042701	0.131098	0.064357	0.065728	201.0	13496.0	13697.0	0.612805	0.862530	0.857402	-0.249725
9	0.062328	0.094348	127.0	2151.0	2278.0	0.055751	0.944249	0.059042	0.387195	0.137470	0.142598	328.0	15647.0	15975.0	1.000000	1.000000	1.000000	0.000000

图 6-12 KS 表

接下来就是评分卡离线建模的最后一步，将数据集合并后，利用 ScoreCard 函数重新训练并生成评分卡。该函数内嵌逻辑回归模型，其参数可以通过 ScoreCard 函数的参数进行指定。参数名和 sklearn 中的逻辑回归模型参数相同。

```
from toad.scorecard import ScoreCard
card = ScoreCard(combiner=combiner,
                 transer=t, C=0.1,
                 class_weight='balanced',
                 base_score=600,
                 base_odds=35,
                 pdo=60,
                 rate=2)
card.fit(x,y)
final_card = card.export(to_frame=True)
final_card
```

运行结果如图 6-13 所示。

	name	value	score
0	credit_info	[-inf ~ 0.02)	158.02
1	credit_info	[0.02 ~ 0.04)	122.50
2	credit_info	[0.04 ~ 0.11)	73.93
3	credit_info	[0.11 ~ inf)	43.98
4	act_info	[-inf ~ 0.16666666666666666)	94.23
5	act_info	[0.16666666666666666 ~ 0.35897435897435903)	115.71
6	act_info	[0.35897435897435903 ~ inf)	125.37
7	person_info	[-inf ~ -0.2610139784946237)	172.74
8	person_info	[-0.2610139784946237 ~ -0.1286774193548387)	142.91
9	person_info	[-0.1286774193548387 ~ -0.05371756272401434)	123.73
10	person_info	[-0.05371756272401434 ~ 0.013863440860215051)	120.77
11	person_info	[0.013863440860215051 ~ 0.06266021505376344)	108.82
12	person_info	[0.06266021505376344 ~ 0.07885304659498207)	90.32
13	person_info	[0.07885304659498207 ~ inf)	75.45

图 6-13　评分卡概览图

截至目前，评分卡模型开发的大部分内容都已完成。最终评分卡生成过程涉及的模型校准将在第 8 章中进行系统介绍。

6.6　本章小结

本章介绍了多种特征筛选方法，用于对显著且分布稳定的特征进行挑选。此外，介绍了另一种特征分箱的调整思路。希望读者通过对本章的阅读，掌握评分卡建模中特征的基础筛选方法。为便于大家掌握，6.5 节介绍了一种基于双模型双向调用的评分卡建模案例。从第 7 章开始，我们将着重介绍模型的训练过程及后续监控与迭代策略。

第7章 拒绝推断

晚饭吃青椒炒肉。
不喜欢吃青椒。

不许挑食！你和你妈学学。

老妈做菜大概率选择自己爱吃的菜，这样得到“挑食”的结论是有偏差的。

以上就是幸存者偏差的含义。
那么如何补充妈妈对于没做过的那些菜品的感受呢?这就是拒绝推断啦。

风险分析的本质是使用部分样本分布估计总体分布。在风险建模的过程中，普遍存在着一个问题——幸存者偏差（Survivorship Bias）。其含义为，使用局部样本代替总体样本时，局部样本无法充分表征总体样本的分布信息，从而得到错误的总体估计。

7.1 偏差产生的原因

只根据放贷样本构建的风控模型往往偏于乐观，会低估风险，从而影响额度策略、风险定价、信贷审批等各个环节。回顾1.3节中的风险架构图，如图7-1所示。

在风控架构体系中，多次涉及样本被拒绝或客户流失等问题。由于风险分析得到的结果认为部分样本的预估表现较差，因此该部分样本无法获取有效的贷后信息，即无法参与未来的模型训练。缺少该部分低分人群的信息，对全局样本表示模型的影响非常大。因为当模型经过多次迭代后，其重要特征可能被逐渐弱化，甚至呈现出与原模型完全相反的负样本分布趋势。因此需要使用相应手段进行处理。

拒绝推断（Reject Inference）是一种对拒绝用户进行推理归纳，从而得到该部分样本标签分布的方法。常见的拒绝推断方法分为三种：数据验证、标签分裂、数据推断。本章分别对这三种方法进行介绍。

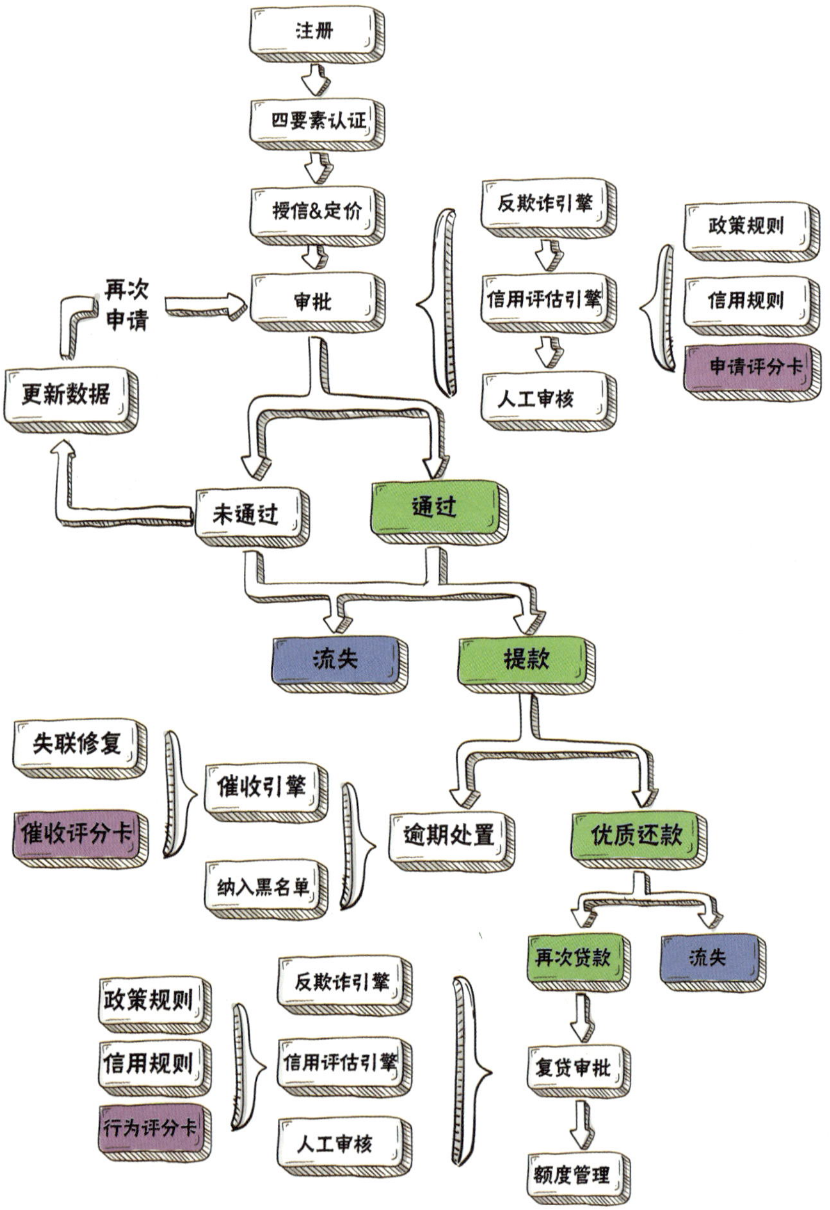

注册
四要素认证
授信&定价
审批
反欺诈引擎
信用评估引擎
人工审核
政策规则
信用规则
申请评分卡
再次申请
更新数据
未通过
通过
流失
提款
失联修复
催收评分卡
催收引擎
纳入黑名单
逾期处置
优质还款
再次贷款
流失
复贷审批
额度管理
政策规则
信用规则
行为评分卡
反欺诈引擎
信用评估引擎
人工审核

图 7-1　信贷风险架构

7.2 数据验证

据说，修正偏差最简单的方法就是数据验证了。

话是这样讲，不过有点心疼自己的钱包。

数据验证，又称为下探，即从拒绝样本中选取部分样本进行放款。以获得该部分样本的真实标签，从而带入评分卡模型进行监督学习。数据验证是最有效且实施起来非常简单的一种拒绝推断方法。通常为获取较为丰富的拒绝样本标签，可以将当前模型打分低于通过阈值的客群，按照预测分值排序后等频划分为10箱，然后从中分别抽取部分拒绝样本进行放款实验。

数据验证的缺点也非常明显。首先，数据验证本身是一个需要一定周期才能得到结果的方法。为将验证样本用于后续模型建模中，数据验证方案需要提前整个贷款周期，再加上逾期观察周期，预先实施。其次，拒绝样本中的负样本占比明显高于通过样本，因此该验证方法会对平台造成一定程度上的收益损失。但是获取该部分样本的信息，对未来模型的表现有极大帮助。因此需要在短期收益与长期风险控制中选择一个平衡点。

7.3 标签分裂

通常评分卡模型的标签定义方式较为统一，如历史最大逾期天数等。标签分裂（Label Split）方法期望将标签定义方法，拆分为多个和原始标签定义方法强相关的子方法。常见的标签分裂方法包括如下两类。

- 同生表现（Cohort Performance）：利用当前产品的拒绝原因、平台其他产品线的贷后表现，或其余机构的标注信息定义拒绝样本的伪标签。如将征信数据标记为黑的样本定义为负样本，或将信审人员审批结果作为真实负标签使用，又或者利用其历史表现判断该用户是否为负样本。其缺点有二：第一，不同平台对于标签的定义有差异，因此外部数据在很多情况下无法直接用于拒绝样本的伪标签定义；第二，平台其余产品的贷后表现较容易获得，而外部数据获取的成本较高，并且需要考虑数据的泄露问题及数据交互的合规性。
- 多规则交叉（Multiple Rule Cross）：由于规则制定通常使用 IV 较高的变量，其对负样本的挑选精准度较高。然而利用单规则阈值对样本进行的标记与模型低分直接标记无本质区别，因此通常使用多条关键规则进行交叉组合。将同时命中多条规则的用户标记为负样本。通常规则拒绝样本对模型训练的帮助较小，原因是该类样本在前置规则中已都被拒绝，无法参与后续模型评分。对于申请评分卡模型来说，规则拒绝样本可以从整体样本空间中剔除。然而规则也并非一成不变，如果不使用拒绝推断方法进行标注，在后续的规则迭代中同样存在偏差问题。

标签分裂的用途较广，本质上是一种基于业务思想的方法。在实际使用中，限制条件也较多。相较之下，基于数据的推断方法普适性更强，下面就来介绍几种基于数据的拒绝推断方法。

7.4 数据推断

目前为止，本章已经介绍了几种基于业务经验的推断方法。事实上，从业者常说的拒绝推断（Inference methods），通常是指通过数据分析方法修正模型的参数估计偏差。拒绝推断的主要意义是希望修正建模样本和实际全量样本之间的差异，本质上是为了降低模型参数估计的偏差。

拒绝推断场景下有如下三个概念。

- 已知好坏标签（Know Good Bad，KGB）样本：准入模型允许通过的样本集，已知标签。由 KGB 样本训练的模型又叫 KGB 模型。
- 未知标签（Inferred Good Bad，IGB）拒绝样本：准入模型拒绝的样本集，未知标签。由于 IGB 样本没有标签，通常不会用于训练模型。在部分方法中可能会生成伪标签，从而参与建模过程。
- 全量（All Good Bad，AGB）样本：包含 KGB 和 IGB 两部分的全量样本集。由该部分数据训练得到的模型又称 AGB 模型。

请牢记这三个概念，接下来的内容中会反复提到它们。下面来看一下常用的数据推断方法。

7.4.1 硬截断法

一种常见的思路是，直接使用 KGB 模型在拒绝样本上做预测，并将低分样本（如分数最低的20%样本）认为是负样本，带入模型进行估计，其余拒绝样本全部视为灰色样本，不予考虑。这种推断方法就叫作硬截断法（Hard Cutoff）。硬截断法假设“逾期”与“放款”之间相互独立。其示意图如图7-2所示。

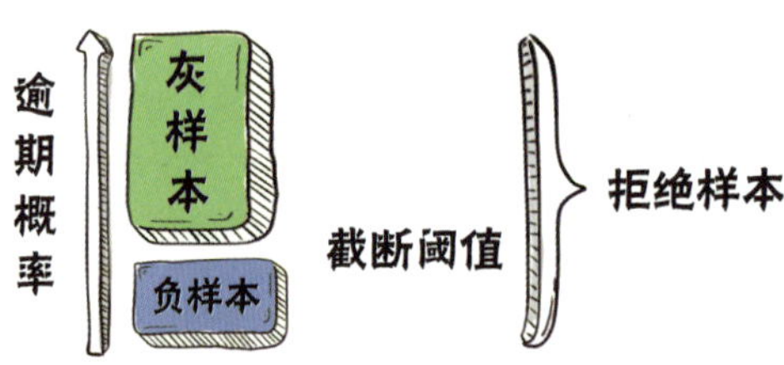

图7-2　硬截断法

利用KGB模型进行打分，按照逾期概率降序排列，选择截断点（cut-off）进行截断后，仅将截断点以下的蓝色部分作为负样本带入模型进行学习，从而修正模型的偏差。

接下来我们通过一个申请评分卡的例子，看看如何在Python中实现基于数据技巧的拒绝推断。首先加载相关库和数据。

```
# 加载相关库
from sklearn.linear_model import LogisticRegression
from sklearn.metrics import roc_curve
import pandas as pd
import numpy as np
import random
import math
import warnings
warnings.filterwarnings("ignore")
# 读取数据
data = pd.read_csv('Acard_reject.txt')
data.sample(5)
```

运行结果如图7-3所示，其中，前四列分别代表当前申请评分卡的自变量；第五列表示用户的标签，1表示逾期，0表示未逾期，-1表示模型拒绝，即逾期情况未知。

	person_info	finance_info	credit_info	act_info	bad_ind
1777	0.078853	0.023810	0.00	0.089744	0.0
71169	-0.053718	0.071429	0.02	0.076923	0.0
42161	-0.261014	0.023810	0.02	0.192308	0.0
22443	-0.322581	0.023810	0.00	0.320513	0.0
26207	0.078853	0.095238	0.06	0.269231	1.0

图 7-3 数据概览

根据 KGB 数据训练 KGB 模型。

```
# 有真实标签
kgb = data[data['bad_ind']! = -1].copy()
# 无标签拒绝样本
reject = data[data['bad_ind'] = = -1].copy()
# 所有样本
agb = data.copy()
# 指定变量名,使用逻辑回归模型进行拟合
feature_lst = ['person_info'  'finance_info',
               'credit_info', 'act_info']
x = kgb[feature_lst]
y = kgb['bad_ind']
lr_model = LogisticRegression(C=0.1)
lr_model.fit(x, y)
```

简单实现硬截断法。

```
# 负样本概率,越大越可能是负样本
reject['y_pred'] = lr_model.predict_proba(reject[feature_lst])[:,1]
# 0.8 分位点
thd = reject['y_pred'].quantile(0.8)
# 阈值以上硬截断为负样本
reject['bad_ind'] = reject['y_pred'].map(
                          lambda x :1 if x > = thd else -1)
# 只保留负样本
labeled = reject[reject['bad_ind'] = =1]
labeled = labeled.drop('y_pred', axis=1)
# 合并后重新建模
final = pd.concat([labeled, kgb], ignore_index=True)
x = final[feature_lst]
```

```
y = final['bad_ind']
lr_hard = LogisticRegression(C=0.1)
lr_hard.fit(x,y)
```

相比于 KGB 样本，IGB 客群的负样本占比更大。低分 IGB 样本的负样本占比相比于 IGB 客群也会更大，但仍有部分样本的真实标签应为正样本。在对精度较为敏感的风控系统中，硬截断法显然是不合理的。因此在实际项目中，通常使用多个差异化较大的模型进行交叉筛选，将多模型评分均较低的样本作为负样本。

由差异较大的多个模型组合进行判断，如分别使用逻辑回归模型、决策树模型进行投票或加权平均，可以有效减少误判的概率。模型融合的方法，可参考 3.8 节中使用 Combo 库的相关实现。

7.4.2 模糊展开法

与硬截断法类似的还有**模糊展开法**（Fuzzy Augmentation），同样假设“逾期”与“放款”之间相互独立。模糊展开法将每条拒绝样本复制为不同类别、不同权重的两条。假设当前有一个拒绝样本，KGB 模型预测其为负样本的概率为 0.8，为正样本的概率为 0.2，则分别生成两条新样本。第一个样本标签为负（'bad_ind'=1），权重为 0.8；第二个样本标签为正（'bad_ind'=0），权重为 0.2。将两条样本分别带入 AGB 模型进行训练。其概念如图 7-4 所示。

图 7-4　模糊展开法示意

在 Python 中简单实现模糊展开法。

```
# 复制样本
reject1 = reject.copy()
reject2 = reject.copy()
# 按照正负样本概率加权
reject1['weight'] = lr_model.predict_proba(reject1[feature_lst])[:,1]
reject2['weight'] = lr_model.predict_proba(reject2[feature_lst])[:,0]
# 合并
labeled = pd.concat([reject1, reject2], ignore_index=True)
# 为 KGB 样本设置权重
kgb['weight'] = 1
# 合并后重新建模
final = pd.concat([labeled, kgb], ignore_index=True)
x = final[feature_lst]
y = final['bad_ind']
lr_fuzz = LogisticRegression(C=0.1)
lr_fuzz.fit(x, y, sample_weight=final['weight'])
```

7.4.3 重新加权法

模糊展开法通过权重调整，修正模型的偏差，其效果与 AGB 模型的识别能力相关性较高。使用权重进行调整的拒绝推断方法还有**重新加权法**（Reweighting）。与前面的两种方法不同，重新加权法不使用拒绝样本进行学习，而仅利用其样本分布特点，调整原 KGB 数据集分布权重。

在重新加权法中，首先使用 KGB 模型获得 KGB 样本的逾期概率，并将逾期概率升序排列。接着等频分箱为 10 等份，分别计算每一个分箱中的负样本占比。然后将负样本占比乘以当前箱中的权重修正项，获取 AGB 样本中负样本占比的边际期望。最后将权重带入建模过程，得到新的 KGB 模型作为最终模型。

其权重修正公式为：

$$weight = \frac{\mathrm{Reject}_i + \mathrm{Accept}_i}{\mathrm{Accept}_i} = \frac{\mathrm{Reject}_i + \mathrm{Good}_i + Bad_i}{\mathrm{Good}_i + Bad_i}$$

其中，Reject_i 表示当前分组中拒绝样本的个数，Accept_i 表示当前样本中接受样本的个数。

$Accept_i$ 可以表示为当前分箱中，已知正样本个数（$Good_i$）和已知负样本个数（Bad_i）的和。

在 Python 中简单实现重新加权法。

```
# 负样本概率,越大越可能是负样本
agb['y_pred'] = lr_model.predict_proba(agb[feature_lst])[:,1]
# 等频分箱
agb['range'] = pd.qcut(agb['y_pred'], 10)
# 分组计算权重
final = pd.DataFrame()
for i in list(set(agb['range'])):
  tt = agb[agb['range'] = =i].copy()
  good = sum(tt['bad_ind'] = =0)
  bad = sum(tt['bad_ind'] = =1)
  re = sum(tt['bad_ind'] = = -1)
  # 权重计算
  tt['weight'] = (good + bad + re)/(good + bad)
  final = final.append(tt)
# 带入权重,重新拟合模型
x = final[feature_lst]
y = final['bad_ind']
lr_weighted = LogisticRegression(C =0.1)
lr_weighted.fit(x, y, sample_weight = final['weight'])
```

7.4.4 外推法

除了基于数据分析修正模型偏差外，还可以根据经验风险因子调控，引入人工修正。外推法（Extrapolation）根据 KGB 模型在拒绝样本上的预测结果，通过人工指定经验风险因子，获取不同分组上的负样本占比。然后按照正负样本的比例，为无标签拒绝样本随机赋值为 0 或 1。经验风险因子定义公式为：

$$IK = \frac{Odds_I}{Odds_K} = \frac{Bad_I/Good_I}{Bad_K/Good_K} \in (2,4)$$

经验风险因子表示拒绝推断坏好比与放贷已知坏好比的倍数。数值越大，代表拒绝样本越“坏”，通常取值在 2 ~ 4 之间。本书使用动态的 IK 值进行权重调整。假设 AGB 样本使用 AGB 模型预测获得逾期概率，按照逾期概率升序排列后等频划分为 10 箱，则每一箱样本中的负样本占比应逐箱递增，因此定义其经验风险逐箱递增。从第 1 箱初始 IK 为 2，逐步递增至第 10 箱 IK 为 4。每一箱之间增加的数值相等，恒等于 0.2。

在 Python 中简单实现外推法。

```
# 负样本概率,越大越可能是负样本
kgb['y_pred'] = lr_model.predict_proba(kgb[feature_lst])[:,1]
# 等频分箱
kgb['range'] = pd.qcut(kgb['y_pred'], 10)
# 在 AGB 有标记样本上计算等频分箱阈值和负样本占比
pmax = kgb['y_pred'].max()
cutpoints = list(set(kgb['y_pred'].quantile(
                    [0.1 * n for n in range(1, 10)]))) + [pmax + 1]
cutpoints.sort(reverse = False)
dct = {}
for i in range(len(cutpoints) - 1):
  # 分箱
  data = kgb.loc[np.logical_and(kgb['y_pred'] > = cutpoints[i],
                                kgb['y_pred'] < cutpoints[i + 1]),
                                   ['bad_ind']]
  good = sum(data['bad_ind'] = =0)
  bad = sum(data['bad_ind'] = =1)
  # 通过递增的步长,使得经验风险因子从 2 增长至 4
  step = (i + 1) * 0.2
  dct[i] = bad / (bad + good) * 2 * step
# 拒绝样本按照阈值进行划分
reject['y_pred'] = lr_model.predict_proba(reject[feature_lst])[:,1]
rejectNew = pd.DataFrame()
for i in range(len(cutpoints) - 1):
  # 分箱
  data = reject.loc[np.logical_and(reject['y_pred'] > =cutpoints[i],
                    reject['y_pred'] <cutpoints[i +1])]
  data['badrate'] = dct[i]
  rejectNew.append(data)
  if rejectNew is None:
    rejectNew = data
  else:
    rejectNew = rejectNew.append(data)
# 定义随机打分函数
def assign(x):
  tt = random.uniform(0, 1)
  if tt < x:
    return 1
```

```
    else:
        return 0
# 按照加权负样本占比随机赋值
rejectNew['bad_ind'] = rejectNew['badrate'].map(lambda x:assign(x))
# 合并后重新建模
final = pd.concat([rejectNew,kgb], ignore_index = True)
x = final[feature_lst]
y = final['bad_ind']
lr_Extra = LogisticRegression(C = 0.1)
lr_Extra.fit(x,y)
```

外推法的思路简单，实现逻辑也不复杂。然而其缺点是随机赋值有较大的偶然性，因此可以在每一个分箱内引入硬截断法，即不按照正负样本比例进行随机赋值，而是按照 AGB 模型的预测概率排序后选择百分比阈值进行截断。感兴趣的读者可以自行尝试。

7.4.5 迭代再分类法

前几种方法普遍存在一个问题：无法有效保证修正偏差后的模型仍是有效的。**迭代再分类法**（Iterative Reclassification）是一种通过多次迭代，保证模型结果有效且收敛的拒绝推断方法。其基本思想是，先使用硬截断法为拒绝样本的标签赋值。随后将具有“伪标签”的样本加入原 KGB 模型进行学习，得到部分标签失真的 AGB 模型。接着使用 AGB 模型获取拒绝样本的逾期概率。之后再次使用硬截断法，不断重复上述过程，直至某个指标收敛。迭代再分类法的思路是启发式的，可以使用任何指标作为判断模型是否收敛的依据。

在 Python 中简单实现迭代再分类法。

```
maxKS = 0
n = 0
x = kgb[feature_lst]
y = kgb['bad_ind']
lr_hard = LogisticRegression(C = 0.1)
lr_hard.fit(x,y)
reject['y_pred'] = lr_hard.predict_proba(reject[feature_lst])[:,1]
```

```
while True:
    #负样本概率,越大越可能是负样本
    reject['y_pred'] = lr_hard.predict_proba(reject[feature_lst])[:,1]
    #0.8 分位点
    thd = reject['y_pred'].quantile(0.8)
    #阈值以上硬截断为负样本
    reject['bad_ind'] = reject['y_pred'].map(
                                    lambda x :1 if x >= thd else -1)
    #只保留负样本
    labeled = reject[reject['bad_ind'] ==1]
    labeled = labeled.drop('y_pred', axis=1)
    #合并后重新建模
    final = pd.concat([labeled,kgb], ignore_index=True)
    x = final[feature_lst]
    y = final['bad_ind']
    lr_hard = LogisticRegression(C=0.1)
    lr_hard.fit(x,y)
    y_pred = lr_hard.predict_proba(kgb[feature_lst])[:,1]
    fpr_lr_train,tpr_lr_train,_ = roc_curve(kgb['bad_ind'],y_pred)
    ks = abs(fpr_lr_train - tpr_lr_train).max()
    if maxKS < ks:
        maxKS = ks
        n +=1
        print('迭代第%s轮,ks值为%s' % (n,ks))
    else:
        break
```

其运行结果为:

```
迭代第 1 轮,ks 值为 0.3553602599594899
迭代第 2 轮,ks 值为 0.3638000806187246
迭代第 3 轮,ks 值为 0.36671654105103924
迭代第 4 轮,ks 值为 0.3670731426379163
```

迭代再分类法是一种基于半监督学习思想的推断方法，通过有标签样本与无标签样本的迭代训练获得最终模型。相比于前面提到的几种方法，它的可塑性最高。通常建模人员可以通过设计不同的指标，使得迭代过程具有不同的倾向性。比如本例中，使用 KS 值作为收敛指标，仅当模型效果有提升时才继续迭代，实际上可能有过拟合倾向。拒绝推断的效果主要看 AB 测试，因为离线模型的 KS 值上升可能只是偶然因素，只能作为参考，所以这个阈值可以通过切几条 ABCDE 再根据效果确定。读者也可以尝试其他的评价方法。

7.5 本章小结

本章主要介绍引起模型偏差的主要原因及其带来的问题，并介绍了多种拒绝推断方法。事实上，拒绝推断方法由来已久，但就目前的表现和使用范围来看，仍有较大的研究空间。部分研究人员将半监督学习与样本偏差问题相结合并提出了许多新的方法。在本系列的第一本书《智能风控：原理、算法与工程实践》中有部分相关内容的介绍，感兴趣的读者可以进行扩展阅读。

第 8 章　模型校准与决策

呼，模型终于做好了。我是不是可以下课了，喵。

校准

等等，模型虽然做好了，但是这可不是风险管理的终点哦。首先模型是需要校准的。其次，模型如何应用于风险管理才是最重要的！

逻辑回归模型的输出为 0 ~ 1 之间的概率值。在评分卡建模流程中，通常会把逻辑回归模型输出的概率分数转换为整数分数，该过程即称为**评分卡分数校准**（Calibration）。如芝麻信用分显示为 350 ~ 950 之间的整数值。用户的分值越高，代表信用越好，进行借贷时，相应的违约率也会较低，因此平台会给予芝麻分较高的用户更优质的服务。本章为读者解析分数校准的原因及方法，并在分数校准后根据用户得分进行风险定价，并输出最终决策。

8.1 模型校准的意义

模型校准是因为模型准确率低吗？那不是应该在建模的过程中进行调整吗？

不是哦，模型校准是为了让模型更适用于真实场景分布，以及后续的合并流程。来看看校准的意义吧！

模型校准的本质是：建模人员通过一系列变换，使得当模型预测样本属于类 A 的概率是 x 时，在当前样本集中认为该样本属于该类的**置信度**（confidence level）亦为 x。即当模型预测样本属于某一类的概率为 x 时，样本集内等于该分数的样本，确实有占比为 x 的样本标签显示为该类。

可靠性图（Reliability diagram）是一种基于模型输出的概率分布进行绘制的曲线图，可以对模型的偏离程度进行评价。该图的横坐标为将模型输出的 0 ~ 1 之间负样本概率值，等距分为 n 箱，纵坐标为每一个 n 等分箱中的负样本占比。曲线越贴合图像的对角线，代表模型被校准得越好。可靠性图如图 8-1 所示。

上述内容的潜在假设为，当前样本集与真实场景的样本分布一致。因为真实场景的数据无法全量获取，因此模型也无法校准为完全符合真实场景的形态，因此无论是模型的偏离度量，还是对有偏模型校准，都是基于当前建模样本集进行的。

模型校准是有必要的。虽然信用评分模型在应用中，更看重其排序能力，而对于其实际的概率值所代表的含义似乎并不看重，但当有多个模型同时决策，或不同产品的分数进行相互佐证时，分数背后的含义就非常重要了。当不同模型的相同分数所代表的含义相同时，可以直接通过加权求和将不同模型的分数进行组合应用。

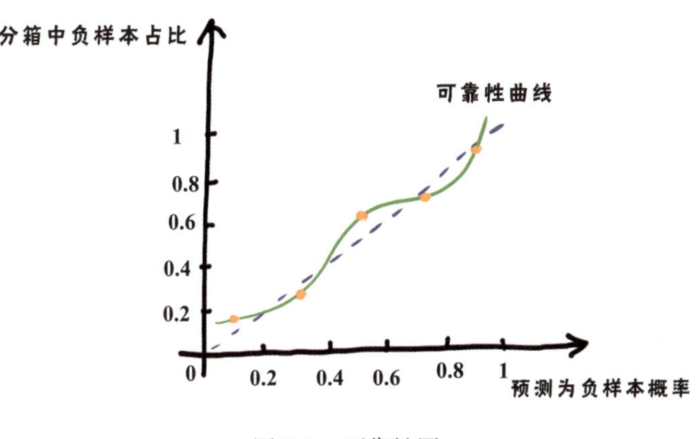

图 8-1　可靠性图

此外，随着平台业务的开展及有标签样本量的增大，可以获取更客观的真实样本分布。因此可以通过对比与新样本分布的校准，修正实际概率和开发样本中期望概率之间的偏差，使得模型的分数更贴近于真实概率。

8.2 校准方法

上文介绍了模型校准的原因及意义，接下来介绍几种常见的校准方法。

8.2.1 通用校准

经过几十年的思维碰撞与经验总结，在实际使用中，通常贷款机构对其评分工具有如下几个基本需求：

- 属性点数为正；
- 总分为正；
- 分数某个值代表特定的信用质量；
- 分数差别代表统一的信用质量变化。

为了让决策者更好地使用模型输出结果，并使每个客户更好地理解其信用分数的含义，通常都期望信用评分可以满足以上四条规则。对此，业内主要使用一种比率缩放的评分映射方法，对模型的输出结果进行校准。该比率缩放方法称作通用校准方法。

用如下例子来解释。

首先期望一个用户的基础分为 650 分，当这个用户：

- 非逾期的概率是逾期的概率的 2 倍时，加 50 分；
- 非逾期的概率是逾期的概率的 4 倍时，加 100 分；
- 非逾期的概率是逾期的概率的 8 倍时，加 150 分。

以此类推，就得到了业内标准的评分卡换算公式：

$$score = 650 + 50 * \log_2\left(\frac{P_{正样本}}{P_{负样本}}\right)$$

其中，$score$ 是评分卡映射之后的输出，$P_{正样本}$是样本非逾期的概率，$P_{负样本}$是样本逾期的概率。接下来看一下逻辑回归评分卡是如何与上式对应起来的。

这里我们用到逻辑回归的评分映射：

逻辑回归方程：

$$\ln\left(\frac{P_{正样本}}{P_{负样本}}\right) = w_1x_1 + w_2x_2 + w_3x_3 + \cdots$$

在信用评分模型建模时，逻辑回归的线性回归成分输出结果为 $\ln\left(\frac{P_{正样本}}{P_{负样本}}\right)$，即对数似然。

由对数换底公式，可知：

$$\log_2\left(\frac{P_{正样本}}{P_{负样本}}\right)=\frac{\ln\left(\frac{P_{正样本}}{P_{负样本}}\right)}{\ln 2}=\frac{w_1x_1+w_2x_2+w_3x_3+\cdots}{\ln 2}$$

将两式合并，有：

$$score=650+50*\frac{w_1x_1+w_2x_2+w_3x_3+\cdots}{\ln 2}$$

换言之，只需要解出逻辑回归中每个特征的系数，然后将样本的每个特征值加权求和即可得到客户当前的标准化信用评分。式中的基础分（Base Score）650 分和步长（Point of Double Odds，PDO）50 分，需要根据业务需求进行调整。

此外，还有一种映射方式，就是不考虑评分转换的真正含义，直接使得：

$$score=650+50\times\log_2(pred-lag)$$

其中，*pred* 是模型输出的似然概率，*lag* 通常设置为期望模型等于基础分时对应的概率值。假设当前期望模型的 20% 分位点等于基础分，只需要将模型在测试集上排在 20% 分位的样本对应的概率值作为 *lag* 即可。

如果预先设计好模型分数的区间，且对每个区间人数的占比有明确的限制（比如 650 ~700 分为 C 区间，包含客群的 20%；700 ~750 分为 B 区间，包含客群的 60%；750 分以上为 A 区间，包含客群的 20%），那么通过调整基础分和步长很难保证满足条件。这时可以使用两个组合函数进行划分。此外还可以将 pdo（上式中的 50）更改为随着 *pred* 变化的动态步长，从而使得评分映射后的分布更加密集，这里不做更多的引申。

toad 库中同样封装了该映射方法，代码实现如下。ScoreCard() 函数中支持传入逻辑回归模型的所有参数。此外还可以设置基础分和 pdo。

```python
from toad.scorecard import ScoreCard
card = ScoreCard(combiner = combiner, transer = t,
                 class_weight = 'balanced', C = 0.1,
                 base_score = 600, base_odds = 35,
                 pdo = 60, rate = 2)
card.fit(x, y)
final_card = card.export(to_frame = True)
final_card.head(8)
```

运行得到评分卡概览如图 8-2 所示。图中第一列 name 表示变量名，第二列 score 表示变量增减的分数，第三列 value 为变量值所在区间。显然，数值型变量范围为左闭右开，而字符型变量值为所有取值的枚举。由于所有的变量均进行了分箱处理和 WOE 编码，因此每个变量均只对应 2 ~6 个分数。

	name	value	score
0	credit_info	[-inf ~ 0.02)	158.02
1	credit_info	[0.02 ~ 0.04)	122.50
2	credit_info	[0.04 ~ 0.11)	73.93
3	credit_info	[0.11 ~ inf)	43.98
4	act_info	[-inf ~ 0.16666666666666666)	94.23
5	act_info	[0.16666666666666666 ~ 0.35897435897435903)	115.71
6	act_info	[0.35897435897435903 ~ inf)	125.37
7	person_info	[-inf ~ -0.2610139784946237)	172.74
8	person_info	[-0.2610139784946237 ~ -0.1286774193548387)	142.91
9	person_info	[-0.1286774193548387 ~ -0.05371756272401434)	123.73
10	person_info	[-0.05371756272401434 ~ 0.013863440860215051)	120.77
11	person_info	[0.013863440860215051 ~ 0.06266021505376344)	108.82
12	person_info	[0.06266021505376344 ~ 0.07885304659498207)	90.32
13	person_info	[0.07885304659498207 ~ inf)	75.45

图 8-2　评分卡概览

逻辑回归评分卡模型的本质是一种判断逻辑。3.5.1 节中介绍过，线上部署时可以不加载任何模型文件，只需判断贷款用户的每一个变量属于哪个分数的取值范围（图 8-2 中的 value 一列），就可以为用户的信用度增加或减少相应的分数，最终就可以得到用户的总分。随后即可通过用户的信用分数对用户进行额度管理或风险定价。

8.2.2 多模型校准

3.8 节介绍了模型融合的概念，并通过 Combo 库进行了简单演示。实际上，模型融合远不是 3.8 节中描绘的那样简单。为更好地理解多模型校准的意义，首先来看一个例子。

平台审批策略通常非常依赖外部数据。如果某天外部数据突然被切断，对业务的影响将非常大，需要立刻使用存有的数据开发新模型，以保持业务正常运转。因此在面对不稳定数据源的场景下，需要重新思考如何进行数据源与模型变量的配置。针对对外部数据有依赖同时又担心数据源不稳定的业务，部分平台使用一种基于模型组合的动态模型融合方法，防患于未然。框架概览如图 8-3 所示。

数据源1
数据源2
数据源3
数据源4
模型1
AUC1
模型2
AUC2
模型3
AUC3
模型4
AUC4
被哪些数据源所覆盖
举例
模型1
模型2
模型3
标准化：
（AUC1，AUC2，AUC3）
加权融合得到最终结果
ScoreNew
=
AUC1*Score1
+
AUC2*Score2
+
AUC3*Score3

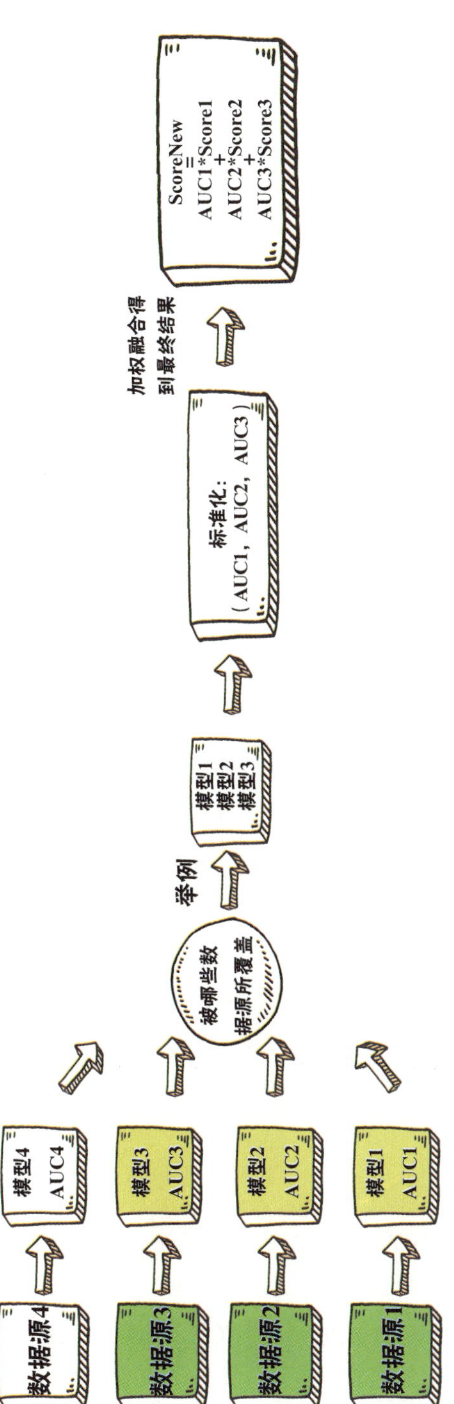

图8-3　模型融合框架

图 8-3 中的每种数据源都是一个单模型，通过各自离线训练时在时间外样本上的 AUC 值作为权重，进行加权融合。在实际使用时，用户具有哪种数据源，则在对应的模型子集上对权重进行标准化，并加权求均值，得到最终结果。融合时需要保证两点。

- 对分数进行标准化。在模型融合时，必须先将不同模型的输出结果进行标准化处理。以一个极端情况为例：模型 *A* 与模型 *B* 融合时，模型 *A* 在数据集 *R* 上的预测范围为［0.1，0.4］，而模型 *B* 在数据集 *R* 上的预测范围为［0.5，0.8］。因此模型 *B* 预测的样本最低分也高于模型 *A* 预测的样本最高分。此时对两个模型的输出求加权平均显然是不合理的。必须对齐输出的概率值的取值范围。
- 对权重进行标准化。需要判断当前样本被哪些数据源覆盖，然后对相关模型的权重进行标准化。需要部署在线上进行逻辑判断。标准化公式为：

$$Format(AUC_i) = \frac{AUC_i}{AUC_1 + AUC_2 + AUC_3}, i \in \{1,2,3\}$$

而如何对多个模型进行标准化，则是本节要重点讨论的内容。对于多个模型融合，最重要的要求是不同模型的输出具有相同的含义。如图 8-4 所示，当两个模型分数分布有偏差时，如何通过标准化将两个模型的输出转变为相似的分布形式呢？

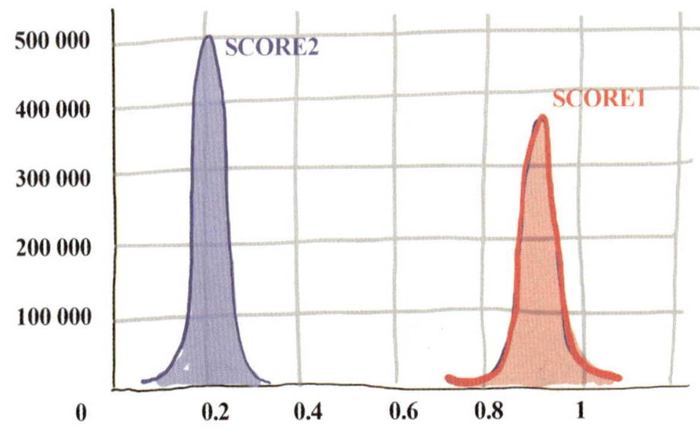

图 8-4　模型不同分布

回顾 3.3.4 节介绍的几种标准化方法，都可以将不同取值范围的数据集标准化为 0 ~ 1，即不存在多模型输出之间没有交集的问题。然而简单的线性变换无法改变分布的本质，因此常使用 sigmoid 函数、box-pox 映射等方法将数据分布转化为正态分布。通常可以有效地使得模型输出结果近似等价，如图 8-5 所示。

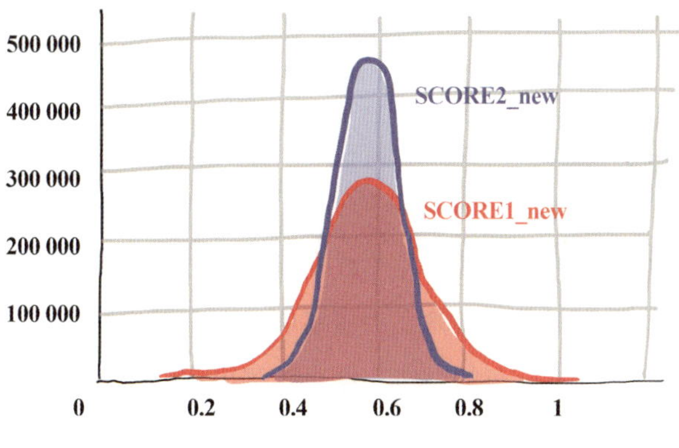

图 8-5 模型相同分布

另一种较为简单的分布转换方法是将多个单模型的输出值合并作为自变量，再将样本真实标签作为因变量，通过逻辑回归模型建立单变量模型。通过最小化交叉熵损失函数训练，可以为不同的模型分配合适的权重。由于模型的输出结果对标签的影响方向是相同的，将权重乘以不同模型的预测概率，就得到了可以相互比较的统一概率值。

Python 代码实现如下：

```
lr_model = LogisticRegression(C=0.1)
# 逻辑回归模型训练
lr_model.fit(x1, y)
pred1 = lr_model.predict_proba(x1)[:,1]
# 逻辑回归模型训练
lr_model.fit(x2, y)
pred2 = lr_model.predict_proba(x2)[:,1]
# 逻辑回归模型训练
lr_model.fit(x3, y)
pred3 = lr_model.predict_proba(x2)[:,1]
#前三个模型输出作为特征
x4 = pd.concat([pred1,pred2,pred3])
lr_model.fit(x4, y)
#获得权重
weight = lr_model.coef_
#获得截距项
intercept = lr_model.intercept_
```

通过模型训练，得到最终逻辑回归模型的系数 A 和截距项 B，用系数分别乘以不同模型的输出，即完成了校准。

8.2.3 错误分配

由于在模型训练的过程中，存在采样等改变标签分布的优化操作，其直接导致的结果之一就是，在真实场景应用时，模型输出的概率值与真实概率有偏差。在完美的假设情况下，有偏采样是一种破坏样本分布的操作。然而在解决实际问题时，却对最终模型的优化有较大帮助。由样本分布变化导致的模型偏移叫作错误分配（Misassignment）。

随着前置规则和市场环境等因素的变动，模型所接触的样本集也会发生变动，因此随着时间推移也经常会引发错误分配问题。逻辑回归模型中的截距项近似于开发样本的正负样本比值的对数。因此，常通过对截距项进行修正，降低错误分配的影响。

对于逻辑回归评分卡模型，其预测公式为：

$$\ln\left(\frac{p}{1-p}\right)=wx+\ln(odds_e)$$

其中 $odds_e$ 表示样本中的正负样本比例。如果想要将其校准为真实场景的正负样本比例 $odds_r$，则需要将截距项调整为真实样本的正负样本比对数。调整公式为：

$$\begin{aligned}\ln\left(\frac{p}{1-p}\right)_{new}&=wx+\ln(odds_r)\\&=wx+(\ln(odds_e)-\ln(odds_e))+\ln(odds_r)\\&=wx+\ln(odds_e)+(\ln(odds_r)-\ln(odds_e))\\&=wx+\ln(odds_e)+\ln\left(\frac{odds_r}{odds_e}\right)\\&=\ln\left(\frac{p}{1-p}\right)+\ln\left(\frac{odds_r}{odds_e}\right)\end{aligned}$$

即只需要对原模型的线性输出部分加一项 $\ln\left(\frac{odds_r}{odds_e}\right)$，便可以将有偏分数校准为真实分数。当然其本质仅是分数平移，虽然使得模型的分数与真实概率更为接近，但仅限于分数整体偏移的情况。其余场景下，需要结合3.6节中的具体讨论，推断是否需要进行迭代或重构。

8.2.4 权重还原

在本书第 2.3.5 节中提到，样本通常需要进行采样处理。由于采样破坏了样本分布与真实场景分布的一致性，最终模型的概率也会有偏差。如果期望得到真实的概率值，即使是在逻辑回归模型中，同样也需要进行校准。

假设对负样本以概率 ω 采样后，模型输出的概率需要按照下述公式进行校准：

$$q = \frac{p}{p + \frac{(1-p)}{\omega}}$$

下面对该公式进行简单地推导。假设当前正样本数为 N^+，负样本数为 N^-，采样后的正样本数为 Ns^+，采样概率为 ω，正样本的概率与负样本的概率的比值，应等于正样本数与负样本数的比值。即：

$$\frac{p}{1-p} = \frac{\frac{N^+}{N}}{\frac{N^-}{N}} = \frac{N^+}{N^-}$$

因此在采样后有：

$$\frac{p'}{1-p'} = \frac{N^+}{N_s^-} = \frac{N^p}{N^- \times \omega}$$

于是有：

$$\frac{p}{1-p} = \omega \frac{p'}{1-p'}$$

解出真实的概率，与抽样概率的关系为：

$$p = \frac{p'}{p' + \frac{(1-p')}{\omega}}$$

8.3 决策与应用

评分模型的建立过程除数据选取外大体相同。在应用功能上可分为信用评分、风险评分、响应评分、分期转化率评分等。根据不同的评分，策略人员可执行差异化决策，如确定不同分数阈值来判断是否通过、是否拒绝、确定不同的年化利率、给予不同的额度、用户体验是否需要简化等。

此时，需要使用 cut-off（分割点）进行辅助决策。评分卡建立后，通过 cut-off 将客群划分为不同的等级。如用户申请评分卡得到的信用分数区间为［550，900］，则可以按照是否大于 700 分将用户划分为 A 等级和 B 等级，即［550，700］为 A 等级，［700，900］为 B 等级。如果将 B 等级客户设置为拒绝客群，则 700 分的 cut-off 又可称为准入分数。大多数情况下，决策逻辑都比该情况复杂。那么如何设置 cut-off 呢？

8.3.1 最优评分切分

在不考虑利率和额度的情况下，可以只使用负样本占比作为决策的评分指标。较为常用的方法是使用 KS 值作为评价指标。寻找 KS 值最大的分数作为 cut-off。由于该 cut-off 的 KS 值最大，当分数继续上升时拒绝部分的负样本占比将上升。因此，该方法可以保证 cut-off 以下的样本集中，负样本占比期望最大。

8.3.2 交换集分析

KS 值最大的分数虽然可以保证拒绝样本中的负样本最大化，但可能导致申请通过率较低。此外，第 3 章给出了理论上模型开发所应具备的完整流程。事实上，新版模型开发完成后，并不一定会进行上线部署，通常需要模型的效果有显著提高，才会耗费人力进行部署。因此，需要评估新版模型与旧版模型之间的性能差异。如果相比旧模型，新模型的性能没有显著的提升，甚至还不如旧模型，那也就没有重新上线部署的必要了。

在新旧模型更替过程中，需要调整风控策略，使得新模型的价值最大化。这个分析过程称为交换集分析（Swap Set Analysis）。交换集分析的本质是，利用通过率与坏账率之间的关系来分析模型的好坏。同样，也可以根据通过率与坏账率寻找合理的 cut-off 值。

交换集分析首先需要分别为新旧两个模型设置 cut-off，两个模型可以将开发样本细分为 3 个子客群，分别为：

- 被旧模型拒绝但被新模型接受的样本集，记为 Swap-in。
- 被旧模型接受但被新模型拒绝的样本集，记为 Swap-out。
- 同时被新旧模型拒绝或接受的样本集，记为 No-change。该部分样本审批状态没有差异，也不是分析的重点。

利用 Swap-in 和 Swap-out 两个样本集，可以从通过率和坏账率两个维度评估模型在业务中的实际表现。对于信贷业务来说，通过率与坏账率是两个需要综合考量的指标。不能盲目追求放款量，亦不能只追求逾期客户占比的最小化。由于各家平台的收益率不同，因此两个指标没有统一的比较公式。在实际使用中，有以下 3 种常见的处理方法。

- 保持通过率一致，减少坏账率。对于迭代后的新模型，在其部署时，通常需要在保证通过率不发生明显变化的前提下，同时期望拒绝客群中的负样本占比明显上升。此时需要按照历史通过率不变设置 cut-off，如历史通过率为 80%，则需要找到开发样本集分数的 20% 分位点作为拒绝阈值。
- 提高通过率，保持坏账率一致。由于平台所处的发展周期不同，业务的需求也有所不同。当平台处于高速发展时期，其关注点并不在于总收益，而是需要迅速扩增规模，此时新的模型分数的主要用途并不在于降低坏账率，而是在保持坏账率稳定的情况下，提高通过率。通常将开发样本按照分数升序排列并计算每个分数累计坏账率，选择坏账率与历史坏账率相同的分数作为阈值。
- 提高通过率，同时减少坏账率。当模型调整后，其结果有较大提升时，可以同时满足通过率和坏账率两者的需求。此时需要绘制决策曲线，横轴为通过率，纵轴为坏账率。通过观察曲线走势，选择合理的 cut-off，其形式如图 8-6 所示。

原始 cut-off 为 A，此时可选择 D 点作为新的 cut-off，通过率和坏账率都有所优化。其实，如果选择 B 点作为 cut-off，则相当于保持通过率不变，降低坏账率；选择 C 点作为

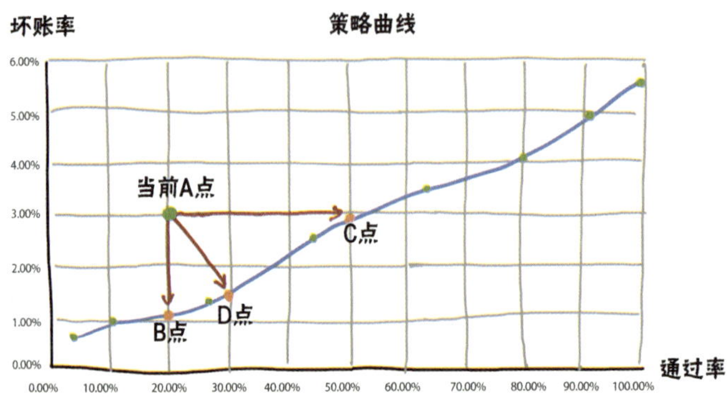

图 8-6　策略曲线

cut-off，则相当于保持坏账率不变，提高通过率。

8.3.3 人工干预

评分模型虽然是通过数以万计的样本总结出的客观规律，但在很多时候仍然需要人工参与决策。主要有以下原因。

- **政策性规则**：由于市场环境、经济水平、国家政策变动等原因，原风控架构中可能缺少部分规则，因此需要人工进行调整。
- **模型误差**：模型对于数据的认知及风险刻画都超越了人的水平，但这只是从整体角度评判。模型一定存在误差，任何模型都不能准确地衡量任何一个人的风险。
- **数据风险**：当模型所使用的数据源发生变化时，可能需要重新迭代模型。新模型上线前期，需要人工干预辅助决策。数据源波动的反馈是滞后的，补救的措施也是滞后的。通常整个周期内带来的损失需要由人工干预进行修正。
- **白户风险**：白户是指在所查询机构均无历史交易记录的新客户。由于缺少历史不良记录数据，反欺诈引擎很难有效地进行甄别。而信用评估引擎又可能会给出较高的分数，此时就需要信审人员来做进一步的确认。

虽然有人工信审的存在，但风控系统通常仍以模型决策为主，人工信审为辅。毕竟尽量减少人工参与，解放信审人员劳动力，是智能风控时代的标志之一。且信审人员本身同样可能发生欺诈风险，捞回资质坏客户或人工拦截高分客户，都会对业务造成影响。

8.4　本章小结

本章介绍了在模型建立之后如何对分数进行校准。涉及的校准方法分为三部分：常规通用型校准、多模型比对时的标准化校准、针对错误分配问题的截距项校准。此外，还介绍了模型分数在实际业务中如何用于决策。希望读者通过对本章的阅读，对风控决策逻辑有更深的认识。

第9章 模型文档

我已经学会建模、应用了。这下风险量化的全流程我都懂了！
不是这样的哦！虽然大多数内容你都已经学会了，但还有一部分内容你没有学过。那就是如何撰写模型文档。虽然非必要，却很有意义。

???
怎么，还要写文档啊？
对哦，在规范的模型开发过程中，撰写模型文档是必不可少的。通过记录整个模型开发过程，可以有效地发现问题，并且有助于其他人阅读和后续人员的交接哦。如果文档撰写得不规范，可能过段时间你的小脑袋就不记得之前模型开发的细节了。你说重不重要？

这么重要呀！快讲快讲！
好嘞！

当模型开发完成后，需要撰写模型文档。建模人员通过模型文档与开发人员交流，因此需要记录当前模型的所有细节，并将建模中每一步的调整结果及调整依据统统记录下来。这样也便于核验人员二次审核。

文档分为7个模块：1）模型背景；2）模型设计；3）数据准备；4）变量筛选；5）最终模型；6）表现追踪；7）附件。本章为读者建立一个详细的模型文档示例。

9.1 模型背景

每开发一个模型，一定是因为有相应的需求。把这个需求背景写清楚，就是该模块的目的啦。我们使用一个虚拟的场景作为演示。

随着业务种类增多、规模逐渐扩大，旧版申请评分模型已经不能满足风控策略的需求，故开发新的申请评分模型对新申请金融产品客户进行信用评分，根据评分指导相应的决策。预计该模型上线之后，可用于以下风控场景：

- 新申请客户准入、拦截。
- 存量客户的主动授信。
- 新客户准入额度差异化。
- 新客户准入定价差异化。

9.2 模型设计

为了更好地演示，我们还是设置一个虚拟模型设计案例。

9.2.1 模型样本

模型样本选取在 2018 年 12 月至 2019 年 6 月申请信贷且此前未激活平台任何贷款的个人客户，即客户申请时仍是金融的“新客户”。

为保证模型样本量充足，以 2018 年 12 月至 2019 年 5 月的申请客户作为模型训练样本（按 60%:40% 随机切分为开发样本和验证样本），以 2019 年 6 月的申请客户作为模型的时间外验证样本。

9.2.2 坏客户定义

基于历史数据，逾期 15 天以内和逾期 15 天以上的订单回收率差异明显，且历史逾期 15 天以上，平台额度会被永久冻结。故定义坏客户为表现期内逾期 15 天以上的客户。

对于表现期内的好客户（共 226 人），即在观测时点逾期 1 ~ 15 天的客户，通过其观测期内的表现不能确定是好客户还是坏客户。为避免对模型造成干扰，将这群灰色客户从模型样本中剔除。详细情况如表 9-1 所示。

表9-1 样本详情

审批通过样本	观测时间点	样本数	坏客户	好客户	坏客户比例
开发样本	2018年12月至2019年5月申请客户，按60%:40%随机切分	5 131	598	3 113	11.65%
验证样本		3 569	434	2 253	12.16%
时间外样本	2019年6月申请客户	2 335	336	1 107	14.39%
总计		11 035	1 368	6 473	12.40%

9.3 数据准备

数据准备流程涉及：1）数据提取；2）历史趋势聚合；3）缺失值与极值处理；4）WOE编码。具体方法在第5章中已有介绍。

9.3.1 数据提取

因为历史数据积累有限，本次模型抓取每个样本客户在观测时点之前6个月的数据。主要包括以下3大类数据。

- 外部数据（征信数据）：人行征信分、多头借贷个数等。
- 个人信息（用户属性）：如年龄、收入、家庭供养人数、户口所在地等。
- 用户使用App信息（App行为数据）：如登录、浏览、交易、出行、购买保险等。

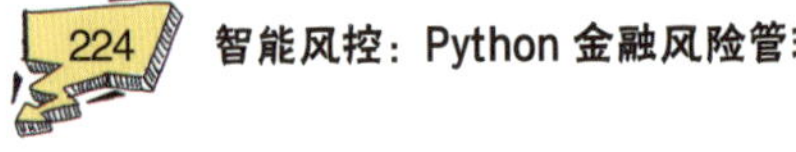

此处需要指出建模使用的数据大类。

9.3.2 历史趋势聚合

因为模型所用数据需全部基于观测时点，故而将历史 3、6、12 个月的数据进行了趋势聚合，例如：

- 当月与过去 3 个月的均值、最大值或最小值之比；
- 逐月增量或减量；
- 递增或递减的趋势；
- 6 个月中有多少个月为 0 或非 0。

明细内容通常放入附件中。

9.3.3 缺失值与极值处理

对聚合后的开发样本进行百分位测试（proc univariate），删除缺失过多或近似为常量（P1 ~ P99 分位数都为同一值）的变量。随后对所有变量按照其 P1 和 P99 分位数进行极值处理。缺失值按照变量意义或处理为0，或处理为与开发样本 Bivar 图趋势相符合的取值。

9.3.4 WOE 处理

对所有变量均进行 WOE 处理。WOE 是模型开发中一种常用的将连续变量离散分组，或将字符型变量赋值为数值型变量的方法。它能使模型结果更加稳定、提供模型的灵活度，避免模型数据中的极端值影响。在后续变量筛选过程中，WOE 变量会和未处理过 WOE 的原始变量同时进入模型初筛阶段。

9.4 变量筛选

本模型变量筛选依照以下流程进行。

9.4.1 根据 IV 值进行初筛

根据之前做的数据准备，将 IV 值低于 0.02 的变量删除，剩下的变量将进入后续建模步骤。IV 筛选结果参见附件 1。

9.4.2 逐步回归分析

将通过 IV 初筛的变量进行逐步回归分析，得到的变量集作为模型初始变量集，进行下一步调优。

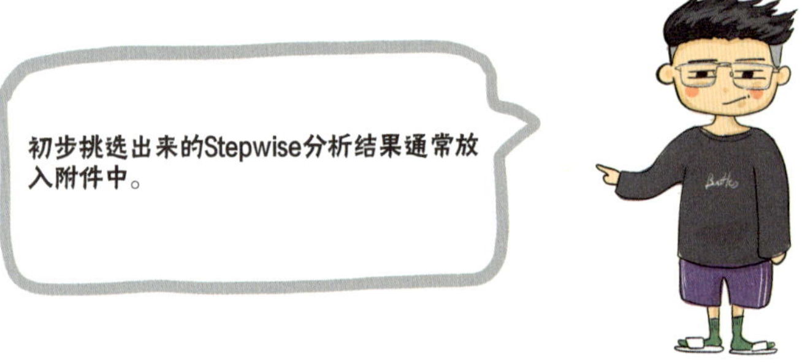

9.4.3 模型调优

对于逐步回归挑选出来的变量，会进一步用以下指标衡量其能否保留在模型中。

- 一致性：该变量本身与应变量的相关性和模型中该变量的系数是否同向。若不同向，则该变量需剔除。
- 显著性：要求该变量的显著性指标（ProbChisq）小于 0.01，否则需删除。
- 相关性：要求两个自变量之间的相关性不得高于 0.5，否则只能保留其中 IV 较大的一个。
- 稳定性：要求选中的变量在 3 个样本集上的趋势相对一致，且该变量本身与因变量之间有较明确的正相关性或负相关性。单变量分析（Bivariate Relationship）用于查看单个自变量与应变量之间的关系。如果图形为明显的正相关或负相关，则说明该变量与应变量之间的关系较为明确。该指标也可作为后续建模过程中挑选变量的标准之一。最终会挑选在开发样本、验证样本、时间外样本3个数据集中趋势较一致的变量。

- 变量意义：要求选中的变量有明确的业务意义，且对风控策略有指导意义。变量相关性的正负符号需要和业务常识保持一致。

如果某些变量不满足某些标准，可考虑用同源或相近变量进行替换。当选定某些变量后，将它们剔除，重复 Stepwise 分析，将新进入模型的变量与老变量合并再次考察上述指标，直至最后挑选出一个满意的模型。

模型调优的明细步骤通常放入附件中。

9.5 最终模型

9.5.1 模型变量

最终进入模型的变量详细内容如表9-2所示。

表 9-2 入模变量详情

变量释义	变量类型	与风险相关性	说明
征信风险分	外部数据	+	风险分越高，未来违约的可能性越大
学历	个人信息	-	学历越高，违约风险越低
多头借贷个数	外部数据	+	最近6个月多头借贷个数越多，违约风险越高
注册时长	个人信息	-	注册时间越长，违约的可能性越小

9.5.2 模型表现

模型在3个样本上的命中率与KS（权重还原后）如表9-3所示。具体模型表现信息和模型调优记录通常放入附件中。

表 9-3 三个样本集上的模型表现

样本集	坏客户占比	KS	前10%分数段中坏客户命中率
开发样本	3.85%	49.9%	41.1%
验证样本	3.66%	50.6%	42.9%
测试样本	3.51%	50.4%	49.7%

9.5.3 模型分制转换

该模型初始生成概率分，即预测在表现期内客户变坏的概率。通过算法将概率分转化为信用分。信用分越高，变坏概率越低。

其算法逻辑通常放入附件中。

9.6 表现追踪

模型上线后，我们将在每个月的月初给全量客户打分，并持续追踪模型表现。追踪报告包括：

前端监控信息：

- 当月新申请客户分数等级分布。
- 当月新申请客户决策变量 PSI。
- 当月新申请客户分数 PSI。
- 线上线下用户分数核对。

后端监控信息：

- 最新已有表现月份逾期客户占比。
- 最新已有表现月份模型 KS 值。
- 最新已有表现月份前 5%、10%、20% 低分段客群中的坏客户命中率（Capture Rate）。

9.7 附件

将完整的建模流程在一个模型文档中重现，会造成文档过于复杂。因此通常将明细内容放于附件当中。前文通过备注的形式，标注了哪些内容要放入附件之中。附件通常包括如下 4 部分内容。

- 附件 1：模型数据准备及变量筛选流程。其中包含聚合函数详单、缺失值和极值处理明细，以及 IV、Stepwise 筛选结果、模型调优记录。
- 附件 2：最终模型及报告。包含上线部署所需要的模型文件，一般为 pkl 格式或 pmml 格式。此外还需要将模型在三个数据集上完整的 KS 报告放入附件中，如图 9-1 所示。

	KS	负样本个数	正样本个数	负样本累计个数	正样本累计个数	捕获率	负样本占比
0	0.217	86	713	86	713	0.262	0.108
1	0.299	43	756	129	1469	0.393	0.054
2	0.339	29	770	158	2239	0.482	0.036
3	0.381	30	769	188	3008	0.573	0.038
4	0.398	22	777	210	3785	0.640	0.028
5	0.403	18	781	228	4566	0.695	0.023
6	0.408	18	781	246	5347	0.750	0.023
7	0.398	13	786	259	6133	0.790	0.016
8	0.396	16	783	275	6916	0.838	0.020
9	0.361	5	794	280	7710	0.854	0.006
10	0.332	7	792	287	8502	0.875	0.009
11	0.287	2	797	289	9299	0.881	0.003
12	0.258	7	792	296	10091	0.902	0.009
13	0.225	6	793	302	10884	0.921	0.008
14	0.208	11	788	313	11672	0.954	0.014
15	0.182	8	791	321	12463	0.979	0.010
16	0.137	2	797	323	13260	0.985	0.003
17	0.092	2	797	325	14057	0.991	0.003
18	0.045	1	798	326	14855	0.994	0.001
19	0.000	2	792	328	15647	1.000	0.003

图 9-1　模型 KS 报告

- 附件 3：模型调优记录。由于后续模型调整过程会对附件 1 中的部分结果进行修正，因此需要将改动部分在本附件中标注出来。
- 附件 4：打分程序。通常评分卡模型最终的打分方式为逻辑判断语句，如以下代码：

```python
#x是每个用户包含特征的DataFrame,返回得分
def score(x):
  score = 600
  if x['age'] > = 30:
```

```
    score += 17
  elif x['age'] < 30:
    score += -23
  if x['income'] > = 3000:
    score += 52
  elif x['income'] < 3000:
    score += -11
  return score
```

9.8 本章小结

撰写规范、完整、详尽的模型报告，是评分卡建模中的重要流程。模型报告是后续模型线上开发及模型交接的重要依据。本章对完整的模型文档给出了基础模板，并进行了详尽的梳理。按照模型开发流程，后续主要工作内容为模型监控，该部分已在3.5节中详细介绍过。至此，评分卡建模的全部流程已完成。

希望读者通过以上内容，可以对信贷风控相关的内容有基本的了解，并可以独立实现基本的风险管理。

相信聪明的读者朋友，一定也都掌握了吧！

推荐阅读

推荐阅读

智能风控：Python金融风险管理与评分卡建模

本书基于Python讲解了信用风险管理和评分卡建模，用漫画的风格，从风险业务、统计分析方法、机器学习模型3个维度展开，详细讲解了信用风险量化相关的数据分析与建模手段，并提供大量的应用实例。作者在多家知名金融公司从事算法研究工作，经验丰富，本书得到了学术界和企业界多位金融风险管理专家的高度评价。

全书一共9章，首先介绍了信用风险量化的基础，然后依次讲解了信用评分模型开发过程中的数据处理、用户分群、变量处理、变量衍生、变量筛选、模型训练、拒绝推断、模型校准、决策应用、模型监控、模型重构与迭代、模型报告撰写等内容。

所有章节都由问题、算法、案例三部分组成，针对性和实战性都非常强。

智能风控：原理、算法与工程实践

本书基于Python全面介绍了机器学习在信贷风控领域的应用与实践，从原理、算法与工程实践3个维度全面展开，包含21种实用算法和26个解决方案。

作者是智能风控、人工智能和算法领域的资深专家，曾在多家知名金融科技企业从事风控算法方面的研究与实践，经验丰富，本书得到了风控领域10位专家的高度评价。